AF497484

DU SENTIMENT

CONSIDÉRÉ DANS SES RAPPORTS

AVEC

LA LITTÉRATURE ET LES ARTS.

DU SENTIMENT

CONSIDÉRÉ DANS SES RAPPORTS

AVEC

LA LITTÉRATURE

ET LES ARTS.

PAR P. S. BALLANCHE fils.

Omnes tacito quodam sensu , sine ulla arte
aut ratione , quæ sint in artibus ac rationibus
recta ac prava , dijudicant.

Cic. de Or. lib. 3.

A LYON,

Chez BALLANCHE et BARRET, Imprimeurs, aux Halles
de la Grenette.

ET A PARIS,

Chez CALIXTE VOLLAND, Libraire, quai des Augustins.

AN IX. — 1801.

INTRODUCTION.

Les rhéteurs, après avoir décidé que l'éloquence était un art, ont embrouillé cet art de divisions et de subdivisions qui fatiguent à force d'être compliquées ; ils ont voulu séparer des choses qui ne doivent pas l'être. De-là il n'y avait qu'un pas aux balourdises des commentateurs et des scoliastes, qui sont si souvent tombés dans la ridicule manie de trouver à leurs auteurs des intentions et des allusions puériles qui étaient bien loin de leur pensée. Mais depuis long-temps Matanasius a fait justice de ces Don-Quichotte de la littérature : ne remuons pas la cendre des morts.

Si les commentateurs ont été submergés dans le fleuve de l'oubli, les rhéteurs sont encore demeurés debout sur les débris de l'ancienne scolastique. Ils sont encore là avec une horloge et une toise, pour décider si tel poëme est un poëme épique, si tel drame est bien conforme aux lois de la tragédie. Lorsque le discours a une marche unie et sans prétention, ils disent qu'il appartient au genre simple ; ils l'appellent tempéré, lorsque, sur un ton un peu plus élevé, l'orateur s'attache à convaincre l'esprit sans l'éblouir ; enfin ils lui donnent le nom de sublime, lorsque, dédaignant les routes ordinaires, il s'élance à la plus grande hauteur que puisse atteindre le génie. Les rhéteurs ont ensuite donné des noms à toutes les formes du langage ; et ces noms, qu'on ne croirait pas tirés de l'idiome le plus harmonieux (tant ils sont barbares), ces noms, dis-je, ont je ne sais quelle physionomie bizarre et mystérieuse, qui ferait présumer que l'éloquence est une de ces sciences occultes qu'on ne peut connaître sans avoir passé par toutes les épreuves d'une longue et sur-tout d'une ennuyeuse initiation.

Froids didacticiens, si vous croyez que des préceptes donnent du génie, enseignez donc à cet artisan dont la tête est sans inspiration, enseignez-lui l'art de faire onduler cette ligne voluptueuse qui forme les contours de la Vénus pudique ; enseignez-lui l'art de détacher du marbre le voile qui nous cachait la pensée d'un Dieu dans l'Apollon du Belvédère ! enseignez à ce métromane désavoué des Muses, toutes les ressources de l'art ; il fera la Phèdre de Pradon, au lieu du chef-d'œuvre de tous les théâtres, la Phèdre de l'immortel Racine. Qu'Isocrate veille péniblement, que tous ses écrits sentent la lampe : il sera pur, correct, léché ; mais jamais il ne jaillira de son cerveau les conceptions hardies, entraînantes de Démosthènes. S. Augustin, dont le témoignage est encore bon dans d'autres matières que dans celles de la Religion, S. Augustin a dit quelque part, qu'on n'est point éloquent en songeant à exécuter les préceptes , mais qu'on les exécute parce qu'on est éloquent. A quoi servent donc ces préceptes ? J'en appelle encore à l'exorde de l'Art poétique :

> C'est en vain qu'au Parnasse un téméraire auteur
> Pense de l'art des vers atteindre la hauteur.
> S'il ne sent point du Ciel l'influence secrète,
> Si son astre en naissant ne l'a formé poëte ,
> Dans son génie étroit il est toujours captif ;
> Pour lui Phébus est sourd, et Pégase est rétif.

(En effet , le génie est né avant les préceptes de l'art. Les poëtes chantaient la nature et les héros , avant que les grammairiens et les rhéteurs eussent ennuyé le monde et fait bâiller les Muses. Homère a précédé Aristote, et Virgile Quintilien.)

Loin de moi cependant la pensée de vouloir dépriser les philosophes qui, comme Aristote et Quintilien , ont consacré leurs talens à la défense du bon goût. Il a bien fallu qu'il se soit trouvé des hommes pour dire ce qu'il y avait de vraiment beau dans l'œuvre du génie, puisqu'il s'en était trouvé d'autres qui prétendaient montrer le beau là où il ne fut jamais : et lorsque la république des lettres penchait vers sa décadence, il a bien fallu prouver que l'enflure n'était pas de la poésie, que la déclamation n'était pas de l'éloquence. L'illustre précepteur d'Alexandre, dont le vaste génie est encore un prodige pour nos érudits, qui, avec tant de ressources de plus, n'ont jamais pu parvenir à l'universalité de ses connaissances; Aristote, dis-je, voulut être l'historien de la nature ; et comme l'homme est dans la nature, il fut aussi l'historien de l'homme, et il analysa les procédés du génie. L'auteur des institutions voulut opposer une digue au débordement du mauvais goût, et son livre est une belle protestation contre son siècle. D'ailleurs, ces codes raisonnés et méthodiques servent de fanal aux hom-

mes qui viennent après des temps de barbarie et de ténèbres ; c'est là qu'ils apprennent tous les jugemens de la postérité ; et
c'est encore là le point de départ de l'esprit humain, pour continuer sa marche à
travers les générations et les siècles.

Ainsi donc le philologue établit les règles
de l'art, d'après les conceptions sponta-
nées du génie qui les devina ; et ces règles
servent ensuite à diriger le troupeau des
artisans subalternes qui ne savent travailler qu'avec l'équerre et le compas. Mais
malheur à celui qui, la tête pleine de tout
cet étalage scientifique, voudrait usurper
une place dans le temple des Muses ! qu'il
reste dans la poussière, qu'il rampe à
jamais.

L Une étude plus sûre et plus vraie, c'est
celle de la nature, celle des grands maîtres qui nous ont précédés, et sur-tout
celle du cœur humain.)

Toutes ces considérations m'ont porté

à croire que ce pourrait être un bon ouvrage, qu'une poétique dégagée de tout l'appareil scolastique , une poétique où l'on démontrerait , en remontant à l'origine de nos facultés et de nos affections , que la morale et les principes des arts d'imitation ont une source commune , le sentiment : c'est ce que j'ai essayé de faire , malgré la faiblesse de mes moyens; faiblesse que je sens assez pour oser dire que tout le jour de la critique ne pourra pas m'en donner la conscience plus que je ne l'ai déjà moi-même.

Je suis dans un âge où l'on ne calcule pas toujours ses forces. Une carrière nouvelle s'ouvre devant moi , et j'ai la témérité de m'y élancer , sans savoir si je pourrai la parcourir toute entière.

Amoureux de l'indépendance, j'ai voulu me soustraire à cette règle de plomb qui vient symétriser , entraver l'intelligence et refroidir l'imagination. Le lecteur , sans doute, doit s'attendre à quelques écarts, à un défaut absolu de plan : mon livre est un jardin anglais. Mais laissons venir le temps de la maturité; laissons rouler sur ma jeune tête encore vingt années : peut-être alors l'ouvrage que je publie aujourd'hui ne sera qu'un assemblage de matériaux que je rangerai dans un meilleur ordre et avec un goût plus sévère ; et si le ciel ne m'a pas tout-à-fait dépourvu de cette flamme poétique qui fait les grands artistes, j'éléverai un monument pour les siècles.

Jamais on n'avait entendu si souvent répéter le mot sentiment ; jamais une expression si vague n'avait été prononcée par tant de bouches, n'avait été consacrée par tant de livres.

Cependant, lorsque, pour me rendre compte à moi-même de la tâche que je m'imposais, j'ai voulu envisager les détails et les bornes de mon travail, j'ai été très – embarrassé. Mon sujet est si vague, si indéterminé, que son domaine s'agrandit indéfiniment : je serai obligé d'adopter une définition qui me resserre un peu, et qui, circonscrivant mes idées dans une certaine étendue, me permette de la parcourir. Je tracerai autour de moi le cercle de Proculus : heureux encore si ce cercle étroit n'est point au-dessus de mes forces !

Je lis cette définition dans l'excellent traité de la Poésie et de la Peinture, par l'abbé Dubos : *C'est un sixième sens qui est en nous, sans que nous voyions ses organes :* « *C'est la portion de nous-même qui juge d'après l'impression qu'elle ressent, et qui, pour me servir des termes de Platon, prononce sans consulter la règle et le compas.* »

C'est expliquer une idée par le commode *nescio quid*, qu'on a fini par appliquer à tout. C'est ainsi que Hutcheson ne sachant comment définir le beau, a fini par dire que le beau était ce qui est fait pour être apperçu par un nouveau sens, qu'il lui a plu d'appeler le sens interne du beau. Je ne suis pas plus satisfait de la définition de l'abbé Dubos, que de celle de Hutcheson; car ni l'une ni l'autre n'en est une.

D'Alembert a dit dans le fameux discours préliminaire de l'Encyclopédie : *Le sentiment est de deux sortes. L'un, destiné aux vérités de morale, s'appelle conscience; c'est une suite de la loi naturelle et de l'idée que nous avons du bien et du mal, et on pourrait le nommer évidence du cœur, parce que tout différent qu'il est de l'évidence de l'esprit attachée aux vérités spéculatives, il nous subjugue avec le même empire. L'autre espèce de sentiment est particulièrement affectée à l'imitation de la belle nature, et à ce qu'on appelle beauté d'expression. Il saisit avec transport les beautés sublimes et frappantes, démêle avec finesse les beautés cachées, et proscrit ce qui n'en a que l'apparence : souvent même il prononce des arrêts sans se donner la peine d'en détailler les motifs, parce que ces motifs dépendent d'une foule d'idées difficiles à développer sur-le-champ, et plus encore à transmettre aux autres. C'est à cette espèce de sentiment que nous devons le goût et le génie, distingués l'un et l'autre, en ce que le génie est le sentiment qui crée ; et le goût, le sentiment qui juge.*

Quoique je trouve quelque chose à reprendre dans cette double définition, je crois cependant que la division du sentiment en deux branches est exacte et bien sentie : on verra par la suite combien elle me sera utile pour la coordination de mes idées : elle sera pour moi, tantôt un fil logique qui m'aidera à me diriger dans le dédale où je m'engage, et tantôt la boussole qui me servira à m'orienter.

Voici maintenant comme j'ai essayé moi-même de définir le sentiment : La puissance morale qui juge par instinct et sans délibération ce qui est conforme aux lois de notre nature considérées sous le triple rapport de notre *animalité*, de notre *personnalité*, et de notre *spiritualité*. Le sentiment ne sépare jamais ces trois rapports; il les apperçoit dans un instant indivisible. Le premier rapport établit l'empire de la sensibilité physique ou des sensations; le second, celui de l'individualité ou de la conscience; et le troisième, celui de nos facultés intellectuelles ou de notre ame. Par le premier, nous sommes en contact avec toute la nature visible ; par le second, nous parvenons à la connaissance de nous-mêmes, et nous devenons susceptibles de mérite ou de démérite ; par le troisième, nous concevons un ordre supérieur dont notre existence actuelle semble être une nuance , et c'est par-là que notre domaine s'étend dans des espaces infinis. De ces trois rapports , il en résulte un quatrième , qui est précisément l'ensemble des trois premiers , celui de notre *humanité.*

Telle est la définition du sentiment considéré comme faculté, ou comme cause générale : mais cette faculté a des attributs particuliers ; cette cause a des effets qui prennent à leur tour le nom de sentiment. Toute sensation parvenue dans le sanctuaire de l'ame, est un sentiment : ainsi une sensation peut devenir naturellement un sentiment ; mais lorsqu'un sentiment produit une sensation , ce n'est plus qu'une réaction. Toute pensée qui a pour origine une idée morale , est un sentiment. Lorsque Vauvenargues a dit que les grandes pensées venaient du cœur, c'est comme s'il eût dit que les grandes pensées étaient

des sentimens. Toute passion aimante et
expansive commence et finit par un sentiment : ce qui distingue une passion solitaire et factice d'une passion naturelle
et sociale , c'est que cette dernière est
accompagnée d'un sentiment.

J'appelle sentiment l'affection morale
de l'amour ; j'appelle sentiment les pensées douces et calmes qui naissent dans
un cœur vertueux ; j'appelle sentiment
cette satisfaction intérieure d'un homme
qui fait le bien ; j'appelle sentiment cette
connaissance naïve de soi – même , qui
fait que l'on s'apprécie sans orgueil
comme sans faiblesse.

J'appelle sentiment cette conviction
intime de l'existence d'un Dieu et de
l'immortalité de l'ame ; cette certitude
innée des vérités les plus importantes ;
cette sécurité d'une conscience pure ,
exempte de reproches : enfin , j'appelle

dans l'éloquence, preuves de sentiment, toutes celles qui sont immédiatement tirées de la connaissance du cœur humain, toutes celles qui réveillent en nous les affections de la nature.

Et pour mieux généraliser, dans les beaux – arts et dans les belles – lettres j'appelle sentiment ce tact heureux, plus sûr que le goût; tantôt cette inspiration créatrice qui élève sans qu'on s'en apperçoive, tantôt cet abandon d'un cœur qui se déborde, et qui laisse aller ses pensées sans songer à les produire ni à les retenir.

Ainsi, le sentiment n'est autre chose que le génie tel qu'il sort des mains de la nature; c'est à la fois le juge et le modèle du beau invariable et universel.

Si ces différentes inductions sont exactes, si ma définition générale du sentiment est conforme aux idées adoptées, je pourrai partir de ce point pour édifier ma Poétique universelle, à l'usage de la littérature et des arts, et que j'aurais appelée, *Poétique du sentiment*, si je n'avais pas craint que ce titre trop ambitieux n'eût promis au lecteur autre chose qu'un faible essai.

Lorsque Platon a dit que tout était en harmonie dans les beaux-arts comme dans la nature, il a jeté, sans s'en douter, la base d'une autre Poétique universelle, qui aurait une grande analogie avec celle du sentiment, et quipeut-être lui serait identique. Je ne dois pas insister sur cette belle idée, que Cicéron n'a pas osé développer, parce qu'il la trouvait trop sublime et trop au-dessus des forces de l'esprit humain : il y aurait sûrement plus que de la hardiesse à le tenter. D'ailleurs, l'idée de Platon étant faite pour être sentie, et non pour être analysée, il ne faut que l'indiquer : elle germera dans les têtes propres à la recevoir.

En

En comparant les anciens avec les modernes, relativement à mon sujet, je remarque que notre siècle a le premier porté le flambeau de l'analyse dans le sentiment : on ne trouve pas chez les anciens cette expression, ni aucune qui lui soit analogue : voilà sans doute pourquoi nos idées sont si peu fixées sur cette matière. En effet, toutes les fois que ces grands maîtres se taisent, nous ne faisons plus que balbutier. Quoi qu'il en soit, nous devons nous réjouir de ce qu'ils n'ont pas apperçu le sujet de cet essai; c'est un riche filon dont la découverte nous a été réservée par le sort, comme un faible dédommagement de cette mine immense que les anciens nous ont enlevée. Nos progrès dans la métaphysique nous ont conduits sans doute à la découverte de cette faculté, que nous avons appelée, *sentiment* : mais il est encore d'autres causes que nous aurons occasion d'expliquer.

B

Quelques livres intéressans ont été faits depuis peu d'années, sur le sujet qui nous occupe. Le premier de tous, celui qui contient sans contredit l'analyse la plus exacte et la plus complète du cœur humain, est la fameuse Théorie des sentimens moraux, de Smith. Cet ouvrage, connu en France par deux traductions, est de la plus haute importance. L'auteur y trace avec clarté et méthode, un tableau riche et varié de toutes les affections humaines : analyste sage et réservé, observateur judicieux et éclairé, il refuse de s'aventurer dans de poétiques hypothèses ; il dit ce qui est. On est toujours étonné de la profondeur de ses vues et de la finesse de ses apperçus. On est étonné sur-tout de son habileté à fixer la limite qui sépare un sentiment d'un autre sentiment, et à en déterminer les nuances les plus délicates. Nous n'entreprendrons pas la discussion de la doctrine renfermée dans cet excellent traité. Cette discussion, très-intéressante ailleurs, serait absolument étrangère à mon plan. J'ai dû parler du livre de Smith, pour en conseiller la lecture non-seulement à ceux qui s'appliquent à l'étude de la philosophie, mais encore à ceux qui veulent approfondir la connaissance de nos affections, et remonter aux sources de la morale.

Il existe dans notre langue, un discours sur les sentimens moraux, dont l'auteur m'est inconnu. Le plan de cet ouvrage est très-peu étendu, et le titre n'en est pas exact, puisqu'il n'y est traité que des pensées et des maximes exprimées sous la forme du sentiment, et jamais des sentimens moraux. Mais quoiqu'il soit rempli d'excellentes choses, je me dispenserai de l'analyser, parce que je compte en parler encore dans mes notes. Je ne m'arrêterai ici qu'à une remarque bien judicieuse, que l'on trouve faite, je crois , pour la première fois , dans le discours dont nous parlons ; c'est qu'il existe quatre classes d'idées , auxquelles nous attachons indistinctement le nom de sentimens : sentiment , synonyme d'opinion , l'expression d'un jugement ; sentiment des sens , ou sensation ; sentiment-passion , ou expression pathétique ; et sentimens-mœurs. Mais , à le bien prendre , ces quatre classes d'idées ne sont pas très-éloignées ; elles tiennent toutes à une origine commune ; je crois avoir expliqué ce phénomène apparent dans ma définition du sentiment : les langues ne sont pas aussi capricieuses qu'on se plaît à le dire quelquefois ; pour peu que l'on médite sur ce sujet , on a souvent lieu de s'en convaincre.

Le seul homme peut-être qui, dans ces derniers temps , ait réveillé , par les charmes de son style, des souvenirs de l'antique bonhomie, l'auteur des Etudes de la nature, Bernardin-de-St-Pierre, est précisément celui qui semblait né pour exécuter la tâche que je me suis imposée. Cet écrivain, après avoir ébauché l'histoire sentimentale de la nature, remonte par le sentiment, à l'explication de quelques-unes de ses lois morales. L'essai que j'ose publier aujourd'hui, peut être considéré, à certains égards, comme une suite de cette partie des Études. Les ouvrages de Bernardin-de-St-Pierre étant entre les mains de tout le monde, de plus longs développemens seraient inutiles.

Rivarol, connu depuis long-temps par son discours sur l'universalité de la langue française, examine les principes de la métaphysique dans le discours préliminaire d'un important ouvrage qui doit mettre le sceau à sa réputation, (le nouveau Dictionnaire de la Langue française). Je me garderai bien d'analyser ce discours, parce qu'il est du nombre de ces productions qui ne s'analysent pas. On connaît le style de Rivarol, toujours visant au singulier, rempli d'antithèses, et de ce néologisme qui consiste dans de nouvelles alliances de mots, donnant trop souvent à la vérité le vêtement du paradoxe : tel il est encore dans ce dernier ouvrage, où, parmi une foule d'assertions, bizarres peut-être, on en trouve de spécieuses, de vraies, de profondément vraies. Entre autres choses neuves, il établit que le sentiment est le principe de tout dans l'homme, dans les animaux, et même dans les plantes : ce discours est consacré presque tout entier à démontrer ce nouvel axiome, et à en faire l'application aux facultés de l'homme. *Le sentiment*, dit-il, *ne se définit point : il serait toujours plus clair que sa définition ; mais il sert à définir tous les phénomènes de l'ame et du corps.* Cette excuse n'est pas admissible, parce qu'il n'est pas sûr que tout le monde soit bien d'accord sur le sens du mot sentiment ; et je crois que rien ne peut dispenser de donner les définitions des mots qui servent à fonder une nouvelle doctrine. Ailleurs il dit que *le mot sentiment jette un peu plus de clarté sur l'analyse de l'homme* ; et il ajoute que *le mot AME rend la plupart des questions intraitables en métaphysique*. Ainsi le sentiment s'appliquant à l'*esprit* et à la *matière*, à l'*ame* et au *corps*, est le milieu qui ramène à l'*unité* chaque *moi* composé de ces deux substances premières, qui ne seraient jamais *en contact* sans le sentiment. Le sentiment se modifie selon le siége qu'il occupe, la *tête* ou le *cœur* : il est tour-à-tour *entendement, imagination, mémoire* ou *jugement*. Alors une définition du sentiment serait une définition de l'homme, comme l'histoire du sentiment et de ses phénomènes serait l'histoire de l'homme et de ses facultés. Dans cette

hypothèse, le sentiment ne serait plus considéré comme une faculté de l'homme,
mais comme l'homme tout entier. Je crois
donc que le système de Rivarol roule dans
un cercle vicieux; ce sont de fort belles
phrases en pure perte. Il m'est impossible
de suivre l'auteur dans les différens raisonnemens où il s'égare, et où le lecteur
cependant aime à s'égarer avec lui, tant
il a su joncher de fleurs le terrain le plus
aride. Il a voulu, par le sentiment, ra-
mener tout à l'unité; il a voulu en faire,
dans l'univers, une autre attraction New-
tonienne, ou plutôt l'attraction magné-
tique de Mesmer. S'il avait mis *sensibilité*
au lieu de *sentiment*, il aurait dit peut-être
une chose vraie; peut-être en effet que
tout est sensible dans la nature : mais il
n'est certainement pas vrai que tout ait
la conscience de cette sensibilité, que
tout soit doué de sentiment. Voici cependant l'échelle qu'il établit, d'après son

système, dans tous les degrés d'organisation qui nous sont connus. *La plante a
la vie, la nutrition, la fécondité, et un peu
de sentiment; la brute a la vie, la nutrition,
la fécondité, et beaucoup de sentiment;
l'homme a la vie, la nutrition, la fécondité,
le sentiment et la pensée.* Ainsi, ce que
l'homme a de commun avec les plantes
et les animaux, c'est la vie, la nutrition,
la fécondité, et une certaine portion de
sentiment. En élevant l'échelle dans les
espaces infinis, on trouverait encore que
l'homme est en contact avec les intelligences supérieures par la pensée. On sent
bien qu'ici l'auteur a été contraint de
sortir de son système par la force des
choses; car il me semble que la pensée
ne devrait être, dans son hypothèse,
que le sentiment, ou un fait important
dans l'histoire du sentiment. Quoi qu'il
en soit, l'auteur développe son idée d'une
manière brillante et ingénieuse. Je me

permets de citer ce morceau , quoiqu'il soit un peu long , pour faire mieux connaître le style piquant et original de l'ouvrage, et ensuite parce qu'il n'est pas tout-à-fait étranger à mon objet.

« De sorte qu'on admire davantage la
» vie dans la plante , le sentiment dans
» l'animal , et la pensée dans l'homme.
» La plante ayant fixé ses racines dans la
» terre , et déployant ses branches dans
» l'air, reçoit de ce double magasin une
» subsistance toujours assurée ; la nature
» même est sa pourvoyeuse. L'animal
» étant chargé de chercher sa pâture ,
» le sentiment est pour lui précurseur et
» sentinelle : mais l'homme , appelé à de
» plus hautes destinées, a la pensée pour
» directrice du sentiment. La nature veille
» donc sur la plante par elle-même , sur
» l'animal par le sentiment, et sur l'homme
» par la pensée. Ces trois grandes familles
» ont en commun le besoin, la nutrition

» et la fécondité : les degrés du sentiment
» et la pensée sont leurs différences. Aussi
» dans tout ce qui est impossible à l'in-
» dustrie de chaque espèce, la nature est-
» elle intervenue. L'animal qui jouit de
» sa manumission, court se désaltérer dans
» les eaux qui ne viendraient point à lui ;
» tandis que les fleuves et les mers s'élè-
» vent en vapeurs, et transformés en
» nuages, vont abreuver la plante im-
» mobile et altérée qui les attend. Mais
» la nature ayant pourvu l'homme d'une
» liberté et d'une industrie indéfinies, ne
» lui devait que des matériaux. Voilée,
» mais d'un voile entr'ouvert, elle lui
» cache et lui indique tour-à-tour les gages
» de ses promesses. Ce fut donc à nous
» à présager la fécondité de la terre dans
» l'emploi de ses métaux ; à deviner des
» maisons et des villes dans ses carrières ;
» à demander des habits aux troupeaux,
» des navires aux forêts, et à l'aimant la

» clef des mers : ce fut à nous à disputer
» le sable aux vents qui le dispersent, et
» à le fixer en cristal, qui devait un jour
» porter nos regards dans la structure d'un
» ciron, et nous ouvrir de nouveaux cieux.
» Voilà l'homme en effet : la simplicité de
» son origine se perd dans la majesté
» de son histoire ; la nudité de ses élé-
» mens, dans la magnificence de ses
» ouvrages : ses besoins primitifs et ses
» passions premières ne sont rien au-
» près des besoins et des passions dont il
» s'est fait une si éclatante nécessité. »

Il me reste à citer celui de tous les Ecrivains modernes dont les ouvrages sont le
plus capables d'opérer une révolution dans
les idées ; c'est du philosophe Kent que je
veux parler. C'est un vrai phénomène que
la fermentation excitée par cet homme
dans toute l'Europe, où ses livres sont à
peine connus par des extraits et des ana-
lyses de journaux. Les têtes à *in-folio*

de l'Allemagne se sont éveillées en sur-
saut au premier coup de coignée donné
par ce hardi novateur à l'arbre de l'ancienne métaphysique. Dès-lors, tous les
savans de l'Allemagne se sont partagés
en trois factions ; celle des enthousiastes
qui ont juré sur la parole du maître,
celle de l'opposition au nouveau système,
et enfin la faction de ceux qui n'y com-
prenaient rien. Il faut bien que la dernière ait été la plus nombreuse, puisque
les ouvrages de Kent ont eu besoin de
commentateurs, pour faire sentir toute
l'excellence de sa doctrine. Par tout ce
qu'on a vu jusqu'à présent, on peut con-
jecturer que le philosophe de Konigzberg
paraît avoir adopté pour base de son sys-
tême, ce que nous avons appelé sentiment.
Son premier livre, celui qui l'a placé de
suite au premier rang des métaphysiciens,
a pour titre : *Critique de la raison pure.*
Il a depuis toujours été en opposition avec

la philosophie dogmatique ; et son livre,
Des bases d'une métaphysique des mœurs,
est sans doute celui où il établit ses nouveaux principes. Il me semble, en effet,
que la métaphysique de l'ame, ou la théorie des idées abstraites, est trop vague,
trop incertaine ; et que la métaphysique
du cœur, ou la théorie des mœurs, est
une science plus sûre, en ce qu'elle repose
sur l'observation. Comme je conçois la
métaphysique des mœurs de Kent, il me
semble que la théorie des sentimens moraux de Smith pourrait lui servir d'intro-
duction. Mais à quoi sert de se perdre dans
des conjectures ?

Ainsi je puis dire que telle a été la
marche des idées modernes , sur cette
matière : on a distingué d'abord dans la
littérature, les *pensées* des *sentimens* ; ensuite dans la philosophie , les *passions*
d'avec les *sentimens moraux* ; enfin , et
ce n'est que depuis très-peu de temps,

on est parvenu à démêler dans l'homme une faculté jusqu'alors obscure, qu'on a appelée *sentiment*. Tant que les livres de Kent ne seront pas traduits, il nous manquera un traité complet de cette faculté, car le discours de Rivarol est bien loin de pouvoir suffire.

Si je me suis étendu sur les ouvrages des apologistes ou des historiens du sentiment, c'est pour montrer combien les idées de ce siècle ont été tournées vers ce grand principe de notre moralité. J'ai cru cette digression nécessaire, quoiqu'un peu longue ; je vais me renfermer à présent plus étroitement dans mon sujet.

Lebatteux, dans ses Principes de littérature, a établi cette vérité, que tous les arts se réduisent à un seul principe, l'imitation de la belle nature. Voilà, sans doute pourquoi tous les arts empruntent les uns des autres leurs termes les plus usuels, comme leurs plus brillantes métaphores. *Ut pictura poësis erit*, a dit le poëte le plus fécond en maximes devenues proverbes dans la république des lettres, et le plus rempli de pensées fortes , exprimées sous la forme originale du sentiment.

Voici quelques corollaires immédiats de ce principe.

L'imitation de la belle nature produit ce qu'on a appelé *beau idéal*. La faculté d'appercevoir dans la nature ce qui doit entrer dans la composition du beau idéal , s'appelle *génie* ou *talent*. La faculté de sentir ce que la nature a de beau, avant de l'imiter ; cette faculté qui précède l'observation , qui est la cause motrice du génie , et qui devient habitude d'être ému par le beau, est précisément *cette puissance du sentiment* que nous avons définie plus haut. Le sentiment , parvenu à un certain point d'énergie et d'exaltation , devient *enthousiasme*.

Les

Les beaux-arts ont ensuite créé en nous une nouvelle faculté, qui fait que nous appercevons jusqu'à quel point l'artiste s'est approché de la perfection idéale dans l'imitation de la nature. Cette faculté a pris un tel empire sur notre manière d'être, de sentir et de juger, que nous sommes souvent aussi émus, quelquefois même plus, par l'imitation de la nature, que par la nature elle-même. Cette faculté est une modification du sentiment; car celui qui admire les chefs-d'œuvre de l'art, les admire parce qu'une prompte perception lui démontre la vérité de l'imitation, et qu'il sent au-dedans de lui-même que c'est bien ainsi qu'il a vu la nature. C'est ce qui produit *la critique de sentiment.*

Dans cet Ecrit je me servirai toujours du nom de *poëte,* comme plus générique que celui d'*artiste,* et sur-tout plus vrai : et en effet, que serait un artiste qui ne serait pas poëte? et que serait un orateur sans le don naturel du génie ? Car je crois que c'est aussi un préjugé que cet ancien adage des rhéteurs, *fiunt oratores*. Je crois qu'on naît susceptible de tout ce qu'on sera un jour. Il n'est pas jusqu'aux commentateurs et aux antiquaires, qui ne soient aussi invinciblement dominés par leur *astre*, que le poëte et le statuaire.

DU SENTIMENT

CONSIDÉRÉ DANS SES RAPPORTS

AVEC

LA LITTÉRATURE ET LES ARTS.

PROLOGUE.

Si l'imagination du poëte a besoin de la contemplation d'un grand modèle, c'est dans l'antiquité qu'il doit le chercher : il faut que ce modèle ait été éprouvé par l'examen de tous les siècles éclairés, et que sa gloire, malgré les vaines satyres de l'envie ou de l'ignorance, ait toujours été respectée par cette puissance invincible qui n'épargne ni les peuples, ni les institutions sociales, ni les monumens des arts; par le Temps enfin, qui ne laisse derrière lui que des ruines, et l'œuvre immortelle du génie debout parmi ces ruines. Mais où trouver une idole plus imposante que celle de l'Aveugle de Smyrne ? Poëte moderne, ne crains donc pas de te prosterner devant le buste d'Homère, d'Homère ceint d'une couronne immortelle, d'Homère environné du prestige inspirateur de tant de siècles d'adoration, reculé dans les augustes ténèbres de la vénérable antiquité, et ne se révélant à nous qu'à travers le voile mystérieux d'une langue que nous savons balbutier à peine.

Avant que le divin Homère eût produit ses poëmes immortels, il tenait, à Smyrne, une école de musique, dit une ancienne tradition : et l'on sait que les Pythagoriciens ont prétendu que la musique était alors ce que depuis on a appelé la philosophie.

Combien j'aime à me représenter le père des poëtes, assis au milieu de ses élèves, leur dévoilant les secrets du génie, se faisant payer ses leçons en laine, et épousant ensuite la meilleure fileuse de la ville ! Mais lorsque mon imagination s'est assez reposée sur le charme de cette peinture sentimentale, elle cherche à pénétrer dans l'école même du sublime bon-homme, et à recueillir les préceptes émanés de cette bouche si favorisée des Muses.

Ce grand peintre de la nature ne donnait pas toujours ses leçons dans l'enceinte de la ville ; quelquefois il conduisait ses disciples sous un ombrage de laurier, ou dans la fameuse grotte des Muses, qui était sur les bords du Mélès, et là il leur enseignait des choses que jamais les Rhéteurs ne retrouveront dans leurs froides conceptions. Homère, sans doute, ne connaissait pas ces figures de rhétorique, ces lois de la poésie, ces préceptes de l'art d'écrire qui ont enfanté tant de volumes somnifères ; mais toutes ses paroles étaient des éclairs de génie, des maximes de morale, des expansions de sensibilité ; toutes ses expressions étaient vivantes d'énergie et de chaleur ; sa voix animait la nature, en personnifiait les phénomènes ; et plus d'une fois ses disciples, séduits par les charmes de son éloquence enchanteresse, le prirent pour un dieu descendu parmi de faibles mortels.

Homère était jeune alors ; mais déjà l'inspiration de la sagesse l'avait caressé dans ses songes, s'était approchée de lui dans les heures solitaires qu'il consacrait à la méditation. Bientôt il voyagea comme les anciens sages : car, dans ces temps reculés, on étudiait les hommes, parce qu'il n'y avait pas de bibliothèques immenses qui favorisassent la paresse, et le génie ne perdait pas son empreinte originale en

C 3

feuilletant des volumes poudreux. Homère donc voyagea; et après avoir porté les vêtemens de l'indigence dans les mêmes villes qui dans la suite se disputèrent l'orgueilleuse prérogative de l'avoir vu naître, et qui lui édifièrent des temples; après avoir épuisé tous les genres d'infortune, tous les dégoûts de la vie augmentés encore par une sensibilité profonde, exténué de fatigues, aveugle, sans appui, il mourut loin du sol natal.

Cet homme extraordinaire, outre les facultés naturelles dont il avait été si libéralement doué, semblait avoir été placé, par un heureux concours d'événemens, dans les circonstances les plus faites pour exalter la sensibilité, échauffer l'enthousiasme, et développer tous les germes du génie.

Orphée, Linus et Musée, et sur-tout la célèbre fille de Tirésias, Daphné, avaient déjà fait sortir l'idiome grec de sa sauvage simplicité; les traditions des peuples étaient encore pleines de souvenirs héroïques, de peintures mythologiques et religieuses; les bords de l'Asie et les îles adjacentes commençaient à sortir de leur barbarie, sans avoir les vices de la civilisation; les peuples les plus sensibles, habitant le plus beau climat de l'univers, honoraient la poésie, chargée de chanter les dieux dans les temples, et de conserver les

annales des peuples par des histoires musicales;
les hommes, les sociétés, le culte, les institutions, les mœurs, tout était neuf sans être
brut: et c'est alors que parut ce génie immortel.
Mûri par les voyages, et sur-tout par les inappré-
ciables leçons du malheur, il éleva ces deux
magnifiques monumens qui sont encore les co-
lonnes d'Hercule du monde littéraire. Dans
ces deux vastes galeries de tableaux, il a peint
l'homme tout entier, il a peint son siècle, il a
peint sa patrie, il a peint la nature. Des révolutions successives ont changé les gouvernemens
des peuples, les mœurs des hommes; mais sa
fidélité dans la peinture des sites est une preuve
encore subsistante de celle qu'il a mise dans
les autres peintures.

Ainsi donc, ce qui nous serait plus utile
que tous les préceptes aristotéliques, ce serait
de connaître les principes de cette sensibilité
qui met le génie en contact avec toute la nature,
et qui lui permet de lire dans les replis les plus
secrets du cœur humain; ce serait de connaître
les mœurs, les habitudes d'Homère, ce type
des poëtes. Mais si la vie d'Homère ne nous
est pas parvenue dans tous ses détails et dans
toute sa vérité, nous pouvons y suppléer par
l'étude approfondie de ses ouvrages. C'est là
que l'on peut retrouver encore son caractère,

sa manière d'observer la nature, ses opinions, et sur-tout le sentiment qui lui fit inventer un art dont les règles, qu'il ne soupçonnait même pas, ont été déduites long-temps après de sa marche originale et indépendante.

Oh! que ne puis-je m'identifier parfaitement avec ce génie immortel, ce père des dieux et des poëtes! Que ne puis-je, interprète avoué des Muses, chanter leurs leçons inspiratrices, telles qu'Homère les chantait dans son école de Smyrne! Mais, dieux! quels torrens de pensées inondent tout-à-coup mon ame! comme je savoure le nectar céleste dans la coupe de l'imagination! Vains prestiges de la grandeur, de la fortune; fantôme trompeur de la renommée, je vous méprise comme cette vile poussière que dans un jour d'été mes pieds font voler devant moi! Hommes amoureux de ces brillans hochets, et vous sur-tout dont la conscience vénale est aux gages de qui veut l'acheter, troupe mercenaire et esclave, loin de ce vallon inspirateur! loin de cette aimable retraite que j'ai choisie pour mon culte solitaire des Muses!

Odi profanum vulgus!

Pudeur et Naïveté, salut! types sublimes de tous les êtres privilégiés, recevez mes hom-

mages ! Compagnes du génie, c'est vous qui
l'inspirez à son insu ! Pures émanations de la
Divinité, accord de tous les sentimens délicieux,
de toutes les affections douces qui nous attachent à la vie, Pudeur et Naïveté, sœurs inséparables, vous ne pouvez être ni défigurées,
ni copiées : l'envie est sans armes, et l'hypocrisie oublie ses ruses devant un de vos regards;
l'innocence apprend de vous à sourire; la jeunesse se pare de vos inestimables attraits ; et
la vieillesse en couvre ses rides, en couronne son
front chauve. Pudeur et Naïveté, c'est vous qui
ajoutez à la beauté ce charme indéfinissable
qui la fait aimer , adorer; c'est vous qui im-
primez à une bonne action ce mouvement
généreux et spontanée, qui seul peut la rendre
méritoire; c'est vous qui savez donner à la
bienfaisance ces formes aimables et sympathiques, si chères à l'orgueil de l'infortune, et qui
commandent la reconnaissance au cœur le plus
aride et le plus ingrat; c'est vous enfin, il n'y
a que vous qui puissiez rendre l'œuvre du génie
contemporaine de tous les âges : mais sur-tout
il n'y a que vous, sœurs immortelles, qui sachiez
invoquer l'Amour et qui puissiez le faire descendre du ciel où tout est harmonie par lui....
L'Amour !

Et moi, oserai-je t'invoquer, fils exilé de la terre au jour de la grande disgrace de nos premiers parens ? Chérubin immortel qui as opéré tant de prodiges, suprême ordonnateur du monde physique et moral, généreux consolateur de l'homme lorsque tu daignes le visiter dans ce lieu de passage que tu t'es plu à orner encore de tant de charmes, principe de toute harmonie et de toute beauté, ô Amour ! souris à mon projet, et verse dans mon sein cette flamme baptismale qui consume ce qu'il y a de terrestre dans le cœur de l'homme....

Pudeur, Naïveté, Amour, triple essence de la Divinité, rayon adorable de la gloire céleste se reflétant dans la glace pure d'une ame innocente, je vous invoque tour à tour, je vous invoque réunis ; je vous sens au dedans de moi, vous êtes mon olympe.

Ainsi, lorsque pour la première fois endormi sur le Parnasse, les abeilles déposèrent sur mes lèvres le miel, présent céleste ; lorsqu'à mon réveil, je sentis mon cœur pubère pour la gloire, s'enflammer pour la première fois du noble désir de faire entendre des choses nouvelles aux enfans des hommes, sublime extase qui n'as rien de terrestre, enthousiasme pur d'une ame éperdue qui plane au séjour des intelligences, je vous ai aussi connus, et j'ai pu m'écrier avec le Corrége : *Anch'io son pittore !*

Roule devant moi le fleuve du temps; gronde sur ma tête l'orage de l'adversité; que m'importe ? J'ai pu fixer un instant l'idée, hélas ! trop fugitive de cette suprême félicité qui tient à l'exaltation de l'ame et au dégagement des sens.

J'espère que le lecteur me pardonnera cette vive effusion, elle s'encadre dans mon plan : en invoquant la pudeur, la naïveté, l'amour, j'ai annoncé mon sujet. Douce sensibilité, la plus belle des fleurs d'Eden, épanouis-toi sur ma palette ! que la poussière embaumée de tes étamines se mêle à mes couleurs, afin que je sois sentimental en écrivant sur le sentiment.

DU SENTIMENT

PRINCIPE DE LA MORALE ET DES ARTS.

COMMENCERAI - JE par rappeler ici les prodiges du sentiment ? Tout ce qu'on a dit sur l'harmonie, sur le génie, sur le beau, appartient au sentiment. C'est lui qui a adouci les mœurs sauvages de l'homme; c'est lui qui l'a invité à se choisir une compagne, et qui lui a ordonné de fonder les lois de la société sur le modèle des lois qui régissent une famille. Cette vérité historique est bien heureusement exprimée par les belles allégories d'Orphée et d'Amphion. Mais c'est sur-tout dans les prodiges des arts que l'on voit toute la puissance du sentiment.

Tous les arts en effet ont pour but l'imitation de la nature ; mais combien ces imitations seraient froides sans le secours du sentiment ! Le sentiment est la seule source du vrai et du beau; le sentiment est le grand type, l'unique type des productions du génie. Dans les arts comme dans la nature, il n'est qu'une ligne : l'étude et le travail ne suffisent pas pour appercevoir cette ligne invariable ; rien ne supplée à l'instinct du sentiment.

L'amour, l'amitié, la piété filiale, pour charmer l'ennui de l'absence, voulurent fixer l'image de l'objet aimé. La silhouète fut le premier pas de cette magie représentative. Cette ébauche fut perfectionnée peu à peu; les traits chéris d'une maîtresse adorée, d'un ami, d'un père, d'une mère, d'une sœur, se reproduisirent sous le pinceau, le ciseau, le burin : l'art des Zeuxis et des Praxitèle naquit de la sentimentale idée de Dibutadis : bientôt le flambeau de Prométhée vint animer l'ouvrage de l'homme; le marbre, l'airain, la toile se vivifièrent, respirèrent, trompèrent l'œil, séduisirent le cœur, et agrandirent le domaine de l'imagination.

La musique et la poésie furent aussi le fruit du sentiment. Tous les effets de la nature furent imités : le fracas d'une cascade tombante, le roulement du tonnerre, le bruissement des vagues se brisant contre le rivage, le sifflement des vents. La lyre anima les bocages d'un charme *insolite* ; le berger, sur un chalumeau rustique, chanta ses simples amours ; le rossignol eut des rivaux qui l'égalèrent, qui le surpassèrent : la voix humaine, ainsi modulée, acquit une grace, une noblesse qu'elle ignorait.

Cette faculté d'imiter ne s'arrêta pas là : il restait encore bien d'autres prodiges à opérer.

Les passions humaines , les affections du cœur
furent peintes en traits de feu. Les poëmes
d'Homère furent le drame entier de la vie
humaine ; et la Muse tragique vint ensuite
s'emparer de ces immortelles scènes pour les
développer isolément sur le théâtre, et leur
donner un prestige de plus.

Telle fut l'origine de tous les beaux arts ;
c'est au sentiment que nous les devons.

Le plus grand bienfait du sentiment n'est
cependant pas le don immortel des beaux arts :
celui qui , sans contredit, mérite le plus notre
reconnaissance , est l'inappréciable dépôt dans
nos cœurs, des principes immuables de vertu
et de morale, qui sont le gage de notre
bonheur.

Ce n'est pas par notre raison dont nous
sommes si fiers , que nous pouvons nous élever
jusqu'à la sphère des intelligences ; ce n'est
pas par les seules forces de la raison que nous
pouvons nous flatter de découvrir les vérités
utiles : la raison, que l'homme n'a si souvent
divinisée que parce qu'il a voulu en faire son
attribut exclusif , mais qui n'est qu'une vaine
abstraction si elle n'est unie au sentiment.

Oh! ce n'est pas la raison qui guidait ces grands hommes dont les noms, transmis d'âge en âge, sont toujours chers à l'humanité. Le Génie de Socrate, l'Égérie de Numa, l'Ange de Milton étaient autre chose que ce guide orgueilleux. Voyez les écarts de tous ces philosophes, de tous ces moralistes géométriques qui ont voulu porter dans l'étude de nos facultés, l'exactitude mathématique de la raison!

Est-ce la raison qui a rapproché les hommes, qui a formé les premières sociétés, qui a bâti les premières villes, qui a élevé les premiers temples à la Divinité ? Est-ce la raison qui nous a révélé l'harmonie de la nature, et qui nous a dévoilé la main d'un Dieu dans les merveilles de la création ? Est-ce la raison qui a inventé les arts, et sur-tout le plus étonnant de tous, celui par lequel nous communiquons nos pensées à nos semblables ? Est-ce la raison qui parle à tous les hommes, et dans tous les siècles, un même langage, dont la conscience est l'immortelle interprète ? Est-ce la raison qui commande à nos cœurs la vertu, et qui éveille dans les entrailles du coupable la furie du remords ? Lorsque des dogmes impies font plier des peuples entiers sous le joug de la superstition, est-ce la raison qui rend l'homme juste en dépit d'un Dieu injuste, qui garantit

l'innocence et la pudeur des voluptueuses leçons
de Vénus, du culte contagieux de l'amour
terrestre ?

Il est en nous une puissance plus forte que
le despotisme des lois humaines, que l'empire
des cultes superstitieux ou immoraux; une puissance qui veille encore sur nous, quand la
frêle barque de notre raison est ballottée par la
tempête des passions : c'est la puissance du sentiment.

La raison produit cette vaine philosophie
sujette à tant d'erreurs, et que sa versatilité
rend l'esclave des gouvernemens et des opinions
vulgaires : le sentiment produit cette morale
universelle qui est indépendante des gouvernemens et des opinions. La raison ne produit
qu'une sagesse spéculative et isolée : le sentiment produit une sagesse pratique et expansive. L'homme a beau être convaincu par la
raison; s'il n'est pas persuadé par le sentiment,
jamais une bonne pensée ne deviendra une
bonne action. Oh! je l'ai trouvée dans mon cœur,
et elle est sans doute gravée dans tous les cœurs,
cette maxime consolante, que toutes les vérités essentielles au bonheur de l'humanité sont
des vérités de sentiment. Je l'ai trouvée aussi
au fond de mon cœur, cette autre maxime, que
le beau et le bon sont identiques, et que

l'homme

l'homme de génie ne peut se concilier les suffrages de ses contemporains et l'admiration de la postérité, qu'en donnant pour base à ses œuvres des principes de morale. Ainsi les lois du goût et celles de la morale ne sont peut-être qu'une même chose.

===

L'empire du sentiment s'étend à toutes les actions, à toutes les circonstances de la vie. C'est le cri naïf; c'est la bonne action irréfléchie; c'est le *hors de soi* qui n'a pas d'expression; c'est le cœur isolé, nu et sans fard. Souvent le sentiment s'exprime par des monosyllabes; quelquefois il s'épanche, il s'abandonne. L'étreinte muette, les longs embrassemens, les serremens de main; voilà son langage le plus ordinaire.

Sacrifiez aux Graces, disait Platon à Xénocrate. Ce conseil si vanté ne peut convenir au cœur; il annonce de la recherche, du raffinement; et le cœur n'en connaît point, il les réprouve. Ne sacrifiez donc point aux Graces: les Graces fuient qui les cherche: elles jouent avec leurs favoris, elles les caressent dans leurs songes; elles se promènent avec eux dans des élysées champêtres; elles les enivrent des émissions odorantes de tout ce que la nature a de

parfums les plus suaves , les plus exquis.
Properce et Tibulle ont , sans efforts , toute
la naïveté des Graces , tout l'abandon du sentiment : Ovide cherche en vain à les imiter ;
on est fâché de ne lui trouver que beaucoup
d'esprit. L'esprit peut quelquefois suppléer au
talent , cacher le vide de l'imagination ; mais
jamais il ne supplée à la naïveté , jamais il ne
cache l'absence du sentiment.

L'orgueil, l'amour de la renommée , l'émulation , l'envie, sont des passions incompatibles
avec le sentiment : l'homme sentimental par
excellence est *inglorieux*.

Le sentiment a une infinité de modifications
que l'on sent assez , mais qui ne peuvent s'exprimer. L'âge, le sexe, la fortune bonne ou mau-
vaise , la situation de l'ame, et une foule de circonstances différentes , lui donnent des tons variés, et plus ou moins prononcés: c'est toujours
le même charme qui se reproduit sous diverses
formes. Qu'on ne croie cependant pas que
ce soit un *Protée* qui échappe sans cesse à
nos recherches ; au contraire, il a une per-
manence , une fixité qu'on ne peut trop
admirer au milieu de l'inconstance et de l'orage
des passions , au milieu de la dissonance de
nos fibres , et de la discorde des élémens qui

composent notre existence physique et morale,
au milieu enfin de nos systèmes politiques, si
souvent contraires au vues de la nature.

Dans l'enfant, le sentiment se décèle par
cette ingénuité, ces cris, ces pleurs, ce besoin d'un appui, ces caresses affectueuses,
ce sourire aimable, et sur-tout cette innocence, qui nous intéressent à si juste titre :
dans l'adolescence, par cette timidité, cette
vivacité, cette pétulance, cette promptitude à
verser des pleurs, cette sensibilité facile à émouvoir, cette bonhomie à se laisser séduire, par
cette innocence *prolongée*, et quelquefois par
cet amour-propre, cette confiance en soi-même,
si pardonnables à cet âge : dans la jeunesse,
par cette inquiétude vague, ces alarmes de
la pudeur luttant contre des désirs inconnus,
ces bonds d'une imagination se peignant un
monde fantastique, et ne se nourrissant que
de rêves et d'illusions ; par ces affections
vives et franches, ces épanchemens devenus
un besoin, cette force d'amour ou d'amitié, qui voudrait s'identifier entièrement,
vivre sans partage dans l'objet aimé ; par
ces erreurs, ces méprises, qui viennent d'un
cœur essentiellement bon et qui ignore le mal.
Dans l'âge mûr, on reconnaît le sentiment
à cette sensibilité soutenue, à cette bien-

faisance sentie , à cette habitude du bien , à
cette horreur spontanée du mal , à cet amour
inflexible pour l'honnête , le bon , le beau ;
à ces passions généreuses qui enfantent les
prodiges de la scène et de la tribune , ou les
dévouemens dans les champs de la guerre ;
à cette force d'ame qui brave , pour une cause
juste , l'ostracisme , l'exil , la déportation , les
fers , les tourmens , la mort , et qui proclame
la vérité en présence des tyrans , sous la
hache des bourreaux. Enfin , dans la vieillesse,
on reconnaît le sentiment à cette insouciance
d'une louange méritée , à cette humeur égale,
à ce juste milieu entre la mélancolie et la
gaieté , à ce souvenir sans regret parce qu'il
est sans remords , de l'âge des plaisirs : chez
le vieillard , il devient candeur , véracité ,
franchise , sévérité dans le caractère , austé-
rité dans les mœurs , gravité dans les paroles,
négligence dans les manières , tolérance dans
le commerce de la vie.

J'ai essayé de donner une idée des modifications du sentiment ; j'en ai saisi quelques
traits dans les différens âges de la vie. Si je
voulais pousser mes remarques plus loin , il
faudrait une palette plus riche que la mienne,
une plus longue étude du cœur humain ; ou ,

pour mieux dire , il faudrait un *La Bruyère sentimental*. Je ne dirai rien non plus de ce
qu'est le sentiment chez les femmes : pour
une telle entreprise , il ne suffirait peut-être
pas de la touche la plus délicate , la plus
fine ; il serait nécessaire qu'un pareil traité
fût écrit par une femme. Les femmes ont plus
que nous ce ton harmonique au cœur , ce
bonheur d'expression que nous nous efforce-
rions en vain d'imiter : elles savent apperce-
cevoir des nuances si imperceptibles à nos
yeux , des rapports si déliés ; elles ont un
tact si délicat , si clairvoyant sur cette matière , que ce serait folie d'y rien entre-
prendre.

Mais pourrais-je passer sous silence le prodige sentimental du cœur d'une mère ?.... Le
cœur d'une mère est continuellement dévoré
de tendresse et d'amour ; il meurt sous le
poids des sollicitudes et des plaisirs ; il renaît
pour mourir encore. Capable de tous les sacrifices , trouvant faciles les dévouemens les plus
héroïques , une mère s'oublie elle-même , ne
semble vivre que dans son enfant : toutes les
peines , toutes les fatigues lui paraîtront lé-
gères , je ne dis pas pour préserver son enfant
d'un danger , mais pour lui épargner une seule
larme. Voyez-la lui prodiguant , de sa propre

substance , une nourriture appropriée à ses besoins ; voyez-la veillant autour de son ber-ceau , provoquant son sourire , s'enivrant de ses innocentes caressses , épiant les premières marques d'intelligence, attentive aux sons inar-ticulés que forme sa bouche enfantine , ne se sentant pas de joie lorsque, parmi ces sons , elle a entendu ou cru entendre une syllabe toute formée. Fénélon écrivait à un Pasteur d'avoir pour ses ouailles les entrailles d'un père ; je dis plus , ajoutait cet immortel Pré-lat , ayez les entrailles d'une mère. Image de la Providence divine , amour maternel, Provi-dence infatigable de l'enfance , reçois les hom-mages de tous les hommes ! ils te doivent l'exis-tence , qui serait toujours un bienfait s'ils n'en abusaient pas ; ils te devraient encore la santé , s'ils savaient conserver leur innocence et la simplicité de leurs goûts. Et sans l'amour maternel , que deviendrait notre enfance , si faible et si indigente ? Sans doute la nature a voulu se justifier , par l'énergie de cet amour qu'elle a placé dans le cœur des mères , du délaissement où elle abandonne , à son en-trée dans la vie , la plus noble de ses créa-tures.

Nous avons dit que le plus grand bienfait
du sentiment était le dépôt dans nos cœurs des
principes de morale et de vertu ; mais un autre
bienfait dont nous ne tenons aucun compte ,
et qui est cependant très-réel , c'est celui de
veiller autour du sanctuaire mystérieux de nos
illusions , pour le garantir contre l'impie curiosité d'une raison altière. Eh ! qui ne sait que
la nature , pour nous retenir dans de certaines
bornes , a attaché nos plus grandes jouissances
à quelques-unes de ces précieuses illusions ?
Qui ne sait que l'impie philosophisme , après
avoir , d'une main téméraire , arraché le salutaire bandeau des illusions, instruit à tout oser ,
porte bientôt son audace jusqu'à vouloir ren-
verser , d'une main sacrilége , l'arche des vérités éternelles ? L'ignorance et la simplicité
sont des garans de bonheur dans cette vie et
dans l'autre. Malheur à nous , qui avons brisé
tous les talismans , qui avons cueilli sur l'arbre
fatal les fruits amers de la science ! Froids rai-
sonneurs , voyez votre ouvrage ! Vous vouliez
qu'on vous expliquât mathématiquement l'origine et la vérité de votre culte , les ressorts
de vos affections , l'état de votre être avant
et après la mort : alors les autels se sont

D 4

écroulés , les trônes ont été renversés dans la poussière , les passions les plus généreuses , les affections les plus pures n'ont eu pour mobile que l'amour-propre , et pour dernier malheur , lorsqu'on a voulu se réfugier dans le sein de l'immortalité , on n'a plus trouvé , derrière le rideau du trépas , que l'horreur du néant. Peut-être que les vérités et les illusions ne sont séparées que par un léger réseau, qui ondule inapperçu dans les régions de notre intelligence : mais nous ne parviendrons jamais à découvrir ce réseau ; car c'est précisément là qu'est l'éternelle difficulté des philosophes. Les uns placent la borne mystérieuse en-deçà , les autres au-delà des véritables limites : les premiers sans doute sont les plus sages. Si vous dites au guerrier Scandinave ou Calédonien , que ses nuages ne sont que de vaines vapeurs émanées de la terre et condensées dans les airs , et qu'il se trompe lorsqu'il croit qu'ils sont la demeure de ses amis, de ses pères , de ses compagnons d'armes ; donnez-lui d'autres prestiges qui remplacent une erreur si chère , ou bien ses sites sauvages ne seront plus que d'affreuses solitudes.

J'ai vu la révolution française , devenue le fruit de cette guerre cruelle à toutes les illu-

sions ; j'ai vu des philosophes , forts de la
supériorité de leur raison , vouloir fixer l'empire de la vérité et de l'erreur , et dire au
peuple : Ce colosse de soixante siècles est
un fantôme. Impie ! où sont tes titres de
créance ? Pourquoi la vérité t'aurait-elle choisi
de préférence à tant de millions de plus gens
de bien que toi , pour être révélée par ton
organe ?

Le sentiment, plus clairvoyant mille fois
que la raison , illumina cet homme étonnant,
qui seul ait eu le don de faire secte dans
ces temps modernes , sans y mêler le prestige
de nouveautés religieuses ; cet homme qui
passa sa vie entière à lutter laborieusement
contre les chimères de son imagination et
contre les tourmens de sa sensibilité ; cet
homme qui a versé dans ses écrits le ferment
de toutes les passions , le germe de toutes
les vertus ; cet homme dont les ouvrages ,
forts de tant de séve , peuvent faire dire :
Malheur à ceux qui les ont lus sans être émus
profondément ; car ils sont morts à toute
sensibilité ! Malheur encore à ceux qui les ont
lus avec une émotion profonde ; car ils ont
perdu l'innocence de l'ame et la simplicité
du cœur ! Le sentiment , dis - je , illumina
J. J. Rousseau , et J. J. Rousseau employa.

toutes les forces de son génie à combattre le
sentiment : de-là , l'inouie inconséquence de
toutes les actions et de tous les livres de ce
misanthrope sublime. L'évidence du sentiment
criait au fond de son cœur , et il ne se contentait pas de ce grand témoignage , il voulait
la sanction de cette raison orgueilleuse , qui
se révoltait de son insuffisance et de sa nullité.

Bientôt une nation entière , imbue des principes du Philosophe de Genève , nourrie des
paradoxes de ses extravagans disciples , en
proie à la corruption et au relâchement des
mœurs , trop disposée par conséquent à abuser
des meilleures choses , recueillant avidement
les doutes de la philosophie et les préceptes
de l'impiété , a été punie par la perte de tout
ce qu'elle avait cru n'être que des illusions,
de tout ce qu'elle avait osé appeler de vains
préjugés. Le culte , les liens de la société ,
tout ce qu'il y avait de sacré parmi les
hommes , lui a été enlevé , parce qu'elle en
avait fait l'objet de ses imprudentes railleries ,
de ses sarcasmes impies. La Providence lui a
infligé pour châtiment, de voir réaliser sur elle
les rêves de ceux qu'elle avait appelés ses
Sages. Alors le peuple le plus poli et le plus
raisonneur de l'univers , couvert des vêtemens
du luxe et des lambeaux de la misère , fier

de ses progrès dans les sciences et les arts ,
ce peuple a été vu échangeant son gouvernement paternel contre l'anarchie , et la religion de ses pères contre la prostitution des
plus hideuses idoles ; ce peuple a été vu ,
comme un vil troupeau , conduit par la plus
vile canaille , succombant sous le poids de tous
les fléaux , sans refuge contre la persécution ,
décimé par les bourreaux , flétri dans sa moralité , se laissant lâchement traîner à une
mort ignominieuse , et expirant enfin du supplice des esclaves , comme ce tyran de Samos,
fier de tant de prospérité , qui se reposait
encore sur la longue fidélité de la fortune ,
au moment où Némésis l'entraînait à la plus
éclatante catastrophe. Je me garderai bien de
colorier cette ébauche du plus terrible phénomène politique que l'on trouve dans l'histoire
des peuples.

Ah ! sans doute nous sommes quelquefois
déçus par le sentiment ; mais qu'ont de com-
parable les erreurs du sentiment avec les
écarts de la raison ? Le sentiment , qui avait
présidé à la formation des sociétés , est encore
la sauve-garde de leur durée. L'effet presque
inévitable de la raison , est d'atténuer le respect dû aux principes sur lesquels sont fondés

tout système religieux , toute moralité , toute sympathie , toute satisfaction après le bien , tout remords après le mal , toute idée de justice et de vertu : c'est au sentiment à rétablir nos rapports avec Dieu et avec nos semblables ; c'est au sentiment à nous donner des amis , une patrie , à nous entretenir encore de ceux qui nous furent chers et que la mort nous a ravis ; c'est au sentiment à nous consoler dans le malheur , à nous rendre doux et affables dans la prospérité , à jeter un voile de mélancolie sur quelques scènes de la vie , à enchanter la nature , à nous faire supporter notre exil sur la terre ; c'est au sentiment enfin à nous accompagner sur le bord de la tombe , et à nous présenter l'espoir de l'immortalité , lorsque tous les désirs s'éteignent dans notre cœur , lorsque tout s'éclipse autour de nous. Dans cet instant suprême , l'homme sent tout le vide de ses pensées , toute l'inanité des rêves de son imagination , toute la faiblesse de sa raison : mais , éclairé par les douces révélations du sentiment , il regrette peu la vie ; car il sait qu'il va retrouver d'autres amis dans une patrie plus heureuse , et que ceux qu'il laisse encore dans cette vallée de larmes ne tarderont pas à le rejoindre au séjour de l'immortalité.

DE DEUX HYPOTHÈSES

QUI ONT LEUR ORIGINE DANS LE SENTIMENT.

DANS un de ces momens où toutes nos pensées prennent une couleur sentimentale, où notre existence, comme un ruisseau paisible, coule, parmi des rives fleuries, dans l'élysée de notre imagination ; dans un de ces momens heureux, si familiers aux ames sensibles, je crus voir un génie, beau comme une inspiration printanière, et qui me présentait un livre écrit en caractères primitifs : c'était le livre sacré où Pythagore avait puisé quelques-unes de ses lois morales. J'étais dans le ravissement en parcourant les pages de ce livre immortel : mais rendu à l'empire des sensations extérieures, je ne me suis plus souvenu que de ces deux axiomes :

> Tout fait harmonie dans la nature.
> Tout est sensible dans la nature.

Pythagore, le fondateur de l'Ecole Italique, avait voyagé avant de donner des lois à Crotone. Il avait recueilli les traditions de tous les

peuples ; il avait visité les savans et les simples ;
il avait fréquenté les temples des dieux et les
cabanes des pauvres ; il avait parlé à des prêtres et à des philosophes ; il avait recueilli
les traditions des différentes nations , les allégories des Poëtes , les apophthegmes des
Sages ; mais sur-tout il avait étudié la nature.

Souvent , perdu dans de ravissantes rêveries , les heures s'écoulaient , sans que ce
grand homme s'apperçût de la rapidité de
leur fuite. Il avait remarqué le retour pério-
dique des saisons , la marche égale et cons-
tante des constellations , la succession des jours
et des nuits ; et il eut le sentiment de l'harmonie de la nature.

Quelquefois , plongé dans de douces méditations , il considérait l'astre du jour à son
déclin , environné de nuages d'or , d'opale et
d'azur , s'enfonçant silencieusement dans l'ombre de l'horizon , pendant que , sur la terre ,
un bruit monotone et vague vient caresser
l'oreille de l'observateur. Le matin , il avait
vu le soleil jaillir du sein de l'horizon , comme
la pensée d'un Dieu ; il avait vu l'ombre fuir
dans les vallées , au sein des forêts ; il avait
entendu mille chantres ailés saluer l'aurore ,
de leurs voix plus harmonieuses sans doute
que celle de Memnon. Souvent il avait pro-

longé sa rêverie dans la nuit : admirant alors le magnifique déploiement des sphères cé- lestes , il avait senti combien cette demi- lueur , ce silence profond , cette fraîcheur , cette solitude , tantôt approchent l'ame du trône de l'Intelligence éternelle , tantôt la forcent à se replier sur elle-même , pour jouir de sa propre contemplation. Combien de fois n'avait-il pas comparé le calme de sa cons- cience à la marche paisible de la lune , planant silencieusement sur le sommet des montagnes , glissant sur la surface du nuage diaphane , ou se balançant sur la chevelure des arbres !

Pendant l'orage , il avait vu ces nuages , noirs d'épouvante , qui se promènent comme des îles aériennes ; ces éclairs , qui, rapides comme la pensée , traversent d'un pôle à l'autre dans un instant indivisible , ou dont la flèche lumineuse serpente horriblement dans les cieux ; il n'avait pas craint de se perdre dans cette obscurité pro- fonde qui menace d'envelopper la nature en- tière , et d'entendre ces rugissemens de la tempête , dont le char d'airain tantôt fait trem- bler l'horizon , et tantôt vient rouler sur la tête du sage inébranlable , méditant au milieu du désordre universel , et comparant les mou- vemens orageux des passions humaines aux terribles phénomènes de la tempête ; il avait

été ému par cette voix imposante du tonnerre , mille fois répétée par les échos ,
et étouffant , par sa sombre et majestueuse
harmonie , les mugissemens des vents dé-
chaînés , les cris funèbres de l'ouragan furieux , les gémissemens de la nature épouvantée. C'est sur-tout après ces grandes scènes de
terreur , lorsque l'arc de la réconciliation se
dessine dans les nues , lorsque les habitans
de la terre ouvrent leurs cœurs à l'espérance
et à la joie , qu'il avait compris que tout est
en harmonie dans la nature. Et de ce que
l'homme seul a le sentiment de cette harmonie
sublime , il crut pouvoir conclure que l'homme
est , sur la terre , le modèle de toutes les
harmonies , et qu'il les réunit toutes dans
l'inconcevable sanctuaire de son intelligence.

Telle est l'origine du système musical , développé dans l'école de Crotone. L'univers est
le plus sublime concert , et il n'est donné
qu'aux Sages et aux Poëtes d'entendre son harmonie ravissante. Linus , Orphée , Homère ,
Pythagore , hommes divins , sans doute votre
organisation exquise vous permettait d'être sensibles à cette mélodie de tous les corps célestes , roulant en cadence dans l'immensité de
l'espace ; mais si cette mélodie n'a plus pour
nous que le charme d'une magnifique allégorie,

il nous reste la jouissance des phénomènes qui sont plus près de nous , et dont nous pouvons encore sentir l'harmonie sublime.

L'opinion philosophique de Pythagore était neuve ; elle avait cependant pour type primitif des traditions populaires.

A l'origine des sociétés , les lois étaient des chants ; les assemblées des princes des peuples étaient des concerts de musiciens. En Egypte , on était persuadé que les pyramides avaient été élevées au bruit de la musique. La lyre d'Amphion avait présidé à la construction des murs de Thèbes ; Apollon lui-même avait élevé ceux de Troie. Les fondateurs des premières sociétés furent des poëtes musiciens : les innovateurs furent ceux qui changèrent le système musical , et qui corrompirent sa simplicité antique , en voulant la perfectionner. Mais malheur à ces perfides novateurs , qui opèrent de terribles révolutions chez les peuples , en voulant les conduire à une perfection hypothétique ! Qu'ils sachent que Linus fut immolé par Apollon son père , pour avoir porté une main sacrilége sur cette fameuse cythare aux cordes de lin , faite par le Dieu de l'harmonie : qu'ils sachent que les hommes eux-mêmes punissent quelquefois ces impies

E

innovations; que Therpandre , Phorocide et
Thimothée ne trouvèrent pas grace devant les
austères amis de l'harmonie primitive.

Sans doute le temps n'est plus où la musique
ait tant d'importance ; les Rois ne laissent plus
entre les mains de musiciens moralistes , leurs
palais , leurs familles , leurs royaumes ; l'on
ne voit plus une sédition populaire appaisée
par un mode suave et harmonieux : mais nous
ne pouvons pas douter de ces merveilles antiques dont nos langues empruntent encore quelques-unes de leurs plus belles métaphores.
Le monde gouverné par une Intelligence
suprême , est un sublime concert ; les sociétés
des hommes , les familles bien unies , offrent
l'image d'une belle harmonie : mais quel plus
sublime concert, quelle harmonie plus ravissante
que les pensées de l'homme de bien régnant en
paix dans sa conscience, sur ses facultés , sur ses
affections , et sur ses appétits ! Le calme d'une
bonne conscience est sans doute le plus beau
cantique que l'homme puisse offrir à Dieu.

Pythagore , qui avait admis comme axiome
la sensibilité universellement répandue dans
toute la nature , en avait fait la base de ses

lois diététiques ; il est aisé d'appercevoir les raisons qui avaient porté le sage de Samos à adopter cette opinion, admise de toute antiquité dans les colléges des Gymnosophistes de l'Inde. Il avait vu, dans le cours de ses voyages, les nations livrées aux plus absurdes superstitions, adorant des animaux, et même des plantes, et justifiant ensuite la bizarrerie de leurs cultes par le récit des aventures et des métamorphoses de leurs dieux : il comprit que de grandes vérités, révélées par d'anciens philosophes, étaient cachées sous le voile allégorique de ces fictions séduisantes. L'instinct perfectionné de quelques animaux, les affections si fortes, la prévoyance si prodigieuse de la plupart d'entre eux, ne lui permettaient pas de douter de leur sensibilité : mais quand il eut remarqué les mouvemens de quelques plantes ; lorsqu'il eut vu l'héliotrope suivre l'astre du jour, la sensitive plier ses feuilles pour échapper à la main des hommes ; quand il eut vu la vigne chercher l'ormeau, le narcisse se mirer dans une fontaine ; quand il eut vu l'aimant attirer le fer, les stalactites croître dans les cavernes des rochers ; alors, n'osant prononcer sur l'apparente inertie de quelques corps, il dit : Sans doute que tout est sensible dans la nature !

Ici je ne puis m'empêcher de faire remarquer qu'un instinct sentimental, qui précède les observations des siècles, devine quelquefois la vérité. En effet, les fleurs vivaient et respiraient dans le langage métaphorique des poëtes et des ames sensibles, avant que le système étonnant de Linné eût démontré la sensibilité des plantes. Le mariage de Flore et de Zéphire était dans les annales mythologiques avant que l'immortel Suédois eût découvert qu'une corolle était un lit nuptial, et que les zéphyrs étaient des messagers d'amour. Voyez comme Homère a peint un beau lis que le soc de la charrue a coupé.... Ce n'est pas un simple végétal; il vivait, il respirait, il faisait l'ornement des campagnes; et le voilà qui penche tristement sa tête flétrie.

Le lecteur n'a pas sans doute besoin que je lui développe tant de souvenirs poétiques, qui viennent en foule assaillir l'imagination, lorsqu'on s'en rappelle un seul. Les bords du Pénée virent Daphné changée en laurier; l'anémone naquit du sang d'Adonis; les roseaux, agités par les vents, soupirèrent l'antique douleur de Syrinx; le noir feuillage du cyprès attesta le deuil d'Apollon; une source fut tantôt une naïade bienfaisante, tantôt une beauté poursuivie par quelque dieu amoureux. L'écho d'un rocher était une nymphe plaintive qui appelait son amant ; sous la dure écorce du chêne respirait une hamadryade ; les fleurs recueillaient , dans leur calice embaumé, les pleurs que versait chaque jour l'Aurore sur la mort de son cher Céphale ; la Lune, se levant silencieusement sur le sommet de la montagne , venait donner un baiser au beau chasseur endormi sous des voûtes de verdure ; le tonnerre fut la voix du Père des dieux et des hommes, menaçant ses enfans indociles, et ne frappant, le plus souvent, que les vieux chênes, les tours abandonnées , les cimes solitaires , les neiges acraucéroniennes ; l'arc - en - ciel fut la trace lumineuse de la messagère des dieux , descendant sur la terre pour révéler leurs ordres aux mortels dignes par leurs vertus de cette communication intime avec la divinité.

C'est aussi par des fables ingénieuses que les poëtes expliquèrent les sympathies et les antipathies des animaux, leurs goûts, leurs allures, et jusqu'à leurs cris. L'orgueil du paon méritait qu'on l'attelât au char de la fière Junon : s'il est donné à l'aigle audacieux de planer dans les nues, c'est qu'il servit autrefois de ministre au Maître des dieux. Et vous, innocentes colombes, aimable symbole de l'amour fidelle ,

c'est à bien juste titre que vous fûtes choisies
pour conduire la reine des Graces, de Gnide
à Amathonte. Si le souffle d'Eole refuse d'a-
giter les vagues de l'océan, c'est que la mal-
heureuse Alcyone remplit les devoirs de l'amour
maternel. Philomèle cherche au fond des
bois, la plus profonde solitude, pour déplorer,
loin des hommes, l'outrage qu'elle reçut dans
le temps où elle surpassait en beauté toutes
les princesses de la Thrace.

C'est ainsi que la belle hypothèse de la
sensibilité universelle, qui avait fait naître un
dogme religieux dans l'Inde, un système philosophique dans l'école de Pythagore, avait produit d'aimables fictions dans les riantes contrées
de la Grèce : en remontant à la source des
peintures mythologiques, on trouverait peut-
être qu'elles n'ont d'autre base que cette hypothèse poétique.

N'étant pas assez avancés dans les sciences
pour connaître les lois de la nature, les anciens
les ont expliquées par des fables sentimentales;
ou plutôt pour se dispenser d'expliquer la nature,
ils l'ont enchantée.

DU BEAU IDÉAL.

Platon, qui a été le poëte des philosophes, suppose qu'il existe deux mondes, l'un réel, et l'autre idéal, et que le premier n'est qu'un modèle grossier du second. Cette Atlantide imaginaire, faite pour devenir la conquête de toutes les ames sensibles, est une de ces découvertes heureuses qui doivent être consignées dans les annales du sentiment. C'est dans le monde idéal de Platon que se réfugient les malheureux persécutés sur la terre; c'est là qu'ils retrouvent le calme, le bonheur, parmi des scènes d'Eden et de l'âge d'or : c'est aussi là que **J. J.** *passait régulièrement cinq ou six heures par jour*, dans le temps où son excessive misantropie lui montrait l'Europe entière conjurée contre lui.

L'idée sentimentale du Philosophe Grec n'est pas la vérité, mais elle n'est séparée de la vérité que par le vague de l'expression : en effet, il existe deux mondes, mais ils sont tous les deux réels; et l'homme, placé sur les limites de ces deux mondes, a des facultés qui le mettent en contact avec les êtres qui peuplent l'un et l'autre.

E 4

Ainsi, l'homme tient à la terre par son corps, et au ciel par son intelligence. Cette vie n'est qu'un lieu de passage et d'épreuves, où il doit travailler continuellement à mériter d'être admis dans sa véritable patrie, pour y échanger le vêtement périssable d'une vie fugitive, contre la gloire d'une immortalité heureuse.

Dieu a mis au dedans de nous un modèle idéal de la perfection, qui échappe sans cesse à nos désirs, dans un ordre de choses où toute vertu est un effort, où tout sentiment généreux est un sacrifice. Avant la catastrophe dont parlent les Saintes Ecritures, il n'en était pas ainsi; et peut-être le modèle que nous avons au dedans de nous n'était pas idéal, il était réel.

Quoi qu'il en soit, c'est la connaissance de ce modèle, c'est la possibilité d'en approcher plus ou moins, qui constitue la moralité de nos actions; c'est ensuite la liberté qui en fait le mérite ou le démérite; enfin, c'est la victoire ou la défaite après le combat, qui nous rendent susceptibles de récompense ou de punition.

Nous voyons le bien, et trop souvent, hélas! nous faisons le mal : la conscience alors élève sa voix redoutable, parce qu'elle a comparé l'action avec le modèle idéal qui repose en nous;

elle nous accuse dans l'intimité de notre cœur, comme autrefois le prophète Nathan accusait David au nom du Dieu d'Israël.

Il est rare que la conscience soit parfaitement contente d'elle - même : car quel homme n'a jamais vu se ternir, même par le plus léger souffle du vice, la glace pure de son innocence ? quel homme, quelques bonnes actions qu'il ait faites, ne peut pas se reprocher de n'avoir pas fait tout le bien qu'il aurait pu faire ?

==========

Le principe de la perfection idéale dans la morale, est le même que celui de la perfection idéale dans les arts d'imitation. On ne peut rien ajouter au premier sans ajouter au second; on ne peut dégrader l'un sans dégrader l'autre.

Avant qu'un artiste exécute un ouvrage, il le conçoit dans sa pensée; il s'isole de toute sensation extérieure; il se retire au dedans de lui-même, et il voit ce Jupiter olympique, cet Apollon du Belvédère, cette Vénus de Médicis, cette Psyché de Canove, qui doivent faire l'admiration de tous les siècles : le chef-d'œuvre immortel est dans sa tête avec l'attitude, les attributs, les graces, la majesté, avec toutes les perfections enfin dont jamais l'œuvre de ses mains ne pourra approcher.

Voilà pourquoi il n'est point d'artiste content de son ouvrage, quelque beau qu'il soit. En effet, je crois que cette sublime Phèdre, cette divine Athalie sont loin encore du modèle idéal qui existait dans la tête de Racine, avant que ce grand poëte eût revêtu de toutes les perfections du langage, les deux plus beaux drames dont ait à s'enorgueillir la Muse tragique. Voilà pourquoi Virgile voulait livrer aux flammes son immortelle Énéide. Il n'appartient qu'à la médiocrité d'être toujours contente d'elle-même.

O Dieu! s'il est permis de porter un œil scrutateur sur les immortels chefs-d'œuvre du génie, ce n'est pas avec le froid compas de l'esprit qu'il faut les juger; c'est en s'identifiant avec le génie lui-même, par la ravissante extase du sentiment. Comme alors, mais seulement alors, on le plaint d'être obligé de traduire sa pensée dans nos langues indigentes! Homère, Virgile, Lafontaine, Corneille, Racine, c'était le langage des Intelligences qui convenait à vos belles conceptions! Et vous, les deux plus sublimes fils de l'éloquence, Bossuet, Pascal, hommes divins, que je vous admire, mais que je vous plains!

Ainsi, j'ai vu un cœur brûlant d'amour et d'expansion, chercher en vain un cœur qui fût en

contact avec le sien, et s'agiter dans les tourmens de la solitude ! Ainsi j'ai entendu sainte
Thérèse adresser ses soupirs à Dieu; car quel
être sur la terre aurait été digne de répondre
à ses soupirs ? Ainsi j'ai entendu le plus aimant
des hommes, Fénélon, vouer à Dieu ce grand
amour, qui n'a pas de nom dans les langues
humaines....

C'est ici, ô homme, qu'il t'est permis d'avoir
de l'orgueil; car il n'est qu'un Dieu qui puisse
suffire à l'étendue de ton intelligence, et à la
force de ton amour : oui, Dieu seul peut
remplir l'idée de la perfection que lui-même
a placée au dedans de toi ; et ce n'est que par
la contemplation de cet Etre tout-puissant et tout
bon, que ton cœur peut espérer de se rassasier un
jour. N'est-ce que cela, disait César monté
sur le trône du monde? Que me restera-t-il
à conquérir, lorsque la terre entière sera sub-
juguée, disait le fils de Philippe ? Insensés !
si l'univers entier ne suffisait pas à votre ambition, que vouliez-vous de plus ? C'est que
vous n'avez pas si bien choisi que sainte Thérèse
et Fénélon.

Quel est l'homme en effet qui n'a pas
souvent éprouvé le vide de son imagination,

l'insatiabilité de ses désirs ? Quand il a voulu sonder sa conscience, n'a-t-il pas toujours apperçu dans son cœur un abyme que toutes les illusions des plaisirs, que toutes les merveilles des arts, que tous les trônes de l'ambition, que toutes les promesses de la gloire ne pourraient combler ? N'y a-t-il pas toujours vu, avec effroi, cette solitude immense, qui serait encore une solitude, quand même toutes les créatures viendraient y confondre tout l'amour qui est sur la terre ?...

Mais quelle est mon erreur ! S'il faut un Dieu à mon intelligence et à mon amour, comment puis-je espérer d'être jamais satisfait ? Où trouverai-je un culte qui m'assure que je ne me suis pas bercé d'une vaine chimère ? Où trouverai-je une religion qui me confirme cette idée qui m'est si nécessaire, et qui, cependant, est le comble de l'extravagance si elle n'a pas été révélée ? Mortel aveugle ! il est trouvé ce culte salutaire qui fait évanouir tes craintes ! elle est trouvée cette religion divine qui te permet d'espérer !

Oh ! que je fuie dans la solitude des temples ! que je me réfugie à l'ombre des saints autels ! et que mon ame se perde dans la douce méditation de ces grandes promesses !

O mon Créateur, ô mon Père, Etre des êtres, Dieu puissant et éternel ! il est donc vrai qu'après ma mort, si je n'ai pas levé contre ta Majesté sainte un front prévaricateur, si j'ai expié mes offenses par les larmes solitaires du repentir, tu consentiras à te laisser contempler par ta faible créature, élevée au rang des Séraphins ! car tu peux à ton gré, ô Dieu tout - puissant ! tu peux aussi bien faire participant de ta gloire un faible ver de terre, comme tu as pu tirer mon ame du néant. Ah ! cet espoir sublime me donne l'avant - goût des félicités éternelles que tu réserves à tes Elus ; il vaut seul plus que toutes les jouissances terrestres que procurent les plaisirs des sens ; il vaut seul plus que les jouissances intellectuelles que procurent les prestiges des arts.

DE LA SENSIBILITÉ.

Quoique je ne suive pas une route bien droite, cependant j'avance toujours dans ma carrière. Mes digressions ne sont pas de vains épisodes ; toutes mes idées se tiennent ; mais je ne puis les exprimer toutes à la fois ; je suis obligé de les faire passer par une filière qui les éloigne. Le lecteur m'excusera aussi si je suis quelquefois un peu trop indépendant de tous les préceptes de l'art ; mais j'ai averti que mon livre serait un jardin anglais. D'ailleurs, ce n'est pas par hasard que j'ai choisi, pour mon début dans la carrière littéraire, un sujet qui a plus besoin de l'expansion du cœur que des ressources de l'esprit. J'ai cru que ce sujet me mettrait peut-être à l'abri d'un jugement trop sévère ; car il est bien difficile de critiquer l'œuvre naïve du sentiment.

Après avoir développé, dans les paragraphes précédens, quelques-unes des idées mères des hypothèses inspiratrices qui entrent dans l'histoire du sentiment, je dois maintenant fixer l'attention du lecteur sur le principe de toutes

à un sentiment confus de curiosité; les autres,
à un prompt retour que nous faisons sur nous-
mêmes, en comparant la détresse d'un malheureux avec notre tranquillité actuelle ; les autres
enfin lui donnent pour origine, « la satisfaction que l'ame ressent de sa propre activité,
et l'aversion qu'elle a pour un état d'indo-
lence et d'inaction : » je serais de ce dernier avis, en ajoutant cependant que cette
sympathie pour le malheur peut aussi venir
du plaisir indéfinissable que nous éprouvons
toutes les fois que nous pouvons avoir la conscience de notre sensibilité.

Sans doute c'est pour nous un besoin d'é-
prouver quelquefois les anxiétés les plus dou-
loureuses; je n'ai pas assez dit, souvent c'est
une volupté. Mais ne généralisons pas trop
nos définitions ; je parle à des ames délicates
et véritablement sensibles. Lecteur sentimental,
c'est donc à ton cœur que j'en appelle à présent :
dis-moi, peux-tu plaindre un malheureux sans
le secourir ?.... oui, secourir ! on a toujours
assez pour secourir l'infortune. Ainsi pensait ce
bon vieillard dont parle l'Ecriture sainte, et qui
fut si grand dans l'adversité. Il partageait
avec ses compagnons, le pain de la misère ;
et la nuit il ensevelissait ceux qui mouraient
sous le poids des fers, et que l'impiété des

F

tyrans laissait sans sépulture. Ainsi pensait encore ce sublime saint Vincent de Paul , qui, par un dévouement que la Religion peut seule inspirer, s'était chargé de la chaîne d'un forçat. Ainsi un captif ne trouvait pas impossible de secourir ! ainsi un pauvre ecclésiastique ne trouva pas trop pénible l'humiliation d'une servitude infamante ! Ah ! si cet héroïsme est trop au-dessus de nos forces , il nous reste bien d'autres moyens de secourir.... car n'est-ce pas encore secourir , que de consoler lorsqu'on ne peut faire mieux ? Les malheureux aiment tant que l'on prenne part à leurs maux ! Lorsque tout semble les abandonner , une larme d'un de leurs semblables est un baume si doux !

« La main du printemps couvre la terre
» de fleurs , dit le Bramine inspiré : telle est,
» à l'égard des fils de l'infortune , la pitié
» sensible et bienfaisante ; elle essuie leurs
» larmes, elle adoucit leurs peines. Vois cette
» plante surchargée de rosée, les gouttes qui
» en tombent donnent la vie à tout ce qui
» est autour d'elle ; elles sont moins douces
» que les pleurs de la compassion. »

Mais quel nom donnerons-nous à ces barbares qui courent jouir d'un spectacle sanglant, qui aiment à repaître leurs regards du plus horrible tableau que puissent offrir les sociétés , celui d'un homme périssant par la main du bourreau ? Je vous vois frémir !.... Eh ! qui ne sait que ces scènes affreuses attirent une foule de spectateurs , et qu'elles plaisent sur-tout à la vile populace ? Dirons-nous , comme Rousseau , que c'est parce que la populace est plus près de la nature que ce qu'on appelle *les honnêtes gens ?* Non ; c'est parce qu'elle est l'écume des sociétés : car remarquez bien que si les formes sociales nous ont éloignés de la nature , les sciences et les arts nous en rapprochent par une route opposée. Nous sommes venus au point où l'extrême ignorance touche à la barbarie et à l'abrutissement, parce que l'ignorance n'est bonne que lorsqu'elle est accompagnée de la douce et naïve innocence. Je n'ai pas besoin de prouver une vérité dont tout le monde est intimement persuadé..... Rousseau , fais donc amende honorable à cette bonne nature que tu as tant aimée , et que tu as cependant blasphémée.

Je suis bien loin aussi de croire à cet amour-propre barbare, que Lucrèce explique par sa fameuse comparaison d'un vaisseau battu de la tempête. Selon ce fameux disciple d'Epicure, celui qui est sur le rivage de la mer , jouit

mieux de sa sécurité , en voyant le danger
que courent les passagers. J'aime à croire que
cette interprétation de nos sentimens n'est pas
exacte : le danger des passagers nous effraie
pour eux-mêmes ; ce n'est ensuite que par un
retour sur soi, que l'on se trouve heureux de
ne pas y être exposé : mais on commence par
sentir son cœur frissonnant oppressé par la
douleur ; et si l'on attend la fin de cette
scène cruelle , malgré les angoisses où l'on
se trouve , ce n'est point par le mouvement
d'une vaine curiosité , mais par l'espérance
que l'on a de voir ces infortunés échapper
au naufrage.

Ici , j'offre à nos recherches le singulier
phénomène de cette espèce de sensibilité que
développent en nous la littérature et les arts.
Comment se fait-il que les hommes les plus
froidement féroces, que les êtres les plus dé-
pravés , se laissent attendrir jusqu'à pleurer
pour des malheurs factices, pendant qu'ils demeurent insensibles à une infortune réelle ,
pendant qu'ils versent des torrens de sang autour d'eux ? Comment se fait-il encore que
des cœurs généreux et sensibles permettent à
leurs regards de s'attacher sur la peinture du
crime , et à leur imagination de s'arrêter sur

des objets dont l'imitation leur plaît , malgré
l'horreur dont ils seraient pénétrés à la seule
idée de leur réalité ?

On sait que les désastres de la guerre ,
peints énergiquement dans un tableau d'Aristide
de Thèbes , firent plus d'impression sur le farouche fils de Philippe , que les horreurs même de
la guerre, dont si souvent il avait été témoin. Ce
tableau , entr'autres scènes terribles , représen-
tait un enfant , se traînant vers le sein de
sa mère égorgée et près de mourir ; cette
mère, quoique expirante , craint que son enfant ne suce du sang au lieu de lait.......
Etonné de sentir l'émotion se glisser dans
son cœur , le destructeur de Pella s'arrête au
milieu du carnage : une vaine peinture fait
ce que n'ont pu faire les gémissemens de tant
de milliers de victimes ; et la larme solitaire
de la pitié roule dans ses yeux.

Cet Alexandre de Phère , dont le nom est
placé à côté de ceux de Busiris et de Néron ,
ne put retenir ses larmes à la représentation
des Troades. Le spectacle de tant de calamités réunies , les plaintes touchantes de tant de
veuves et d'orphelins , émurent son cœur , le
cœur de ce tigre altéré de sang , affamé de
tortures et de supplices.

F 2

Lorsque les Lacédémoniens se furent emparés de la ville de Minerve ; lorsque , semblables à nos modernes Vandales , ces farouches républicains eurent détruit la métropole des arts ; ils voulurent se délasser de leurs fatigues , et goûter les plaisirs de la scène athénienne. Le hasard voulut qu'on jouât l'Electre d'Euripide. Au moment où le chœur chanta ces vers si touchans : « Nous venons , ô fille » d'Agamemnon ! sous votre humble et rus» tique toit, » les barbares vainqueurs, frappés par cet exemple des vicissitudes de la fortune , ne purent retenir leurs larmes. Ainsi le sanguinaire Couthon , comme l'affreux tyran de Phère , trouvait des pleurs à répandre à la représentation d'une tragédie ; et je suis persuadé que , dans le temps même où il démolissait la nouvelle ville de Minerve , il eût pleuré sur le sort d'Ilos ou de Messène , peint avec énergie dans un drame de Shakespear ou de Crébillon.

Je ne dirai cependant pas , comme le misanthrope de Genève , « qu'en donnant des » pleurs à des fictions , nous avons satisfait » à tous les droits de l'humanité, sans avoir » plus rien à mettre du nôtre. » Non, je fais plus d'honneur à la source de ces larmes involontaires. Je crois qu'il repose toujours au-dedans de l'homme , quelque dégradé qu'il soit , un instinct de sensibilité , qu'il ne peut jamais parvenir à étouffer entièrement. Un philosophe a dit que la passion , et non le besoin , conduisait les cannibales à l'antropophagie. Ainsi , toutes les fois que l'homme peut oublier cette passion qui le rend cruel , toutes les fois que la pitié peut s'exercer sur d'autres que sur des ennemis , toutes les fois que son œil féroce n'a pas à chercher des objets de haine ou de fureur , alors il s'attendrit , il pleure : les charmes de la poésie , la magie de la peinture , l'entraînent par une pente douce , et sans qu'il s'en apperçoive , à la pitié et à la sympathie , par le sentiment de l'admiration.

Le spectacle de la douleur , l'altération de la voix d'un malheureux , ne font impression sur nos sens , que parce que la pensée s'est mise à la place du malheureux lui-même , que l'on voudrait soulager ; et cette sympathie est toujours pénible , quelquefois même douloureuse. Mais quand nous assistons à une représentation théâtrale , il y a toujours un sentiment confus , qui veille au-dedans de nous , malgré les prestiges de l'illusion , et qui nous avertit continuellement que nous ne voyons qu'une fiction : alors nous nous trouvons, sans nous en appercevoir, dans la situation d'un homme qui échappe à un rêve pénible, et qui s'estime heureux de ce que ce n'est qu'un rêve. Ainsi, d'une part, la comparaison que nous faisons de ces malheurs feints avec les réels, et le mérite de l'imitation d'une autre part, nous procurent ce plaisir indicible, dont l'analyse est si difficile. Nous jouissons de notre sensibilité, sans la mettre à la torture, si j'ose m'exprimer ainsi ; et voilà peut-être, sans autre glose, ce qu'Aristote entendait par cette phrase, qui a tant exercé les commentateurs et les critiques : « La tragédie est une action qui, » par un spectacle de terreur et de pitié, » purge en nous ces deux passions. »

Si les arts nous offrent quelquefois des sujets désagréables ou vicieux, et que l'imitation en soit bien faite, c'est la beauté de la conception, et non le hideux de l'objet imité que nous admirons. Telle est l'audacieuse peinture de Satan par Milton : cette peinture sans doute est du plus haut sublime ; mais ce n'est pas le caractère de Satan que nous admirons, c'est le génie étonnant de Milton, qui a su peindre à l'imagination le chef des Anges rebelles. Qu'Eschyle fasse un chœur d'Euménides , que le Dante allume tous les brasiers de l'Enfer ; notre cœur frémit et murmure , pendant que notre imagination admire. La description d'une tempête ou du sac d'une ville , peuvent nous plaire par la même raison ; mais jamais ces spectacles terribles n'ont plu dans l'original ; seulement il faut les avoir vus pour les peindre. Ainsi Vernet , au milieu d'une tempête , et criant : Oh ! que cela est beau ! Térence saisissant un trait de physionomie dans la figure de son père irrité , pour l'appliquer au rôle de Chrémès , ne prouvent que la passion de l'art.

On connaît la doctrine exagérée des Stoïciens , qui avait séduit tant de têtes ardentes , sur-tout chez les Romains , au temps de la décadence de la république , parce que la vertu persécutée avait besoin de s'attacher fortement à des principes sévères pour ne pas succomber : je me dispenserai d'en citer les maximes souvent barbares ; Épictète et Sénèque sont entre les mains de tout le monde. Je me bornerai à dire que toute morale exagérée , comme celle des Stoïciens , ne vaut

rien : c'est une très-grande mal-adresse de représenter la vertu dure , farouche , d'un abord
difficile ; c'est en éloigner le plus grand nombre. J'avoue qu'il est des ames fortes , capables d'une grande rigidité dans les principes ;
mais elles sont si rares ! .... Aussi voyons-
nous que la morale de l'Evangile est bien
différente : sans cesser d'être pure et sublime ,
elle est toujours conforme à notre nature ,
compatissante à notre faiblesse. En comparant
les spéculations métaphysiques de cette philosophie orgueilleuse du stoïcisme , avec les leçons
sentimentales de l'Evangile , ne devons-nous
pas être convaincus que le stoïcisme n'usurpa
si long-temps l'étonnement de l'univers , que
parce que l'univers ne connaissait rien de plus
parfait ?

On a mis en question, s'il valait mieux faire
le bien par système , que par la simple impulsion du cœur. Cette question sera long-
temps à décider , parce qu'il est bien peu de
juges compétens dans cette cause. Les ames
sensibles trouvent sans doute bien des charmes à pleurer sur le sort des malheureux ;
mais ceux qui ont eux-mêmes éprouvé les
rigueurs de la fortune , peuvent seuls apprécier le prix d'un bienfait produit par la

touchante impulsion du cœur ; seuls ils peuvent savoir combien la douleur perd de son amertume en se communiquant : c'est donc à l'expérience de l'infortune que j'en appelle.

Lecteur, ne crois-tu pas avec moi qu'en effet c'est enlever à la bienfaisance une grande partie de ses charmes, que de refuser d'associer le cœur à la raison ? Ne trouves-tu pas qu'il est bien plus beau de s'identifier avec le malheureux qu'on soulage, que de demeurer toujours impassible et froid ?

Que cette philosophie spéculative et raisonneuse me paraît cruelle, lorsqu'elle veut établir l'équilibre de nos facultés, et neutraliser le ferment des passions même les plus généreuses ! Que cette portion qu'elle veut enlever à mes jouissances pour l'ajouter à la grandeur imaginaire de mon être, me paraît bien mieux placée là où elle a été mise par la nature elle-même ! Oh ! ce n'est pas avec cette froide réserve que s'exprime la Religion, lorsqu'elle ne donne à l'amour que nous devons à nos semblables, d'autre mesure que l'amour que nous avons pour nous-mêmes.

Oh ! combien je plains l'être apathique et froid qui ne se passionne jamais, qui est mort à tout sentiment expansif, qui n'a point de sang au cœur, point de feu dans la tête, point de fluide sentimental dans les fibres ; qui ne sait ni s'émouvoir, ni s'attendrir, ni pleurer ! S'il n'a jamais éprouvé les tourmens de la sensibilité, il n'en a pas non plus senti toutes les délices. Jamais l'harmonie de l'univers, jamais le spectacle de la nature, jamais les prodiges des arts, jamais les embrassemens de ses parens et de ses amis, jamais le sourire de la beauté, jamais les caresses de ses enfans ne plongèrent son cœur dans un bain d'inexprimables voluptés. Pour lui, le beau et le bon n'ont point de charmes ; la sympathie n'est qu'un vain mot, l'amour un jeu de l'imagination, l'amitié un roman ; toutes les scènes de la vie sont sans couleur, sans illusions, sans attraits ; il n'y est attaché que par la crainte machinale de la mort ; et lorsque son heure suprême est arrivée, il dépose dans un désert le poids de son existence inutile.

Hé quoi ! le cruel Alexandre de Phère, l'affreuse Messaline sentaient quelquefois leurs entrailles s'émouvoir ; et Zénon, Epictète, Sénèque, Marc-Aurèle, refuseraient d'obéir à la douce voix du sentiment ! Et toi aussi, sublime Marc-Aurèle ! secte orgueilleuse !

Refuse, dis-tu, refuse l'entrée de ton ame à

tout sentiment de compassion et de pitié ! Tu peux venir au secours des malheureux, l'humanité te l'ordonne ; mais soulage sans compatir ! sois impassible comme un Dieu !

Tais-toi, philosophe inconséquent ! Comment essuieras-tu des larmes sans en répandre toi-même ? Tes arides bienfaits font rougir l'infortuné qui est condamné à les recevoir, et l'humanité qui parle à ta raison, sans rien dire à ton cœur : ne sois donc pas étonné s'ils ne trouvent que des ingrats.

Je fais consister la vraie grandeur dans la force de l'ame, et non dans l'insensibilité du cœur. Jouir de toute la plénitude de son être, ce n'est pas s'étudier à arracher de son cœur le germe des passions, mais savoir leur donner un guide, le sentiment.

DU GOUT DE LA CAMPAGNE

ET DES CHARMES DU SOL NATAL.

LA nature entière est faite pour l'homme sensible ; ou, pour mieux dire, il semble qu'elle ne soit faite que pour lui ; car lui seul sait l'admirer. Aux yeux du plus grand nombre, elle n'offre qu'un spectacle monotone et vide : c'est à l'homme sensible à l'apprécier. Le philosophe même ne l'admire que froidement ; il y puise des connaissances, des réflexions utiles ; il en fait le sujet de ses problèmes et de ses systèmes quelquefois insensés : mais l'homme sensible l'étudie avec passion ; il s'en pénètre, il s'en nourrit, s'il m'est permis de parler ainsi.

Le goût de la campagne est le goût le plus universel, le plus durable, le plus sentimental : on le retrouve dans tous les âges, dans toutes les conditions ; il se reproduit dans toutes les circonstances. Il n'est personne qui ne désire passer au moins quelques jours à la campagne. L'asile champêtre est pour quelque chose dans tous les vœux, dans tous les projets, dans toutes les rêveries, dans tous les châteaux en Espagne. Le jeune homme, dont toutes les fibres sont en harmonie avec la nature, essaie ses premières jouissances à la campagne : c'est là qu'il aime à placer l'objet de ses amours sur un trône de verdure ; c'est là que, ne cueillant qu'avec choix les fleurs des plaisirs les plus purs, il se prépare un riche herbier de souvenirs. L'homme d'un âge mûr, si souvent déçu par les rêves cruels de l'ambition, se plaît du moins à y venir chercher les traces fugitives de son printemps : c'est là qu'il espère un jour oublier les vices des sociétés, et trouver, sous un dais de feuillage, la paix et la tranquillité qui le fuient au sein des honneurs. Le vieillard lui-même, plein d'idées mélancoliques, s'accoutume mieux à celle de sa mort prochaine, lorsqu'il pense à cette verdure, à ces fleurs, à ces arbres funèbres qui indiqueront son tombeau à ses enfans attendris, à ses amis, à ceux dont il aura si souvent soulagé l'infortune et la misère.

Le goût de la campagne ne peut s'anéantir ni dans le tumulte des villes, ni par le faux éclat du luxe ; parce que tous les goûts qui sont dans la nature, sont invincibles comme la nature elle-même. Le sybarite aux sens usés, et privé de toutes les affections du cœur, le sybarite retrouve cependant avec satisfaction une image de la campagne dans ce qu'il appelle ses parties de plaisir ; il sourit à l'aimable imposture du théâtre qui lui retrace une scène champêtre, et, jusque dans ses appartemens, jusque dans ses boudoirs, il veut des feuillages et des guirlandes de fleurs. Si, dans un moment d'oisiveté, il lit les chefs-d'œuvre immortels des Muses, il se laisse entraîner par le charme des peintures champêtres ; il erre dans les jardins d'Alcinoüs, dans la solitude de Mélide, dans les vallées d'Elore, ou sur les bords de l'Anopus ; il garde les troupeaux avec Apollon, il s'assied sur la chaise hospitalière de Baucis, il cueille le raisin d'Erigone, il s'endort sur le mont Hymette, il attend l'Aurore avec Céphale ; et dans un bal, il pourra pousser la manie jusqu'à se déguiser en berger.

Mais la campagne ne peut offrir de véritables jouissances qu'aux cœurs innocens et purs, parce que, dans la solitude de la campagne, l'homme est forcé de se replier sur lui-même, et qu'il voudrait, en abordant le sanctuaire de sa pensée, n'y rien trouver que de bon et d'honnête : c'est pourquoi le méchant fuit la campagne ; c'est encore pourquoi le riche oisif,

pour

pour s'y distraire de lui-même , y porte le luxe et les vains amusemens des cités.

Ah ! c'est lorsque la nature , au plus beau mois de l'année , invite à jouir de ses premières faveurs ; c'est lorsque les arbres couvrent leur nudité d'un feuillage naissant , c'est lorsque les prairies et les guérets revêtent une parure nouvelle , c'est lorsque tous les végétaux commencent à fleurir et à exhaler leurs plus doux parfums ; c'est alors que l'homme sensible , les veines brûlantes de séve et d'amour , s'indigne plus que jamais du poids des chaînes sociales , et s'arrache aux affaires de la ville , pour vivre à la campagne quelques jours de cette vie patriarchale et de ces mœurs primitives , dont la peinture seule a tant de charmes pour nous.

Un beau site , une rivière qui baigne les plus magnifiques rivages , des prairies embaumées , des vallées ombreuses , toutes les scènes champêtres qui ont été peintes par les poëtes depuis Hésiode jusqu'à Delille et St-Lambert , la lune éclairant d'un crépuscule mélancolique les belles nuits de l'été , et par-dessus tout , la grande harmonie de la création , l'idée de la Providence divine planant sur la nature , et imprimant à toutes les jouissances le charme d'un sentiment reli-

gieux..... quelle source de méditations douces ,
ravissantes , célestes ! comme le cœur s'a-
breuve , se rassasie de nectar et d'ambroisie !

A la campagne , les passions haineuses, in-
sociales et factices , perdent peu à peu de leur
empire : les passions aimantes, sympathiques
et vraies , y prennent plus d'intensité et de
profondeur ; elles s'y revêtent , dans le calme ,
du charme sublime de la mélancolie.

Mais c'est sur-tout pour le culte des Muses
que les solitudes champêtres ont d'inappré-
ciables avantages.

Poëtes donc , (et sous le nom sacré de
poëtes , je comprends tous les artistes qui ont
pour but d'imiter la nature , peintres , statuaires , écrivains en tout genre) Poëtes ,
dis-je , allez aux champs , étudiez la nature ,
respirez le génie avec les émissions balsamiques
des végetaux. Que le lever du soleil exalte
votre ame , que le silence des bois vous laisse
seuls avec vous-mêmes , que le murmure des
ruisseaux , que les accords de mille chantres
ailés vous plongent dans une douce rêverie ; et
bientôt sortira de votre cœur ému , enivré ,
le cri sentimental du bon Gessner : *O Nature ,
Nature , que tu es belle !* ... Poëte , le moment
de l'inspiration est venu , prends tes tablettes
ou ton crayon.

Quel que soit votre genre , que le sentiment anime toutes vos productions. Si vous voulez peindre le vieillard d'*Œbalie* , la fontaine
de *Blanduse* , ou Herminie parmi les bergers ;
si vous voulez faire aimer l'innocence de la
vie champêtre , cherchez de douces images
dans le vallon solitaire : peignez une fraîche
Tempé , un délicieux *Tibur* , les côteaux de
Lucrétile ou d'*Albunée* , la solitude de *Tus-
culum* , les cascades de *Tivoly*. Cueillez les
fleurs simples des champs : que le parfum de
l'humble violette vous invite à la chercher sous
les touffes de gazon , où se cache sa modeste
pudeur : offrez à votre amie la rose naissante ,
et qu'un baiser soit le prix de ce champêtre
présent : sur vos pipeaux rustiques , chantez
l'idylle innocente ; ou , sur le ton de la romance , racontez aux bosquets les douces
peines de l'amour.

Mais si vous voulez prendre le luth de l'élégie , choisissez les heures silencieuses de la
nuit : lorsque la lune , si chère à la douleur ,
vient éclairer la nature d'une lueur incertaine ,
accordez votre voix aux plaintes mélodieuses
de Philomèle ; lorsque cet oiseau mélancolique attendrit les échos par le récit de sa
déplorable aventure , parlez aussi de vos malheurs , de l'ami qui vous était plus cher que

la vie , et que la mort impitoyable vous a ravi ;
parlez de votre tendre *Eurydice*, que vous aviez
cru voir sortir triomphante du tombeau , mais
qui a refermé ses yeux à la douce clarté du
jour, en recevant vos derniers embrassemens.
Ainsi Young , inconsolable de la perte de
Narcisse , évitait le sommeil pour chanter sa
douleur. Ainsi Haller ne vécut que pour pleurer sa disgrace ; les Alpes ont entendu ses
chants plaintifs , comme autrefois le Rhodope
et le Pangée entendirent ceux du fils de Cal-
liope : les bois et les solitudes sauvages en
furent émus ; car toujours la nature s'attendrit aux chants d'un poëte inspiré par la
Muse de la douleur.

Un arbre frappé par la foudre , un tombeau caché dans un bosquet , le *Et in Arca-
dia ego* du Poussin , des ruines au bord d'un
ruisseau , inspirent des idées mélancoliques
qui sont recherchées par les ames sensibles.

Si vous voulez des émotions plus vives , plus
profondes , plus extatiques ; si vous voulez
que des idées grandes , majestueuses , extraordinaires , descendent et se reposent sur vous
comme une inspiration céleste , quittez les
bosquets et les ombrages agréables ; allez sur
une montagne respirer un air plus subtil et

plus pur ; ne craignez pas de lutter contre une nature colossale , pour arriver à la région qui vous rapprochera des Intelligences. Tantôt sur des rochers escarpés , tantôt au bord des précipices , tantôt sur la cime effrayante d'où le torrent verse en bruyantes cascades ses flots tumultueux : là , point de nymphe agreste , point de retraite paisible ; le sourire de la nature ne se reposa jamais sur ces masses nues , sur ces fabriques colossales , couvertes d'une neige éternelle.

Cherchez quelquefois l'orage ; ne craignez pas les météores précurseurs de la tempête. Que la foudre déchire la nue , descende en sillons tortueux , brise un chêne vieux de plusieurs générations d'hommes , et vienne mourir à vos pieds ; que l'aquilon mugisse dans les anfractuosités des rochers , qu'il se replie en rapides tourbillons dans les cavernes souterraines , et que la montagne en soit ébranlée ; que la nuit vous surprenne aux prises avec tous ces phénomènes terribles ; que l'obscurité enveloppe ces sites menaçans ; n'ayez d'autre lumière que la torche instantanée et intermittente de l'éclair. Ainsi perdu dans les ténèbres , fatigué par l'apparition des fantômes gigantesques qui se jouent d'une imagination épouvantée , attendez le retour de l'aurore.

C'est au milieu de ces grands spectacles que la pensée s'agrandit, que la nature révèle l'harmonie de ses lois, que l'homme devient susceptible de recevoir dans son sein les brûlantes inspirations du génie. Ainsi Platon étudia la nature jusque sur le cratère de l'Etna; ainsi Descartes, élevé au sommet des Alpes, dominant, pour ainsi dire, sur tout un hémisphère, réédifia le système du monde; ainsi le Camoëns avait vu la trombe menaçante, lorsqu'il burina le génie Adamastor; ainsi un grand peintre, sur un vaisseau battu par la tempête, oubliant le danger pour admirer ce tableau vivant de terreur et d'énergie, se fit attacher au grand mât, et, contemplant la nature dans cette crise terrible, on l'entendit s'écrier plusieurs fois avec enthousiasme : *Oh ! que cela est beau !*

Pour moi, je préfère une nature riante. Amans fortunés, amis, qui goûtez une satisfaction si douce à converser ensemble, ames sensibles de tout sexe et de tout âge, vous êtes de mon avis. Les bords du Lignon, devenus si fameux par les amours de Céladon et d'Astrée ; les échos de Vaucluse, accoutumés depuis si long-temps à redire les vers que Pétrarque adressait à Laure ; les rives du

Gardon, la vallée de Rémistan, le petit village de Massane, où l'on chante encore les
romances plaintives d'Estelle et de Némorin;
les bosquets de Clarens, les roches de Meil-
lerie, les châlets de la Suisse, tous ces lieux
enchantés qui parlent de Julie et de St-Preux :
voilà les sites qui me plaisent ; tels sont les
lieux où je voudrais passer ma vie.

O Grigny, aimable retraite, où j'aime tant
à retrouver les souvenirs si chers de mon enfance ! quand pourrai-je, à l'abri de la tourmente politique, couler, sous tes vieux ombrages, des jours paisibles et sereins ? Dégagé de tout soin, de toute inquiétude, je réa-
liserais l'âge d'or des poëtes ; je verrais les
jours succéder aux jours, les saisons aux saisons, les années aux années, sans me plaindre de la fuite rapide du temps, parce que
je saurais mettre à profit les jours, les saisons et les années. Ma vie serait un songe
doux et paisible ; et, m'éveillant de ce songe
heureux, pour commencer une vie plus heureuse encore, je voudrais que la mort me
trouvât, comme dit Montaigne, *nonchalant
d'elle*, *et plantant mes choux.*

Mes voyages ne seraient pas longs, car
j'aimerais trop mon hermitage ; je ne con-

naîtrais le tumulte de la ville que pour y
venir quelquefois embrasser des amis qui me
seraient toujours chers ; je ferais part des productions que m'auraient inspirées les Muses
champêtres , à la petite mais aimable société ,
dont tous les membres , au sein de la plus
parfaite harmonie , cultivent ensemble les lettres et l'amitié. Je me plairais aussi à venir
m'égarer , de temps en temps , parmi les rians
ménales de Ste Foy , les grottes et les cascades de Fontanières , les rochers romanti-
ques de l'Isle-Barbe , les amoureuses Tempés
d'Ecully et de Roche-Cardon ; j'errerais de l'une
à l'autre des rives si magnifiques et si sentimentales de la Saône ; je parcourrais tous les
sites qui encadrent la ville antique de Lyon.

Mais , Dieu ! quel souvenir cruel vient
s'emparer tout-à-coup de ma pensée ! La paix,
la douce paix n'a pas toujours habité ces beaux
lieux. Ces riantes retraites , ces paisibles ombrages servaient à cacher les embûches de la
perfidie , les piéges de la guerre , l'appareil
de la mort : le sang coulait sur la verdure
diaprée des champs , sur les fleurs odorantes
des jardins , sur la mousse et la bruyère des
rochers , sur les herbes balsamiques des prairies ; il inondait les guérets et les vignobles ;

il souillait les bocages sacrés de la méditation.

La terre, au lieu de nuages de parfums,
composés des émissions de tous les végétaux,
n'envoyait plus vers le Ciel que des vapeurs
de crime et de mort. L'air était imprégné de
salpêtre et de soufre. Les échos, accoutumés
à multiplier de doux concerts, ne pouvaient
plus que multiplier les cris de la discorde,
et rendre plus effrayantes encore les bruyantes
détonations du canon, et les crépitations de
la mousqueterie.

Ferai-je ici le tableau des scènes de douleur
et de désolation qui se passaient dans l'enceinte de la cité magnanime où j'ai pris naissance ? Montrerai-je les édifices consacrés à
l'humanité et à la bienfaisance, renversés dans
la poussière ? les temples augustes de la
religion s'écroulant avec fracas ? des femmes,
des enfans, des vieillards, écrasés, ensevelis
sous les débris de leurs maisons incendiées ?
Parlerai-je ensuite de l'épouvantable pros-
cription qui suivit la terrible catastrophe du
siége ?...... Mais est-ce à des Lyonnais que
je parle ? Je cède, ô mes concitoyens ! je
cède ici au besoin d'épancher mon cœur,
mon ame, mon existence entière, dans votre
cœur, votre ame, votre existence. Vous me

comprenez ; c'est de nos amis que je veux vous parler , nos amis qui ont péri sous la hache des bourreaux , sous la mitraille des as-sassins.

Suivez - moi dans le lieu qu'illustrera long-temps un si grand sacrifice , dans cette enceinte ravagée , où dorment les héros de Lyon : voilà cette terre qu'ils ont arrosée de leur sang généreux ! voilà ces arbres où ils ont été attachés pour recevoir la mort!.... La ville disparaît derrière ces ombrages funèbres ; je ne vois que le champ de deuil et de gloire éternelle , je ne pense qu'aux illus-tres martyrs qu'il renferme ; je mets une dis-tance immense entre la postérité et le siècle où j'existe ; je me transporte au temps où de simples sarcophages et quelques inscriptions touchantes rappelleront la vertu de nos héros.

Oh ! quelle main burinera les actions et le courage des généreux défenseurs de Lyon ? La postérité saura-t-elle jamais, qu'isolés au mi-lieu de la France esclave, ils osèrent faire entendre les accens de la vraie liberté ? Sau-ra-t-elle et les tourmens qu'ils endurèrent , et les outrages dont on les abreuva , et la mort enfin, qui, toute cruelle qu'elle était , fut un bienfait pour eux ?..... O mes concitoyens ! prosternons - nous ; et dans un recueillement religieux , rappelons à notre mémoire le souvenir cher et sacré de ceux qui nous furent attachés , pendant leur vie mortelle , par les doux liens du sang et de l'amitié. Rappelons-nous les dernières paroles qu'ils proférèrent en exhalant le dernier soupir..... Dieu ! comme un sentiment électrique nous est communiqué à tous à la fois ! Comme nos yeux se grossissent d'un nuage de pleurs ! Ah ! laissons-les couler , ces saintes larmes d'amour et de reconnaissance, laissons-les couler sur cette poussière sacrée ! Terre , terre barbare , qui as englouti ce que notre siècle eut de plus pur , qui as rendu une ville entière, veuve , orpheline de ses plus illustres citoyens ! terre, ouvre-toi , et laisse-nous voir nos amis !... Je veux attendre ici que la nuit ait ramené le règne du repos universel ; je m'étendrai sur ce gazon qui s'est nourri de la substance des héros , je m'y endormirai ; ils viendront me visiter dans mes songes : je m'éveillerai peut-être digne de célébrer leur gloire..... Oh ! si l'amitié, l'amour de la vertu , le patriotisme , le sentiment , suffisent pour une si grande entreprise , héros de Lyon , je suis votre barde !

Je ne parlerai pas de cet amour de la patrie, qui fut trop souvent poussé jusqu'au fanatisme par les anciens ; de ce sentiment si vif, si énergique, qui exaltait les Romains, qui brûlait dans les veines des Spartiates, qui absorbait toutes les affections de la nature ; de cet amour de la patrie, qui n'est propre qu'à détruire lorsqu'il n'est pas subordonné à l'amour de l'humanité : mais la forme de mon discours m'engage à dire quelque chose de la douce habitude que l'on contracte avec les lieux où l'on a pris naissance. On a beau voyager, courir le monde, c'est toujours le coin de terre où l'on a formé les premiers pas, où l'on a pris les premières habitudes, où l'on a eu les premières pensées, où l'on a essayé la vie ; enfin, c'est toujours vers le coin de terre où l'on a passé les années si calmes de l'enfance, que l'on se sent inévitablement entraîné. Après une longue absence, avec quelle émotion on retrouve le toit paternel, les sites qui se lient aux premières sensations !

Goldschmith dit, en parlant du montagnard Helvétien : « Il chérit l'humble toit qui sym- » pathise avec son cœur ; il chérit le rocher » sourcilleux, qui l'élève jusqu'au séjour des

» orages ; le fracas des torrens et le mugisse-
» ment des tempêtes ne font que l'attacher
» davantage à sa montueuse patrie. Tel un
» enfant, lorsqu'un bruit effrayant l'inquiète,
» se presse contre le sein de sa mère, s'y
» cache, y cherche son refuge. »

On connaît le fameux *Ranz des Vaches*, qui rappelait autrefois aux bons Suisses le souvenir de la terre natale : tous les Gouvernemens qui en avaient à leur solde, furent obligés de défendre cet air sous les plus grandes peines, parce qu'il faisait fondre en larmes, déserter, ou mourir ceux qui l'entendaient. C'est par la même raison que, vers le milieu du 15.e siècle, on défendit, à Grenade, la belle Romance composée par les Maures, sur la prise d'Alhama : lorsqu'on la chantait, soit en arabe, soit en langue vulgaire, le peuple entier se livrait aux pleurs.

Homère peint Ulysse, assis sur le rivage de l'île de Calypso, parcourant des regards l'immense étendue des mers, absorbé dans le désir de revoir sa chère Ithaque. Sublime Homère, tu l'avais sans doute éprouvé, ce désir de revoir ta patrie. Sous un ciel étranger, parmi des peuples insensibles à l'harmonie de tes chants, sans doute que tu rêvais aux prairies que tu foulas sous tes pieds, aux ombrages qui t'offrirent un abri contre la chaleur, aux rives de l'Hermus ou du Mélès, à tous les sites enfin où tu avais reçu les premières inspirations des Muses.

Voyez aussi comme ce désir de revoir sa patrie est peint avec énergie et sensibilité dans le Philoctète de Sophocle ! Voyez avec quel plaisir cet infortuné retrouve, après tant d'années, des hommes qui parlent cet idiome grec, dont ses oreilles, depuis si long-temps, n'avaient pas entendu les doux accens ! et comme il oublie ses douleurs en s'abandonnant à ce plaisir inexprimable !

Ainsi le jeune Potaveri, né dans la belle île d'O-Taïti, et amené en France par le célèbre navigateur Bougainville, reconnaissant un arbre de sa chère patrie, l'embrassait en le baignant de larmes, et en s'écriant avec l'émotion la plus profonde : O-TAÏTI ! O-TAÏTI !

. . . . Mille objets pleins de charmes,
Ces beaux champs, ce beau ciel, qui le virent heureux,
Le fleuve qu'il fendait de ses bras vigoureux,
La forêt dont ses traits perçaient l'hôte sauvage,
Ces bananiers chargés et de fruits et d'ombrage,
Et le toit paternel, et les bois d'alentour,
Ces bois qui répondaient à ses doux chants d'amour ;
Il croit les voir encore, et son ame attendrie,
Du moins pour un instant, retrouva sa patrie.

Ah ! c'est lorsqu'un sort cruel nous condamne à porter les chaînes de l'esclavage loin du ciel natal, que cette mélancolie si puissante et si profonde, qu'on a appelée hemvé ou nostalgie, vient s'emparer du malheureux exilé ; c'est alors qu'on redit, dans l'amertume de son cœur, comme autrefois le Psalmiste : « Assis sur les bords du fleuve de Babylone, » nous ne pouvons retenir nos larmes au souvenir de Sion, etc. »

Vous l'éprouvâtes dans toute son amertume, vous qu'une exécrable tyrannie retenait dans les déserts de la Guianne, ou dans les marais pestilentiels de Sinnamary ! Victimes sublimes, dévouées au long supplice d'une mort lente et cruelle, combien de fois, hélas ! vos yeux, desséchés par les malheurs, ne se refusèrent-ils pas aux larmes qui auraient soulagé votre cœur, et que réclamait avec tant d'amertume le sort de votre patrie ! Combien de fois ne vîtes-vous pas ceux d'entre vous qui expiraient sous le poids de tant d'infortunes, réserver leur dernière pensée pour cette chère patrie qu'ils ne pourraient plus servir, où ils ne devaient plus retrouver les objets de leurs affections !

Mais il est une autre patrie qui n'est jamais

ingrate envers nous ; une autre patrie qui nous promet de nous accorder le droit de cité dans son sein , pourvu que nous ne nous en rendions pas indignes : cette patrie est le Ciel. La terre que nous habitons est aussi un lieu d'exil , où des enchanteurs cherchent à nous fixer par des prestiges ; mais le cœur se lasse bientôt de ces vains prestiges ; et , dévoré de la *nostalgie céleste* , il soupire après sa véritable patrie , après cette immortelle Jérusalem, qui est à l'abri de toutes les révolutions politiques et de toutes les vicissitudes humaines, et où il n'y a plus rien à désirer , ni à craindre.

« Adieu , vallée de larmes , où j'ai passé les longues heures de ma captivité ! adieu, désert aride , que l'habitude m'avait rendu aimable ! adieu, chers compagnons de mon exil , avec qui j'ai coulé quelques doux momens ! » Ainsi parle , à sa dernière heure , le citoyen du Ciel ; et l'ange de la mort vient délier doucement les faibles liens qui le retenaient encore à la terre.

DE

DE LA MÉLANCOLIE.

Une vie fugitive, qui s'écoule comme un torrent ; des scènes passagères, dont la plupart laissent à peine des traces dans la mémoire ; l'idée si vague, et cependant si imposante, des lois éternelles, qui nous tiennent dans une dépendance dont nous ignorons les limites ; l'obscurité de nos sensations, le mystère de nos jouissances, l'inquiétude de notre imagination, et sur-tout ce *je ne sais quoi d'amer*, si réel et en même temps si singulier, dont parle Lucrèce, et qui vient troubler la source de tous nos plaisirs ; le sentiment confus de notre faiblesse et de notre misère, qui nous poursuit sans relâche : de tout cela se compose cette affection à la fois sombre et voluptueuse, que nous avons désignée sous le nom de mélancolie.

Il ne faut pas être étonné si les poëtes Grecs ont peint rarement cette situation de l'ame. Leur imagination mobile, leurs goûts vifs et légers, leurs passions énergiques, ont dû les garantir le plus souvent de ces impressions profondes et vagues en même temps, qui sont l'essence de la mélancolie. Mais aussi, quel charme ils ont su répandre sur ce genre de peinture toutes les fois qu'il s'est offert à leurs pinceaux ! On sent que là , comme dans toutes leurs productions , ils sont toujours inspirés par la nature , et que nous le sommes trop souvent par l'art. Nous cherchons l'occasion de ces tableaux , parce que nous en connaissons l'effet ; voilà sans doute pourquoi nos peintures mélancoliques ressemblent quelquefois aux ruines factices de nos jardins : elles ne vont pas chercher l'ame , pour la plonger dans une délicieuse et profonde rêverie ; nous admirons sans être émus.

Mais qui pourrait voir sans émotion Œdipe aveugle , arrivant à Colone , conduit par cette fille de douleur , par cette admirable Antigone , qui seule offre à son père accablé de tant d'infortunes , les douces consolations de la piété filiale ? Qui pourrait le voir sans émotion , ce roi détrôné , qui , après s'être privé lui-même de la clarté des cieux , cherche la terre funèbre qu'un songe lui a désignée pour son tombeau , seul refuge contre toutes les calamités de sa vie ? Quelle scène que celle d'Ajax reconnaissant les excès de son aveugle fureur , et gémissant sur la perte de sa rai-

son ! C'est encore cette mélancolie , puisée
dans la seule inspiration de la nature , qui
fait éprouver ce sentiment inexprimable , si
opposé aux recherches de l'art , et que l'on
retrouve avec tant d'émotion dans cette peinture d'Electre , née du plus puissant roi de
la Grèce , couverte de misérables vêtemens ,
et habitant sous le chaume , elle qui avait
eu pour berceau le palais d'Agamemnon.

Un homme jeté dans une affreuse solitude ,
se traînant sur le rivage désert de la mer , où
ses perfides compagnons l'avaient déposé , pour
se dérober aux cris importuns que lui arrachait
la douleur ; le corps d'un prince malheureux ,
condamné à être privé des honneurs de la
sépulture , et enseveli , malgré les menaces
d'un tyran , par cette sœur dont nous avons
déjà admiré la piété filiale : qui croirait que
ces deux sujets si simples aient fourni l'intérêt de deux drames ? c'est à la sensibilité ,
c'est au charme de la mélancolie , que nous
devons ce prodige. Et combien ne trouverions-
nous pas d'exemples semblables dans les poëmes
d'Homère ?

Les poëtes Romains ont , plus souvent que
les Grecs , répandu sur leurs ouvrages une
teinte de mélancolie. Horace et Tibulle ont

les premiers senti l'effet de ce beau contraste
qui naît de la sombre pensée de la mort ,
placée au milieu même des images les plus
riantes et les plus gracieuses : mais il y a cette
différence entre ces deux poëtes , qu'Horace
nous conduit à l'épicuréisme , et Tibulle à
la tendresse. L'un nous invite à jouir de la
vie , parce que le temps fuit et que le lendemain ne nous appartient pas ; l'autre nous
dit : Aimons aujourd'hui , la saison de l'amour
ne durera pas toujours. L'un et l'autre ont
l'aimable abandon qui captive ; mais c'est à
notre imagination qu'Horace parle , et Tibulle
s'adresse à notre cœur. Le premier fait sourire , le second plonge l'ame dans une délicieuse rêverie.

Sans doute il est inutile que je m'arrête à
Virgile , le poëte du cœur par excellence ,
celui, parmi tous les anciens , qui fournit le
plus d'exemples de ces scènes mélancoliques
dont nous parlons : que pourrais-je en dire que
le Lecteur n'ait pas senti mille fois ! Mais
voyez , dans ce Lucain , qu'on s'est accoutumé
à ne regarder que comme un modèle d'exagération et de bouffissure , et qui cependant étincelle quelquefois de tant de beautés ; voyez les
adieux si touchans de Pompée et de Cornélie ;
la grande fortune de César , mise en opposition

avec la terrible catastrophe de Troie, dont *les ruines même ont péri.* Sans doute, si de pareilles peintures sont rares dans la Pharsale, ce n'est pas que son auteur manquât de sensibilité et de génie : mais il était trop près des événemens qu'il décrivait ; ses regrets sur la perte de la liberté romaine n'étaient pas encore une douleur calme et profondément enracinée dans l'ame, mais une douleur exaspérée et brûlante ; son vers est trop souvent dicté seulement par l'indignation et la rage ; ses tableaux, fortement coloriés par une imagination ardente de jeune homme, sont placés dans un cadre trop effrayant, sont d'un effet trop terrible pour exciter en nous cette mélancolie qui entraîne toujours avec elle quelque chose de voluptueux.

Un ciel nébuleux, des sites âpres et sauvages, la sévère monotonie de quelques scènes grandes et majestueuses, une nature toujours austère, en rendant moins fréquentes, mais plus profondes, les sensations des peuples septentrionaux, leur ont donné une disposition habituelle à la mélancolie.

Pour nous, qui avons succédé aux anciens Bardes, et qui avons hérité des chefs-d'œuvre de la Grèce et de l'Ausonie, il nous a été permis d'unir l'attrait de la mélancolie aux charmes de l'imagination. Les femmes ont aussi beaucoup influé sur la littérature moderne, par leur exquise sensibilité. C'est l'amour, c'est la mélancolie qui ont inspiré nos premiers poëtes. Les romances plaintives des troubadours, leurs chansons naïves et amoureuses, ces récits que les anciens ne connaissaient pas, et que nous avons appelés romans: tels ont été les premiers fruits de la littérature moderne; et l'on sent combien ils doivent à l'influence de la sensibilité des femmes. Je crois donc devoir dire ici deux mots de cette influence, parce que depuis elle a toujours été tournée vers les idées dont nous nous occupons en ce moment.

On avait vu autrefois Corinne disputer des couronnes à Pindare, Sapho se rendre célèbre par ses vers élégiaques, Aspasie colorier de graces la philosophie de Socrate; mais ce ne sont là que des faits isolés, qui prouvent seulement combien les femmes sont susceptibles de conquérir les palmes de la gloire, lorsque les hommes veulent le leur permettre. J'observerai cependant que Corinne, Aspasie et Sapho n'ont pu acquérir de la célébrité qu'aux dépens du charme de la pudeur, parce que les mœurs antiques s'y opposaient: et ce

n'est que dans les temps modernes et chez
les nations de l'Europe , que les femmes ont
été entièrement mises de moitié dans le commerce de la vie , et que la carrière de la
poésie et des beaux-arts leur a été ouverte,
comme celle de l'héroïsme et de la gloire.

Dès que les femmes ont pu cesser de mener
cette vie obscure et retirée qu'elles menaient
chez les anciens , les hommes se sont dépouillés
de leur rudesse , le goût a été perfectionné ,
les relations sociales ont eu plus de charmes, l'a-
mour a acquis de la délicatesse ; il n'a plus
été seulement un besoin physique , il a été
une passion vraiment tragique , et on a pu
lui faire parler , sur la scène , un langage
nouveau. Aussi , voyez la différence qu'il y
a entre la Phèdre d'Euripide et celle de notre Racine. Les anciens , qui ont si souvent
peint , avec tant de bonhomie , des tableaux
de famille , la douce paix d'un ménage bien
uni , les charmes du lien conjugal ; les anciens , dis-je , ont toujours refusé de peindre
l'amour , l'amour luttant contre le céleste
instinct de la pudeur , l'amour se nourrissant de privations et d'espérances , l'a-
mour exécutant les plus grandes choses pour
se rendre digne de l'objet aimé , l'amour s'im-
molant lui-même à la gloire ou à la vertu,

mais sur-tout ils ont refusé de peindre l'amour
malheureux , cherchant la solitude , s'abandonnant à la douleur et aux larmes , et traînant , dans un désert , les restes d'une vie
dont jamais un instant de plaisir n'aidera plus
à supporter le fardeau.

Virgile , sans doute , a tracé la sublime
peinture de Didon. Quelques circonstances de
cet épisode , ont le charme mélancolique dont
nous parlons ; mais on voit que cet amour
n'est qu'un vertige , un sort jeté par une divinité ennemie , pour abuser cette reine malheu-
reuse : l'amour de Didon est comme la fureur
d'Ajax dans Sophocle ; et ces deux scènes
si différentes se terminent également par le
suicide. Aussi , chez les anciens , l'amour a
toujours été une folie , quand il n'a pas été
le simple attrait des sens. Les anciens n'auraient jamais trouvé , ni Bérénice , ni Tan-
crède , ni Zaïre. Dans l'Antigone de Sophocle ,
le généreux Hémon , mourant volontairement
à côté de la pieuse fille d'Œdipe , sans qu'il
soit parlé d'amour dans toute la pièce , est
une singulière preuve de ce que j'avance.

La mélancolie cherche volontairement la
solitude. Un désert où elle peut croire que

jamais les hommes n'imprimèrent leurs pas ; le silence de la nuit ; l'ombre d'un saule pleureur ou d'un funèbre cyprès ; le murmure précurseur de la tempête, dont le souffle se balance déjà sur la cime pyramidale du pin ; le bruit d'une cascade s'échappant d'une roche sauvage : telles sont les scènes qui lui plaisent. C'est là que, toujours errant hors du présent, elle double l'existence, tantôt par le souvenir des peines ou des plaisirs passés, tantôt par le pressentiment de la crainte ou de l'espérance, qui lui fait anticiper sur l'avenir.

La solitude plaît sur-tout à l'homme de génie, dont l'ame se courbe avec volupté sous le souffle élyséen de la mélancolie, comme une riche moisson qu'un léger zéphyr fait doucement onduler ; c'est dans la solitude que ses idées s'élaborent, que ses sensations lui deviennent distinctes, que des pensées originales s'élancent de son cerveau avec facilité et sans confusion ; c'est dans la solitude qu'il peut étudier avec succès les replis de son cœur ; c'est dans la solitude enfin qu'il reçoit les plus belles inspirations.

Les grands législateurs, les grands poëtes ont toujours aimé à se livrer, dans la solitude, à de profondes méditations. Numa y venait consulter Egérie ; Epiménide demeura caché, pendant un demi-siècle, dans les retraites du mont Ida ; on montrait encore, du temps de Pythagore, la grotte et les rives du Mélès, où Homère venait chercher la solitude. Mais bientôt ce divin Homère trouva une solitude continuelle autour de lui ; ses yeux, fermés à la clarté des cieux, cessèrent de voir la riante parure de la nature, le front de l'homme, théâtre mobile de tant de passions, le visage naïf de l'innocente beauté : il devint aveugle comme Thamyris, Tirésias, Phinée, et tant d'autres illustres favoris des Muses. Ossian et Milton eurent dans la suite, avec ces grands hommes, la double ressemblance du génie et de la cécité. L'Homère anglais croyait que la privation de l'organe extérieur de la vue rendait l'organe intérieur plus sensible à la lumière intellectuelle, qui est la vraie lumière. Les Japonais ont peut-être eu le sentiment de cette vérité, lorsqu'ils ont imaginé d'établir une académie toute composée d'aveugles. Cependant avouons qu'il y a quelque chose de bien pénible dans la pensée d'une solitude contrainte et continuelle : mais cet état même de privation et de chagrin, peint d'une manière si sublime par Ossian et Milton ; cet état, dis-je, est encore favorable au génie, par l'intensité et la profondeur qu'une mélancolie habituelle lui fait acquérir.

Lorsque le vent du désert souffle sur les solitudes immenses qui furent autrefois des villes puissantes , lorsque la voix des siècles passés semble planer sur ces ruines éloquentes, comme la pensée aime à retourner en arrière ! quels beaux sujets de méditation s'offrent en foule à l'imagination , plongeant ses regards dans le mystérieux abyme des temps !

Marius et les cendres de Carthage , se consolant mutuellement des vicissitudes humaines et de l'inconstance de la fortune ; sainte Pélagie assise parmi les débris augustes qui illustrent encore le sol de l'antique Asie , et conduite à la méditation des choses du Ciel , par celle de l'instabilité des choses terrestres : dans ces deux beaux tableaux sont renfermées toutes les pensées et toutes les sensations réveillées par la vue des ruines.

Cette terre que nous arrosons de nos larmes , d'autres l'ont habitée ; les hommes dont nous foulons les cendres ont respiré cet air , se sont nourris des fruits de cette terre ravagée : comme nous , ils avaient des chagrins et des passions , et maintenant ils dorment dans le calme et le silence le plus profond. Un jour aussi nous jouirons à notre tour de l'inaltérable paix du tombeau , pendant que nos descendans , héritiers malheureux de nos misères , s'agiteront un instant sur nos cendres refroidies , qui les appelleront au sein du repos éternel.

Créature orgueilleuse , qui te promènes sur la surface de cette terre que tu crois être ton domaine , sur la surface de cette terre qui , comme un abyme , menace à chaque instant de t'engloutir ; ô homme ! tu ne peux faire un pas sans heurter un débris qui te crie : Viens ! Sparte a péri , Athènes a péri ; Thèbes et Babylone avaient péri long-temps auparavant ; des troupeaux parquent où fut la ville fameuse qui coûta dix années de travaux aux Grecs ; et César passait , sans les appercevoir , sur les cendres de cette capitale de l'empire de Dardanus. Le temps détruit les enceintes des cités , les monumens des arts , avec autant de facilité qu'un léger zéphyr effacerait de vains caractères tracés sur le sable. Ne permets donc pas à ta pensée de ramper sur cette terre , où tout s'éteint autour de toi , où tout vient te donner l'importante leçon de ta fragilité et de celle de tes œuvres. Comme sainte Pélagie , élève tes regards vers le Ciel !

Ainsi pensait l'illustre solitaire de Port-

Royal , cet homme que les sciences compte-
raient au nombre de leurs plus illustres favoris , si la morale ne revendiquait pas la plus
grande partie de sa gloire , et dont la postérité
a recueilli ces lignes sublimes , qui sont des
pierres d'attente du monument que ce grand
homme se proposait d'élever à la Religion.
Comme il dédaignait les choses de la terre !
comme la mort a dû le trouver dégagé de
tous les liens qui nous attachent à la vie ,
lui qui aimait à reconnaître son néant jusque
dans les travaux de son intelligence supérieure !

*En écrivant ma pensée , elle m'échappe quel-
quefois ; mais cela me fait souvenir de ma faiblesse que j'oublie à toute heure , ce qui m'instruit
autant que ma pensée oubliée ; car je ne tends
qu'à connaître mon néant.*

Quelle belle ruine que cette phrase isolée ,
tracée presque illisiblement sur un lambeau
de papier , et jetée là , sans attention , par
l'homme le plus éloquent , par l'écrivain le
plus mâle et le plus profond qui ait encore été
vu , par le sublime Pascal !.... Lorsque je
relis les esquisses si hardies de ce grand génie ,
je ne puis retrouver sans saisissement cette
phrase , où il a dévoilé , d'un seul trait , son
ame mélancolique toute entière.

Pline a remarqué que les derniers ouvrages

des artistes célèbres, ceux qu'ils n'avaient pas eu le temps d'achever, excitaient davantage notre admiration, que les ouvrages auxquels ces mêmes artistes avaient donné tout le degré de perfection dont ils étaient susceptibles : car, ajoute cet excellent écrivain, nous aimons à voir la pensée prête à éclore de ces ébauches, et nous ne pouvons nous défendre d'un sentiment douloureux, en songeant que la mort est venue glacer la main qui avait commencé de si belles choses.

C'est ainsi qu'un hémistiche de Virgile, une ligne de Pascal, sont pour nous aussi sacrés qu'un arc de triomphe, une colonne antique, debout sur les ruines de Palmyre ou de Babylone.

Ah ! voilà pourquoi nous avons toujours présentes à notre mémoire les dernières actions des êtres qui nous furent chers, et dont la mort nous a séparés ; voilà pourquoi les objets que leurs mains touchèrent lorsque la mort les surprit, nous deviennent si précieux ; voilà pourquoi nous avons si souvent à la bouche leurs dernières paroles, ces paroles dont le murmure inarticulé ne pouvait être compris que par nous.

Homme saint ! à qui j'eus le bonheur d'être

uni par les liens du sang ; toi, dont je porte
le nom , et dont les vertus , toujours présentes à ma mémoire , ne doivent pas seulement exciter en moi le froid sentiment d'une
admiration stérile , mais m'inviter à les imiter ; homme saint ! je l'ai conservée comme
un monument précieux , cette lettre que tu
écrivis du sein de ton exil. O le meilleur des
hommes ! tu n'es plus ! tu n'es plus ! une
terre étrangère a recueilli tes ossemens ; ton
dernier soupir s'est exhalé loin de ta patrie ,
loin de tes parens , loin de tes amis , loin
de tout ce que tu avais de plus cher au
monde. Tes yeux , avant de se fermer , n'ont
pas rencontré , pour la dernière fois , nos
yeux noyés de larmes. Prosternés au pied du
lit de l'homme de bien se dépouillant de son
enveloppe terrestre , nous n'avons pu l'entendre nous consoler lui-même ; nous n'avons
pu recevoir de sa bouche mourante la béné-
diction du Ciel , dont il fut l'organe sur la
terre.

Puissent les tourmens du remords expier le
crime de ceux qui ont voulu empoisonner
ses derniers jours , qui l'ont abreuvé de fiel ,
et qui l'ont condamné à mourir lentement dans
toutes les angoisses de la douleur et de la misère !.... Ils l'ont banni , lui qui fut , sur la

terre, l'image la plus approchante de la Divinité !.... Ils l'ont voué aux terreurs de la persécution, lui qui ne vivait que pour faire du bien aux hommes !...... Les monstres ! Mais le juste leur a pardonné du fond de son cœur : il ne se contentait pas d'enseigner la Religion sainte dont il était le ministre ; il la pratiquait lui-même, il la faisait aimer.

Lecteur, si la tourmente révolutionnaire ne t'a enlevé aucun parent, aucun ami ; si tu n'as connu aucun homme vertueux, si tu n'as entendu parler d'aucun talent, d'aucun génie, dévorés par cet incendie de tous les crimes, sans doute tu auras de la peine à me pardonner cette digression : mais je reviens à mon sujet. Je parlais des ruines ; il me reste à indiquer la plus auguste de toutes, celle dont Addisson a dit : « Babylone en ruines n'offre » pas un spectacle plus mélancolique. »

Où est maintenant cette puissance qui devinait les secrets de la nature, qui mesurait les astres, qui domptait les élémens, qui disait : Avec un lévier et un point d'appui, je soulèverais l'univers ? qui disait encore : Donnez-moi de la matière et du mouvement, et je ferai un monde ? Où est cette puissance qui décomposait un rayon de lumière, qui allait

allait chercher la foudre dans les nues, pour
l'amener à ses pieds ? Où est cette puissance
qui sommait le passé de lui présenter des
conjectures pour l'avenir, qui se flattait de
lutter victorieusement contre toutes les passions, et qui osait déclarer une guerre impie
à la Divinité elle-même ?

Cette puissance est anéantie : le moi animal
survit dans l'homme au moi intelligent ; et la
plus noble des créatures de la terre, en devient la plus misérable.

Homme, crains donc de trop exalter les
hautes prérogatives de ton intelligence, mère
de tant de prodiges ! Si tu trempes tes lèvres
dans la coupe de Bacchus ou dans celle de
Circé ; si le regard d'Armide ou le sourire
de Psyché parviennent jusqu'à ton cœur ; si
le coursier de la gloire se cabre sous toi, et
refuse de te conduire au gré de ton imagination impatiente ; si tu lis une vérité cruelle
dans les sanglantes épigrammes de l'envie :
en voilà plus qu'il ne faut pour faire remplacer en toi l'intelligence par le vertige, la raison par la folie, le sentiment par l'instinct
animal.

Ajax, déçu par les rêves de la gloire, le
paladin Roland, déçu par ceux de l'amour,
rencontrent également la folie..... la folie,

pire que la mort. O toi , qui jouis de toutes tes facultés ! plains l'infortuné qu'une circonstance , un accident , un malheur imprévu , un chagrin extrême , ont privé des attributs les plus précieux de la nature humaine. Dans le Valais , et sur-tout à Sion , on regarde les idiots comme un signe de la faveur céleste : on les nomme *les bonnes ames de Dieu sans péché*. Heureux préjugé , dans un pays où l'imbécillité est très-commune !

Parmi les fables innombrables des anciens, il est quelques allégories d'un but très-moral. Telle est celle de Jupiter , puisant alternativement , selon Homère , le bien et le mal dans deux tonneaux , placés l'un à sa droite et l'autre à sa gauche ; telle est celle des Parques , mêlant la laine noire à la laine blanche dans la trame de notre vie ; tel est encore le beau symbole de Némésis , fille de la Nécessité , veillant à ce que l'homme n'ait pas le temps de s'enorgueillir de la constance de la fortune.

Ainsi Polycrate jetant un anneau de grand prix dans la mer , ainsi Auguste mendiant une fois l'année , voulaient conjurer , par un vain sacrifice , les rigueurs de cette Némésis, toujours terrible et toujours menaçante ; ainsi les Romains se permettaient d'insulter leurs généraux triomphans , pour empêcher que tant d'honneurs ne leur fissent oublier qu'ils étaient hommes ; ainsi Paul-Emile , arrivé au faîte de la gloire , étouffait les larmes que lui arrachait la mort de ses enfans , parce qu'il voulait épuiser sur lui - même et sur sa famille toutes les rigueurs de la Némésis publique. Telle fut sans doute l'origine des dévouemens : belle superstition , qui a pour type cette opinion vraie , qu'il n'y a point de bonheur parfait sur la terre.

Mais , oserai-je le dire , le malheur est nécessaire à l'homme ; il est son élément : le repos est la mort de l'ame. Nous sommes tous , comme Pyrrhus , sourds à la voix doucereuse du Cynéas de la paresse. Combien de fois ne cherchons-nous pas un danger évident ? combien de fois, comme Achille , ne préférons-nous pas une vie courte , mais glorieuse , à une vie longue et calme comme la tranquille surface d'un lac ? Pour combien peu nous comptons l'existence , lorsque nous sommes mus par une passion ! Le jour, la nuit, parmi des déserts , à travers les glaces du pôle , à travers les précipices et les avalanches des

Alpes, malgré les torrens, malgré les abymes des mers et les fureurs des tempêtes, nous courons vers le but éloigné, qui semble fuir à mesure que nous croyons en approcher : en vain une épouse éplorée, en vain une mère chérie, en vain des enfans sont à nos pieds, embrassent nos genoux, et nous adressent les prières qu'Andromaque adressait à Hector ; nous nous dérobons aux caresses de l'amour, aux embrassemens de la nature, pour aller, sur un champ de bataille, chercher la glorieuse mort des héros. C'est sur-tout cet oubli de notre conservation dans certaines occasions, qui est une preuve de notre spiritualité. Que l'homme ne se plaigne donc pas du malheur ; il lui est moins fatal que l'ennui, l'ennui qui causa plus de suicides que le désespoir et la douleur.

Le trop de constance dans la bonne fortune détend les fibres, blase les sens, enorgueillit le regard, et forme autour du cœur cet *œs triplex* inaccessible aux douces impressions, ce bouclier de diamant, contre lequel viennent s'émousser tous les traits de sympathie et d'amour. Le malheur retrempe l'ame et rend la sensibilité plus profonde et plus exquise ; le malheur nous fait compatir aux maux des autres ; le malheur enfin fait naître

la mélancolie , cette mélancolie qui donne
de la douceur aux larmes même de la douleur , et qui y ajoute ce charme irrésistible
qui fait qu'on aime à les répandre. Les
épreuves du malheur étendent leurs effets
salutaires sur toute la vie ; et les tourmens
de la douleur , conservés par le souvenir ,
impriment à l'ame un caractère qui ne s'ef-
face jamais.

Voilà sans doute pourquoi les Prêtres de
l'Egypte , qui avaient si profondément étudié
la nature , faisaient passer les initiés par toutes les épreuves de la douleur et de l'infortune : voilà pourquoi ils mettaient ces élèves
de la sagesse aux prises avec l'imitation de
tous les phénomènes de la nature. Tantôt
le tonnerre s'approchait de leurs têtes ; tantôt
un abyme s'ouvrait tout à coup sous leurs
pas , et menaçait de les engloutir ; tantôt
des brasiers s'offraient à leurs yeux , et ils
devaient s'y précipiter sans hésiter ; tantôt,
conduits sur une légère nacelle , l'orage venait
les envelopper de son voile terrible , leur déro-
bait la terre et les cieux , pour les isoler au milieu du spectacle le plus effrayant : et cependant un œil mystérieux épiait , à leur insu ,
tous leurs mouvemens , et lisait sur leurs fronts
le calme ou la terreur. Semblable au fils de

l'aigle , qu'au jour brûlant du solstice , son père approche de la lumière du soleil , et qui contemple avec audace l'astre étincelant des cieux , si l'initié demeurait inébranlable au milieu de tant de piéges élevés à sa constance et à son courage , il était admis ; mais si , timide aiglon , son cœur frémissait en présence du danger , alors les secrets de l'initiation étaient refusés à son imprudente pusillanimité.

Si le malheur est le lot de tous les hommes , il paraît être sur-tout l'apanage du grand homme. Il semble que cette destinée jalouse , que les anciens appelèrent Némésis , ait voulu mettre dans une même balance les présens du génie , les palmes de la gloire , les couronnes de la renommée , et toute l'amertume de l'envie , toutes les vicissitudes de l'adversité. Homère mendie son pain ; le Tasse , traîné dans les cachots , expire au moment où une justice tardive allait le porter en triomphe au Capitole ; et Boëce , les mains chargées de fers , écrivait pour l'immortalité.

Hommes privilégiés , ne refusez pas la mission si glorieuse et si pénible d'éclairer le monde , et de faire du bien à vos semblables. Il est , dans le cœur de l'homme de bien , un asile inaccessible aux tortures de la douleur , aux clameurs de l'envie , aux persécu-tions du crime puissant : réfugions-nous dans cet asile , et sachons nous envelopper la tête du manteau de Pompée , lorsque c'est une vertu de mourir.

La morale évangélique nous offre bien d'au-tres ressources contre le malheur. Où la phi-losophie humaine est forcée d'avouer son im-puissance , la Religion exerce tout son empire : le juste se résigne ; il ne se poignarde pas comme Caton ; mais il fait encore le bien , comme Tobie dans la captivité de Babylone.

———————————

Toutes les scènes de la vie se terminent à l'inévitable dénouement de la mort. L'homme pour qui l'existence ne fut qu'une chaîne de chagrins et de misères , celui sur qui la nature et la fortune versèrent tous leurs dons ; le casanier qui n'a jamais connu que le toit natal , et l'intrépide voyageur qui a bravé les glaces du pôle et le ciel brûlant des tropiques ; l'égoïste qui n'a vécu que pour lui , et le mor-tel bienfaisant qui n'a connu le prix des ri-chesses que pour les répandre dans le sein de l'indigence ; le voluptueux et le tempérant , le savant et le simple , arrivent tous au même terme. Ces rapprochemens ont été faits mille fois : toutes les sectes de philosophie en ont tiré des argumens , et toutes les religions, des leçons importantes de morale. Mais le Christianisme seul nous a appris à apprécier la vie ce qu'elle vaut réellement , seul il a fixé nos idées à l'égard de la mort.

Les anciens qui ne les avaient pas, ces idées, et pour qui la croyance d'une vie future était mêlée de tant d'absurdités , les anciens regardaient les morts comme très-malheureux. Cet état d'ombre impalpable , cette existence fantastique qui ressemblait au vague d'un songe , leur répugnaient , malgré les préjugés de l'éducation. Les philosophes eux - mêmes n'étaient pas à l'abri de la crainte de la mort : Epicure ne prend aucune peine pour déguiser cette crainte ; et elle se décèle encore dans les austères écrits des Stoïciens , comme la vanité d'Antisthène paraissait à travers les trous de son manteau.

Cependant , au milieu même de cette nuit profonde du paganisme , des Sages entrevirent quelquefois le flambeau de la vérité. Socrate avalant la ciguë, sacrifiait un coq à Esculape, pour exprimer , à sa manière , c'est-à-dire , par une plaisanterie attique , la grande pensée , qu'il allait jouir de la vraie santé , puisqu'il était près de quitter cette enveloppe terrestre , où l'ame est toujours malade ; Cicéron, dans ce beau résumé de tout ce que la Philosophie ancienne avait pu concevoir de plus élevé, et qu'il a intitulé *le Songe de Scipion*, fait dire à ce héros, que la mort est une véritable vie, et que c'est ce que nous avons appelé la vie, qui est une mort.

C'est le sentiment de l'immortalité, qui nous rend l'approche de la mort moins terrible ; c'est encore ce sentiment consolateur, qui verse un baume mélancolique sur la blessure profonde que fait à notre cœur la perte de nos amis.

Ainsi, lorsque je marche dans la solitude ou parmi les ténèbres, lorsque mes pensées errent autour des tombeaux, ton image m'apparaît, ô toi que je m'étais accoutumé à ne regarder que comme une partie de moi-même !...

« Tu ne pourras donc plus, ô mon ami ! contempler le spectacle ravissant de la nature !... En vain le printemps, porté sur l'aile embaumée des zéphyrs, viendra couvrir de fleurs la nature rajeunie, tu seras insensible aux beautés de cette nouvelle création : en vain l'automne, le front riant, couronné de pampres verts, prodiguera aux mortels les trésors de son abondance, tu ne viendras plus, sous

la tonne antique , boire à la ronde le vin pé-
tillant dans la fougère. L'Aurore ne déploiera
plus à tes yeux , ni le pourpre qui environne
son front , ni l'or de sa rayonnante chevelure ; tu ne verras plus les prairies , humectées
par ses tendres pleurs , sourire au soleil amoureux. L'ombre sacrée de ces bosquets silencieux
n'aura plus aucun charme pour toi. Tu ne pro-
mèneras plus tes rêveries sur les bords de ce
lac majestueux , qui réfléchit dans ses ondes
verdâtres l'étincelant flambeau du jour. Tu n'é-
gareras plus tes pas dans les obscurs détours
de ces bois ; et le sombre crépuscule , couronné de brillans saphirs , ne te verra plus dans
mes bras.

» C'en est fait , une barrière insurmonta-
ble nous sépare ; tu es plongé pour toujours
dans la nuit éternelle ! tes graces , ton doux
sourire , tous les charmes de la jeunesse , tous
les dons du génie , l'avare tombeau les dévore !
tu n'es plus qu'une vaine poussière !....

» Qu'une vaine poussière ! qu'ai-je dit ? as-tu
entendu ce blasphème , ô Neuilly ! l'image
du Dieu vivant peut-elle donc périr ? Non ,
l'immortalité t'a reçu : la mort n'a été pour
toi que le passage de cette vallée de larmes à
un séjour de bonheur :.... je les ai recueil-
lies dans mon cœur , tes dernières leçons ; elles

y sont gravées en caractères ineffaçables.....
Ah ! j'avais besoin de toutes les ressources de ta
philosophie pour ne pas mourir..... O Neuilly !
ce n'est plus sur toi que je dois gémir , tu es
dans le sein de la gloire immortelle : c'est sur
mon sort qu'il faut que je verse des larmes amè-
res ,.... moi qui ai vu tous mes amis tomber
avant le temps , tandis que , solitaire au milieu
des ruines de ma patrie , je survis à leur destruction..... »

Ici , je pourrais rappeler le respect dont
toutes les nations sauvages et policées ont
environné la cendre des morts ; je pourrais
parler des superstitions sentimentales , qui,
chez tous les peuples , se sont assises sur la
dernière demeure de l'homme : mais ce serait
le sujet d'un livre , et non d'une simple digression. Je me permettrai seulement une observation qui porte sur les circonstances ac-
tuelles. Lorsque la rage révolutionnaire , après
avoir complété toutes ses profanations , tous
ses sacriléges, par la violation des tombeaux ,
a été enfin arrêtée par la main de la Providence , on a voulu d'abord rétablir la religion
des sépultures. Mais , parmi le grand nombre
de projets qu'on a présentés sur cet objet,
aucun n'est bon , parce qu'on s'y est trop

abandonné à des abstractions qui ne peuvent pas avoir un charme populaire. Pauvres philosophes ! vous avez beau faire , jamais vous ne remplacerez les institutions religieuses ; jamais vos déclamations ne vaudront la simple prière du ministre de Dieu , recommandant le mort à ses parens , à ses amis. Jamais la poussière de l'homme ne sera respectée , que lorsque la Religion viendra la couvrir de son égide : jetez-la , cette froide poussière , sans égard et sans cérémonie ; jetez-la dans un cloaque , ou placez sur elle des obélisques et des pyramides , qu'importe ? ce ne sera toujours qu'une vile poussière , si elle n'est consacrée par la Religion.

DES INSTITUTIONS SOCIALES.

L'homme est né pour la société ; ce n'est que dans la société qu'il peut développer toutes ses facultés , et déployer toutes les ressources de son intelligence. Voilà pourquoi l'énergie de ce sentiment expansif qui l'arrache à la solitude et qui l'entraîne vers ses semblables , est si nécessaire à l'homme de génie : l'homme de génie , en effet , aime à répandre son existence entière hors de lui ; il aime à voir , dans ses rêves sublimes , son nom lui survivre , et s'avancer à travers les siècles pour demander ces nouveaux suffrages dont il est toujours insatiable.

Ce paragraphe n'est donc pas étranger à mon sujet : je dois au lecteur une esquisse rapide des institutions sociales en général , pour parler de leur influence sur la littérature et les arts.

Que des politiques audacieux ne croient pas qu'il soit en leur pouvoir de classer à leur gré l'espèce humaine , et de ranger les empires comme les compartimens d'un jardin. Qu'ils ne croient pas qu'il soit en leur pouvoir de dire : Ici , j'établirai une république ; là , une monarchie ; et là , un gouvernement despotique. Dieu n'a pas voulu que des choses d'une si haute importance fussent soumises aux calculs indiscrets de notre raison : il a voulu que les erreurs de cette raison ne pussent s'exercer que dans un espace très-circonscrit, et qu'au-delà fût l'empire immuable de la Providence.

La même puissance divine , qui s'est réservé le droit d'établir et de consolider toutes les institutions sociales , a voulu en placer la garantie sacrée derrière un voile que jamais la main des novateurs ne leva impunément. Toute chartre constitutive d'un état doit descendre du Ciel , pour être placée ensuite dans un sanctuaire impénétrable aux regards du vulgaire et même des sages , parce que les plus sages deviennent insensés , lorsqu'ils veulent sonder les vues de la Providence. Cette chartre ne peut être gravée sur le bronze , ni propagée par l'art magique de l'imprimerie ; car ce n'est pas pour une table d'airain , ni pour un vain cahier de papier , que les Fabien et les Décius se dévouaient généreusement , que Romulus

allait expirer dans les tortures à Carthage,
que les trois cents Spartiates mouraient aux
Thermopyles.

Il y a un autre prestige qui n'est pas moins
puissant, c'est celui de l'antiquité. Tous les
peuples en effet ont aimé à reculer leur origine dans la nuit des temps ; ils ont toujours
été d'autant plus attachés à leurs institutions,
qu'elles ont été plus enveloppées de ces augustes ténèbres, de ces illusions mystérieuses
qui commandent le respect ; et lors même
que des législateurs viennent leur imposer des
lois nouvelles, il faut qu'elles aient pour base
ces institutions primitives qu'il n'est pas au
pouvoir de l'homme de créer ; sans cette base
indispensable, les plus belles lois ne sont
que d'impuissans sophismes, et le sang des
factions coule dans d'affreuses guerres civiles.

Au sein de l'empire le plus florissant, s'est
élevée une secte, qui a voulu mettre tout à
coup ses brillantes théories à la place des
sages vues de la Providence. Qui pourrait
calculer les suites affreuses de cette déplorable
erreur ? Malheur à *l'argile qui dit au Potier :*
QUE FAITES-VOUS ? Malheur aux hommes,
lorsqu'ils ont voulu se soustraire au maître de
l'univers, lorsqu'ils ont cru pouvoir faire plier

les grandes lois de la Providence à leurs vues étroites et à la versatilité de leurs opinions ! Une verge de fer s'est appesantie sur les têtes de vingt-cinq millions d'hommes : tout ce que l'imagination pouvait concevoir de crimes a été commis ; tout ce qu'elle a pu inventer de monstrueux a été exécuté : en dix années se sont accumulés assez de forfaits pour que dix siècles en fussent encore souillés. Mais du sein de ces grandes calamités, il s'est élevé un homme qui a été vu s'avançant dans le chemin obscur des plus hautes destinées, sans se douter de la grande mission dont il était investi. La Providence qui veillait, à l'insu des mortels ignorans et ingrats, la Providence, après avoir laissé le chaos des révolutions bouleverser l'aire étroite où s'agitent les passions et la liberté de l'homme, la Providence avait dit : « J'ai choisi celui-ci pour qu'il rende aux institutions sociales leur garantie et l'appui des idées religieuses, mais pour que les peuples croient en lui, il exécutera de grandes choses ; qui exciteront sa propre admiration. Des circonstances étonnantes feront de sa vie publique un prodige aux yeux de la multitude, parce que la multitude ne verra pas la main qui le conduira. Je dissiperai les armées devant lui, comme de vaines vapeurs en présence de l'astre

du jour. Il maîtrisera les esprits dans les
conseils, et la fortune sur les champs de bataille. Lorsqu'il croira avoir conquis la paix,
je ferai germer dans sa pensée la gigantesque
entreprise de rendre à son ancienne splendeur
le pays où fut placé le berceau de tous les
arts. Dès que ses voiles l'auront entraîné sur
le perfide élément, des cris s'élèveront du
sein de l'empire qu'il viendra de quitter ; les
crimes de l'anarchie, les fureurs des pros-
criptions, l'ineptie d'un gouvernement odieux,
la rupture de tous les liens sociaux, ne pré-
senteront aux peuples épouvantés d'autre refuge contre la tyrannie, que le joug d'une
domination étrangère ; ils invoqueront l'esclavage, comme le malheureux appelle la mort ;
tous les noirs pressentimens qui précèdent la dis-
solution des empires, planeront sur cette terre
désolée. Ses habitans, plongés dans la plus profonde consternation, regretteront alors celui
que je les aurai accoutumés à regarder comme
seul capable de commander aux événemens :
ils désireront son retour, sans oser l'espérer.
Cependant ce prodige inespéré se fera, et
l'homme sur qui reposeront les destinées d'un
grand peuple, porté sur un frêle esquif, mais
couvert de mon bouclier, traversera seul les
mers, échappera à la vigilance de ses enne-

mis , et abordera inopinément sur le sol dé-
vasté par les crimes des factions. A peine il
aura mis le pied sur le rivage , à peine il aura
dit, Me voici , que je ferai renaître l'espoir
dans tous les cœurs ; que par-tout sur son
passage je verserai l'ivresse de la joie. Les
revers cesseront ; la puissance dictatoriale du
crime s'écroulera , comme le colosse à la tête
d'or et aux pieds d'argile ; et je replacerai
dans son sanctuaire le *palladium* des institutions sociales. »

Il suffit de jeter un coup-d'œil sur les institutions politiques de l'ancienne Grèce , pour
voir combien elles sont poétiques. Ces idées
d'indépendance et de liberté , qui prenaient
tant de couleurs différentes ; ces gouvernemens
fondés par des dieux ou des demi-dieux ; ces
tribunaux de l'aréopage et des amphictyons ,
devenus sacrés par le même motif ; ces villes
bâties d'une manière surnaturelle ; ces lieux
peuplés de tant de fictions et de tant d'aventures mythologiques ; ces jeux olympiques , où
les rois ambitionnaient d'obtenir une couronne ;
ces prix décernés tour-à-tour à la beauté ,
à la force , au courage et au génie ; ce culte
des grands hommes , dédommagés , par l'apo-

théose , de l'injustice de leurs contemporains ;
ces monumens de gloire nationale et d'amour
de la patrie ; ces assemblées solennelles , où
les peuples du Péloponèse étaient pour eux-
mêmes un objet de spectacle ; cette mobilité
d'imagination ; cette foule de gouvernemens
opposés et changeant à chaque instant : toutes
ces choses devaient sans doute exalter leur sensibilité , développer les forces physiques et
la beauté des formes. Ne soyons donc point
étonnés de leur supériorité dans l'imitation
de la nature.

Chez le peuple mystérieux de l'Egypte ,
les institutions ne furent pas , à beaucoup
près , aussi favorables aux beaux arts. Ce peuple en effet avait des idées gigantesques ,
mais sans vie et sans graces. Ses allégories
ne riaient pas à l'imagination : il les lui
fallait colossales comme ses pyramides et son
dieu Sérapis , ou bizarres comme son monstrueux Anubis. Des divinités dénuées de formes
idéales , et langées comme des momies ; des
rois ne se révélant qu'au milieu de la pompe
la plus éblouissante ; des prêtres , seuls dépo-
sitaires de la science et de la philosophie ,
ne s'énonçant que par des formules mystérieuses ; l'écriture toute composée d'hiérogly-
phes , et inaccessible au langage de la poésie ;

une multitude aveugle , entourée d'énigmes ;
prenant toutes ces peintures emblématiques
à la lettre , et ne se permettant de scruter
la conduite de ses maîtres , que lorsque la
mort les avait dépouillés de l'appareil du trône :
tel fut le peuple égyptien , chez qui sont nés
tous les arts , et qui n'en a perfectionné
aucun.

Les Chinois ont quelque analogie avec les
Égyptiens. De sages institutions , telles que
la fête de l'agriculture , le tribunal de l'histoire , le culte des ancêtres , annoncent aussi
un peuple sérieux et philosophe. Chez lui,
tous les arts sont dans leur enfance ; il semble
réduit à l'instinct comme les castors et les
abeilles : ce qu'il faisait il y a mille ou deux
mille ans , il le fait encore , sans y avoir
rien ajouté. Des peintures sans perspective ,
des sculptures grotesques , une poésie sans
harmonie , des théâtres sans prestige : voilà
tout ce qu'on trouve chez ce peuple singulier ,
qui semble avoir été excepté des lois de la
perfectibilité humaine.

Les Romains étaient nés conquérans ; toutes
leurs institutions furent calquées sur ce caractère originel. Ces farouches déprédateurs , qui
se sentirent toujours de leur origine , furent
long-temps avant de cultiver aucune science ,

aucun art. Pendant les premiers siècles , les
vers sibyllins , les anciens oracles de la Tos-
cane et de l'Etrurie formaient toute leur littérature. Les chefs - d'œuvre de Corinthe ne
leur parurent que des meubles dont la matière faisait tout le prix. Ils saccagèrent Carthage et Athènes ; car ils méprisaient également le commerce et les arts. Le flambeau
de la poésie et de l'éloquence s'éteignait dans
la Grèce , lorsqu'il commença à jeter quelques
étincelles en Italie , sous les Scipions : mais
les Romains marchaient déjà vers leur décadence ; et le présent des lettres leur parvint
en même temps que les poisons du luxe asia-
tique. Voilà pourquoi on ne retrouve pas , dans
les écrits de ce peuple , l'empreinte des institutions qui lui ont fait faire de si grandes
choses. Tant qu'ils ont été Romains , ils ont
dédaigné les arts de la Grèce ; et ils n'ont
connu et admiré ces arts que lorsqu'ils ont cessé
d'être Romains. Cette observation peut servir
à faire apprécier davantage le génie élevé de
Corneille, qui a presque tout dessiné d'imagination dans ses peintures si hardies du caractère
romain. Lucain sans doute lui a fourni un
grand nombre de traits , mais j'oserais soutenir que ce ne sont pas les plus beaux. Admirable Corneille , tu ne dois qu'à toi seul ce

rôle étonnant du vieil Horace , où tu as imprimé toute la fierté de ton ame.

Le christianisme étant le berceau de tous les empires où l'on cultive la littérature et les arts , j'aurai peu de choses à dire sur l'influence des institutions sociales chez les modernes ; parce que cette influence est toujours mêlée à celle des institutions religieuses. Je me bornerai à quelques observations qui auront pour objet le domaine actuel de la poésie.

Le culte des Germains , des Gaulois , et de toutes les nations Celtiques pour les femmes ; la galanterie raffinée des Maures ; les mœurs chevaleresques de nos anciens preux ; toutes les idées exaltées d'héroïsme , d'amour et de vertu , mêlées ensemble , ont dû singulièrement modifier le génie de la littérature. Nos annales nous offrent une foule de peintures , qui ont pour nous le charme de l'antiquité uni à celui de l'intérêt national ; et elles ne nous sont pas tellement étrangères que nous ne puissions bien les concevoir. La cour de nos premiers rois , les événemens des croisades , les aventures de nos anciens héros, plus grands peut-être que ceux des temps fabuleux, offrent aux muses des sujets dignes d'elles. Les Grecs n'avaient pas une si grande latitude : ils ne peignaient qu'un événement, la guerre de Troie , et les malheurs ou les crimes de quelques familles. Lorsque Virgile a voulu remonter à l'origine du peuple romain , il a été obligé de peindre d'imagination : et je crois que ce grand poëte pouvait seul tirer parti d'un plan aussi défectueux que le sien.

La poésie vit de fictions : mais pour qu'une fiction intéresse , il faut qu'elle soit fondée sur une croyance populaire. Lorsqu'Homère et Virgile faisaient jouer un rôle à leurs divinités , ils savaient qu'ils seraient compris par la multitude. Les allégories de Voltaire dans la Henriade , seront trouvées très-justes par les philosophes ; mais elles n'exciteront jamais un intérêt universel , parce qu'elles ne sont liées ni à un système religieux , ni à un système mythologique ; l'esprit n'y est pas accoutumé , et le sentiment se prête difficilement à les personnifier. Saturne et le Temps , les Euménides et les Remords , Thémis et la Justice , sont bien une même chose : mais Saturne , les Euménides et Thémis , sont des êtres que d'anciens peuples ont cru réels ; le Temps , les Remords et la Justice , ne seront jamais que des abstractions.

K 4

Les enchantemens du Tasse et de l'Arioste appartenaient à une croyance populaire dont tout le monde était parfaitement instruit : en effet , Roland et la Jérusalem délivrée ont trouvé des rhapsodes en Italie , comme les chants d'Homère en trouvèrent autrefois dans la Grèce.

Si les anciens ont su donner à leurs productions cette empreinte inimitable qui les empêche de périr , pourquoi n'obtiendrions-nous pas les mêmes succès , avec tant de ressources de plus ? Des événemens de la plus haute importance ; des héros dignes d'un hommage éternel ; des mœurs , des coutumes qu'environnent déjà les prestiges de l'antiquité ; et sur-tout l'inappréciable bonheur d'avoir des idées de vertu et de morale , si pures et si vraies , puisqu'elles sont fondées sur la religion révélée : je crois que nous devons bien nous applaudir de tous ces avantages , dont les anciens étaient privés.

Dans le paragraphe suivant , nous développerons quelques idées qui n'ont pu être qu'ébauchées dans celui-ci : on sent combien les institutions sociales et les institutions religieuses sont étroitement unies ; car tout empire relève de Dieu.

DES INSTITUTIONS RELIGIEUSES.

UNE voix a été entendue retentissant dans tous les siècles, et planant sur toutes les contrées de l'univers : POINT DE MORALE SANS RELIGION ! POINT DE GRANDES IDÉES SANS LES IDÉES RELIGIEUSES !

Ce génie de vingt-cinq ans, ce Vauvenargues, qui réunit quelquefois la force de Pascal à la finesse de Labruyère, a dit que *les grandes pensées venaient du cœur :* et moi, j'ose dire avec bien plus de raison, que les grandes pensées ont pour origine les idées religieuses : en effet, sans elles, tout est mesquin, tout est fragile, tout avorte. La fameuse Coupole de Saint-Pierre, l'Athalie de Racine, l'Histoire Universelle de Bossuet, ont été inspirées par la Religion. Le génie de l'architecture ne se déploie jamais avec autant de majesté que dans la construction des temples ; celui de la peinture et de la sculpture n'a trouvé l'idéal des formes, que lorsqu'il a voulu exprimer , dans l'idiome des arts , les perfections divines ; l'éloquence et la poésie n'ont été vraiment sublimes , que lorsqu'elles ont parlé un langage religieux.

Montrez-moi l'œuvre de l'athéisme , je ne dis pas dans une de ces belles conceptions qui font l'admiration des siècles , mais seulement dans la moindre des productions de l'esprit humain. Lucrèce lui-même , luttant de toutes ses forces contre l'empire des idées religieuses , y a souvent cédé , heureusement pour sa gloire ; car son poëme manquerait du charme qui attache , et de la chaleur qui vivifie , s'il avait toujours puisé dans les arides hypothèses du matérialisme : et ce n'est pas lorsqu'il est le champion de l'impiété , que Voltaire étonne par son génie.

Harrington a dit , dans ses aphorismes , que l'homme pouvait être plutôt défini *un animal religieux* , qu'un animal raisonnable. Bernardin de St-Pierre a adopté cette définition , et a réfuté la calomnie des écrivains et des voyageurs , qui ont prétendu qu'il a existé des peuples entiers privés de tout culte. Non , non, il n'y a que des hommes blasés par les institutions sociales , des hommes en qui la philosophie et les sciences ont éteint la chaleur du sentiment , qui puissent livrer leur esprit aux monstrueux systèmes du matérialisme et de l'athéisme.

Jeté par hasard sur ce globe où il est livré à l'inconstance des élémens , traînant une longue enfance , nu de corps et d'esprit , qu'est-ce que l'homme sans les idées religieuses ? un vermisseau qui rampe , et dont l'anéantissement ne ferait aucun vide dans l'univers. Il n'y a que les idées religieuses qui puissent fixer sa véritable place dans la grande échelle des êtres : il n'y a que les idées religieuses qui le lient à l'harmonie générale ; elles seules l'agrandissent ; sans elles , tout est inexplicable dans ses facultés , dans ses passions , comme dans le système général de la nature.

Les sceptres les plus puissans se brisent ; les trônes les mieux affermis sont dévorés par le temps ; les dominations les plus formidables sont balayées de dessus la terre , comme une vile poussière ; les empires changent comme ces décorations de théâtre , vains prestiges des sens : et ce n'est que dans le domaine des idées religieuses que l'on trouve l'immutabilité , le calme , le repos ; ce n'est que là qu'est placé le port après la tempête de la vie.

Retournons donc , il en est temps , aux idées

religieuses. Les littérateurs et les artistes ne
peuvent rien sans elles ; et c'est sur-tout pour
la littérature et les arts qu'est vraie cette maxime
de l'homme de ce siècle, qui a exercé sur les
idées religieuses la plus déplorable influence ;
de ce Voltaire, qui aurait voulu que la renommée n'eût été occupée que de son nom, et
qui n'eût jamais été le patriarche des impies,
si, se méfiant trop de la gloire, il n'eût pas
voulu conquérir l'immortalité par l'odieux stratagème d'Erostrate ; c'est sur-tout, dis-je,
pour la littérature et les arts qu'est vraie cette
maxime de Voltaire :

Si Dieu n'existait pas , il faudrait l'inventer.

Quand je suis descendu dans les profondeurs
des institutions religieuses , et que je les ai
examinées avec le flambeau philosophique de
l'observation , je les ai vues se plier d'abord
aux climats , aux mœurs , aux dispositions des
peuples pour qui elles étaient faites , et exercer
ensuite sur l'imagination et sur toutes les facultés de l'homme , l'influence la plus entraî-
nante. Alors j'ai pensé que , pour tracer le tableau de l'esprit humain , il suffirait peut-être
de faire l'histoire des différentes opinions re-

ligieuses qui ont successivement régné sur la
terre.

C'est dans ce vaste tableau qu'on verrait des
nations barbares et sauvages, prêtant à leurs
Dieux des goûts cruels et sanguinaires, immoler sur les autels des victimes humaines ; c'est
là qu'on verrait des nations, graves et sérieuses
jusque dans leurs fables, révérer, sous tous
les emblèmes possibles, le grand mystère de
la reproduction des êtres ; c'est là qu'on verrait des peuples confinés vers les bornes du
monde, avoir un culte mélancolique pour les
ombres ; c'est là qu'on verrait des tribus er-
rantes, menant une vie pastorale, et habitant
sous un ciel sans nuages, professer la religion des astres ; c'est là qu'on verrait le chêne
adoré par ces familles immenses que cachoient
les antres inaccessibles et les forêts silencieuses
des Druides ; c'est là qu'on verrait l'imagination riante des peuples de la Grèce donner l'apo-
théose à leurs héros, diviniser chaque attribut
de la toute-puissance, créer des images pour
les poëtes et des formes pour les statuaires ;
c'est là qu'on verrait le goût des Arabes pour
les images gigantesques, les plaisirs des
sens, sanctionnés par la religion de Mahomet ; c'est là qu'on verrait, tantôt des préceptes d'hygiène, tantôt des lois diététiques,

mettre un frein à la voracité de l'homme, ou lui commander les salutaires ablutions de la propreté ; c'est là qu'on verrait toujours de grandes vérités, d'importantes maximes de morale, d'excellentes leçons de justice et de prudence, couvertes d'un voile allégorique, ou revêtues d'images appropriées aux caractères des peuples, à leurs habitudes morales, et à leur climat.

Les cérémonies religieuses, l'architecture des temples, le choix des jours consacrés, les habillemens des prêtres, les formes même que l'art prête aux divinités, seraient un riche accessoire de ce tableau général ; car tous les détails du culte ne sont qu'un langage figuré de la croyance elle-même.

C'est ainsi que toutes les époques du calendrier, toutes les périodes astronomiques furent figurées par des images sensibles chez les Chaldéens ; c'est ainsi que les Egyptiens imaginèrent des emblèmes pour exprimer leur reconnaissance au fleuve fécondateur, et pour peindre les métamorphoses de la terre dans les différentes saisons de l'année ; c'est ainsi que les Grecs, imitateurs et plagiaires, ne prenant aux autres nations leurs systèmes philosophiques et leurs allégories que pour les revêtir des couleurs de leur imagination, et

en former une mythologie bizarre mais poétique , surent cacher leur larcin à force d'art,
et naturalisèrent si bien le culte de ces divinités étrangères , qu'on les crut nées sur le
sol ; c'est ainsi que les Gaulois et les Celtes ,
attachés à leurs forêts antiques , n'eurent
d'autres temples que le feuillage des arbres ,
d'autre idole que la sombre horreur qui régnait dans ces bois inaccessibles aux rayons
du jour...... Mais je laisse au lecteur le
soin de fouiller lui-même dans les annales
superstitieuses , et d'achever le tableau.

Sans doute rien ne me serait plus facile que
de montrer combien ces cultes d'emblèmes et
de symboles , combien ces religions locales
étaient susceptibles de dégénérer , et combien
ils étaient incompatibles avec la morale. La
morale , au milieu de tant d'absurdités , ne
reposait plus que dans le sentiment : les autels de Vénus devinrent des écoles de prostitution ; le culte de Bacchus finit par de
monstrueuses orgies ; les impies Saturnales ,
les farces indécentes des Curètes , les mystères
des cultes secrets , le nom seul de tant de
Divinités qui outrageaient la pudeur et l'humanité..... ah ! laissons tomber un voile sur
ces épouvantables archives de bêtise et de
barbarie.

Au milieu de tant de superstitions absurdes , le dogme précieux des récompenses et des punitions après la mort était toujours demeuré comme un supplément à la faible conscience de l'homme ; mais ce dogme avait reçu les couleurs appropriées aux différens cultes. Les peuples qui avaient divinisé leurs passions et leurs goûts , voulurent retrouver ces mêmes goûts et ces mêmes passions derrière le rideau du trépas.

Ainsi les poëtes et les amans espérèrent de se promener encore sous des ombrages de laurier , dans des bosquets de myrthe ; les législateurs et les guerriers voulurent , les uns donner des lois , les autres porter des armes dans cet Elysée que les Grecs avaient embelli de tous les charmes de leur imagination : ainsi l'ame du Calédonien, dont les louanges avaient été chantées par les bardes , s'élevait dans les nuages , où il pouvait poursuivre encore des biches aériennes , enfoncer des bataillons de vapeur , s'asseoir avec ses pères et ses compagnons d'armes , dans des palais fantastiques : ainsi , pendant que Mahomet promettait aux sensuels Arabes des houris aux yeux bleus , le farouche Odin promettait à ses barbares Scandinaves d'autres guerriers à immoler , un sanglier immortel qui offrirait toujours un aliment

ment à leur dent vorace , et une source intarissable d'hydromel , qu'ils pourraient boire
encore dans les crânes de leurs ennemis ; ainsi
l'enfer des Grecs fut le Tartare ; celui des
peuples septentrionaux , les glaces du pôle ;
celui des hordes Celtiques , l'apathie et le repos ; celui des Calédoniens , la vapeur des
marécages.

Toutes les institutions religieuses qui ne
sont pas fondées sur la révélation divine ,
sont essentiellement locales , mensongères , et
par conséquent dépourvues des véritables bases
de la morale et de la vertu ; mais quoiqu'elles
soient établies sur des fictions , elles portent
cependant toujours la marque indélébile d'une
origine céleste. C'est sans doute à cette empreinte sacrée , à cet éternel sceau de la
Divinité , que toutes les fausses religions doivent leur influence.

Modifiées d'abord par les climats et les
caractères des peuples , voyez comme les
institutions religieuses modifient à leur tour ,
et d'une manière si puissante , les habitudes
et les facultés des hommes ! Voyez l'appui
merveilleux qu'elles ont toujours prêté aux
lois et aux gouvernemens , chez tous les
peuples, dans tous les siècles et sous tous

L

les climats ! Pour démontrer l'évidence de ce
principe général , il me suffirait de rappeler ce
qu'en ont dit les Philosophes païens eux-
mêmes ; mais je crois n'avoir pas besoin de redire ici ce que tous les bons esprits ont admiré tant de fois dans Plutarque , et sur-tout
dans les immortelles Tusculanes de Cicéron.
C'est aux institutions religieuses que les anciens empires durent toute leur puissance ,
toute leur force , toute leur gloire. Il n'y a
point de belles actions guerrières , point de
dévouemens patriotiques qui n'aient été pro-
duits par l'alliance de ces deux mots , dont
la philosophie ne pourra jamais suppléer la
magie : *Pro aris et focis.*

Les Romains firent la conquête de l'univers
pour obéir à des oracles : tous les prodiges
de ce peuple ont été opérés par cette sévérité
de discipline , qui faisait , pour ainsi dire ,
partie du culte , et sur-tout par cette religion
du serment , qui transformait tous les soldats
en héros. Le mahométan , pour obéir à la voix
du Prophète , se plonge , tête baissée , au sein
du danger , persuadé qu'il recevra en échange
tous les plaisirs d'un paradis voluptueux , et
que d'ailleurs le trait de la mort passera à
côté de lui , s'il n'a pas été marqué par l'Ange
de la prédestination. Les nations Celtiques ,

qui faisaient de leurs combats une affaire de
culte, furent invincibles, parce que leurs guerriers croyaient que le fer de leur ennemi pouvait seul leur ouvrir les portes du sanguinaire
élysée d'Odin. Les Grecs épuisèrent le génie
de l'imitation, pour peindre à tous les siècles
les images de cette mythologie poétique, qui
a enfanté toutes les merveilles des arts. Les
Chinois doivent au culte qu'ils ont pour leurs
ancêtres, et à leur respect religieux pour les
coutumes anciennes, ce gouvernement paternel
modelé sur le gouvernement primitif de famille, et qui exclut toutes les révolutions
intérieures, toutes les guerres civiles.

Si je poussais plus loin cette digression,
je pourrais donner de grandes leçons aux peuples et aux gouvernemens ; je démontrerais
que le mépris pour les institutions politiques
est toujours précédé du mépris des institutions religieuses, et que le renversement des
idées religieuses entraîne à sa suite la décadence des mœurs, les calamités des révolutions, la ruine des empires : mais je ne pourrais faire ce terrible tableau sans rappeler des
souvenirs cruels ; et je me tais.

Non, non, les impies n'ont pas raison,
lorsqu'ils disent dans leur cœur : *Il n'est*

point de Dieu ; les impies n'ont pas raison ; lorsqu'ils disent encore : *Les choses de ce monde sont conduites par un aveugle hasard.* Providence, Providence éternelle ! tu te ris des blasphèmes de l'impie , mais l'impie n'a pas toujours à se prévaloir de ta patience ; et lorsque tu veux enfin le convaincre de folie , le châtiment alors est pour quelques-uns , la leçon pour tous. L'homme a beau s'égarer , il rencontre toujours une ligne invariable qu'il ne peut franchir ; il est toujours retenu dans le cercle de la dépendance divine , et son orgueil vient , comme le vain courroux de la mer , expirer contre un grain de sable.

DE LA
RELIGION CATHOLIQUE

Je crois n'avoir pas besoin de justifier le titre de ce paragraphe : le lecteur, qui a dû sentir, dans le précédent, combien une digression sur les institutions religieuses en général rentrait dans mon plan, attend sans doute que je lui parle du Christianisme, de cette Religion dans laquelle nous sommes nés, qui se lie à toutes nos actions, qui a fait naître nos premières pensées, qui a dirigé nos premiers sentimens, et qui nous enveloppe chaque jour de son irrésistible influence. Ainsi ce qui aurait pu me retenir, ce n'aurait sûrement pas été la crainte de paraître errer au hasard, mais bien plutôt celle de profaner un sujet si auguste, en le soumettant à mes vues étroites et bornées.

J'essayerai donc de peindre la Religion catholique prêtant à l'histoire le seul flambeau qui puisse l'éclairer, réalisant l'idéal de morale que l'auteur de notre être a gravé dans nos cœurs, échauffant le génie par la grande élévation où elle le place, et donnant la vie à tous les chefs - d'œuvre modernes. Ce tableau, sans doute, est au-dessus de mes forces ; cependant, comme j'y suis inévitablement entraîné par la force des choses, je l'entreprendrai, pour ne pas laisser dans mon ouvrage une telle lacune.

Oh ! que ne puis-je ici donner à mon style la majesté de Bossuet, la force de Pascal, et l'harmonie de Racine ! que ne puis - je faire entendre ma voix, tantôt comme un tonnerre, précurseur de la tempête, tantôt comme le zéphyr matinal, qui promet un beau jour ! Daignez vous révéler à un faible mortel, Esprit divin, Vérité éternelle, Amour ineffable, qui reposez aux pieds du trône de celui qui est tout esprit, tout vérité, tout amour !

S'il était permis de comparer la vérité avec l'erreur, si les superstitions et les mythologies des idolâtres avaient quelque analogie avec le culte véritable, la Religion révélée ; je dirais combien, au lieu d'être influencée par les climats et les habitudes des peuples, cette Religion a toujours au contraire exercé, dans tous les pays où elle a été établie, l'influence la

plus absolue et la plus entière. Le juif, devenu
tout-à-coup désintéressé, a pu sacrifier ses ri-
chesses à l'Evangile ; le Grec dégénéré et le
Gaulois barbare ont été frères, et se sont dé-
voués aux mêmes tourmens ; les vertus les
plus étonnantes sont nées au milieu même de
cette effrayante corruption qui dévorait l'empire romain ; et ce que n'avaient pu les discours et les exemples des sages, ce que n'a-
vaient pu les plus grands génies de la Grèce
et de Rome, ce que n'avaient pu tant de
sectes philosophiques, tant de moralistes fameux, un enfant de la Judée l'exécute, parce
que Dieu est en lui, parce qu'il est Dieu. Et
remarquez bien que ce n'est point après des
temps de barbarie et de ténèbres, que le Fils
de Marie vient dire au monde étonné : *Je suis
la lumière ;* mais c'est précisément après les
siècles de Périclès et d'Auguste, pour que le
monde sût enfin que les plus beaux jours dont
puisse s'enorgueillir la raison humaine, *ne sont
que ténèbres auprès de la vraie lumière.*

Philosophes, sans doute vous souriez de
mon assertion : mais vous pouvez verser le ridicule à pleines mains ; le ridicule ne peut
atteindre la vérité, parce que le trône de la
vérité est placé hors de l'atteinte des titans impies. Mais, sans m'arrêter à des objections,

je dois parler de la Religion dans ses rapports avec mon sujet.

Nous avons dit que l'homme isolé était nécessairement religieux ; nous avons dit que l'homme social avait besoin d'un culte : ainsi donc, ou nous sommes le jouet d'une Divinité bizarre, ou il existe une Religion véritable, et un culte qui est l'image de cette Religion ; et prouver la révélation, c'est justifier la Providence.

Il ne m'appartient pas d'entrer dans la discussion approfondie des dogmes de la Religion catholique ; je remarquerai seulement que son caractère essentiel, original, distinctif, propre à elle seule, c'est son harmonie avec les facultés, les sentimens, les passions de l'homme, avec les scènes de la nature, sous toutes les latitudes, dans tous les climats, dans toutes les localités, c'est-à-dire, la possibilité de devenir universelle. Or, je demande si un homme placé dans un coin ignoré de la terre, n'ayant aucune connaissance géographique du globe, pouvait prédire cette universalité, s'il n'avait pas été Dieu.

Je ne retracerai pas ici le grand tableau de la Religion catholique résistant au calme et à la tempête, se nourrissant dans la paix

et dans les persécutions, survivant à la destruction des empires et aux changemens des
dynasties, modifiant les institutions sociales,
sans en être modifiée, traversant des siècles
de barbarie et des siècles de lumière, comp-
tant des apôtres et des martyrs parmi les simples et parmi les philosophes. Je ne parlerai
que d'un seul fait, de l'empire de la Religion
catholique, universel comme celui de la Providence ; car c'est le même. Et, planant avec
l'aigle de Meaux sur les générations et sur
les siècles, je verrai tous les événemens se
rapporter à un seul événement, l'histoire cesser
d'être un chaos inexplicable, et les destinées
du genre humain d'être le jouet d'un aveugle
hasard.

Cette même Religion, qui subsiste depuis
dix-huit siècles chez tant de peuples à la fois,
au milieu d'une si grande variété de gouvernemens qu'elle étaye, sans qu'elle se plie jamais à aucune localité, et faisant le tour du
globe, sans être précédée par la terreur des
armes ; cette même Religion, arrivée à son
berceau, se lie à une autre religion prépara-
toire et typique, par qui elle remonte jusqu'à l'origine du monde. Aussi n'est-ce que
dans les annales de cette Religion, née avec
le plus ancien des jours, que l'on peut re-

connaître les archives du genre humain ; ce n'est que dans les livres sacrés que l'on trouve l'explication des phénomènes qu'offre l'étude approfondie de l'homme. Une seule ligne de la Bible résout plus de doutes, explique plus d'énigmes, que toutes les théories des philosophes.

Devant la Religion catholique , toutes les sectes , tous les systèmes rentrent dans la poussière , comme ces pâles clartés qui brillent dans les ténèbres de la nuit , et qui fuient à l'aspect du soleil.

Une colonne éternelle est appuyée sur les bases de l'univers ; elle s'élève majestueusement dans les cieux. Les orages ont grondé autour de sa téte ; les générations , les siècles se sont agités à ses pieds ; les empires se sont écroulés , et le fracas de leur chute ne l'a pas ébranlée : elle est demeurée immobile au milieu des révolutions du globe. Incrédules , reconnaissez donc l'ouvrage de Dieu : ou , si vous résistez encore , mortels insensés , réunissez-vous sous votre bannière sacrilége , sappez les fondemens de cette colonne éternelle , qui soutient la seule vraie Religion , depuis le commencement des siècles : et montrez-nous enfin que vous seuls étes sages ! Eh ! ne voyez-vous pas que vos efforts sont aussi impuissans que les vagues de la mer , qui s'irritent fol-

lement contre un rocher ? Si vous parveniez
à l'ébranler, cette colonne, vous verriez l'u-
nivers entier s'écrouler avec elle. Hé quoi !
vous voulez détruire ce que le temps, qui détruit tout, n'a fait qu'affermir ! Retirez-vous,
insensés, avant que le jugement de Dieu vous
environne de toutes ses terreurs, avant que la
foudre écrive le terrible anathème sur vos
fronts humiliés. Quel est ce beau Chérubin
dont parle Isaïe ? Il était un ange de lumière ;
il est devenu un ange de ténèbres : il a voulu
se mesurer avec le Tout-puissant ; et le Tout-
puissant l'a précipité au fond de l'abyme.
Orgueil extravagant de l'homme, tu mérites le
même châtiment !... Malheur à qui veut approcher de trop près la Religion ! malheur à qui
veut entrer dans sa mystérieuse obscurité !
Loin d'ici, faible mortel !... voudrais-tu donc
que le Créateur rendît compte à la créature de
ses œuvres ? voudrais-tu que des mains fragiles
touchassent le sceptre immortel de la gloire ?
voudrais-tu que l'Etre qui contient tout, et que
rien ne peut contenir, se laissât embrasser par
ta pensée, aussi bornée que ton existence ?

Si les monumens de la Religion catholique
doivent exciter l'admiration la plus profonde,

que sera-ce de sa morale si grande et si simple, si extraordinaire et si vraie ? Mais que suis-je pour oser en parler ? mes lèvres ont-elles été purifiées par le charbon ardent d'Isaïe ? ai-je été transformé en un être au-dessus de l'homme, par cette parole toute-puissante : *Allez, et prêchez mon Evangile par toute la terre* ? Oh ! pardonne à ma témérité, Religion sainte, si, non content de me prosterner et d'adorer, j'essaye de balbutier ce que je sens au fond de mon cœur !

Pour admirer et aimer les préceptes de l'Evangile, il n'est pas besoin de science ; la simplicité, la bonne foi suffisent. Les ames sensibles y trouvent des idées qui les charment ; les grandes ames en trouvent qui les exaltent, qui les élèvent ; et tous les hommes y apprennent à devenir meilleurs. Les principes éternels de justice, de bonté, de bienfaisance, sont tous dans l'Evangile ; et jamais l'intelligence humaine n'aurait pu inventer un code si complet et si approprié à nos besoins, un code par lequel le moindre artisan, sans études, est plus instruit en morale que tous les Sages de l'antiquité.

Tous les préceptes de l'Evangile se réunissent en un seul, celui de la charité ; et la charité n'est autre chose que l'amour de

Dieu et des hommes : ce précepte si sublime et si simple avait été enseigné dans l'ancienne loi , mais Jesus-Christ est venu lui donner toute sa perfection ; et il ne fallait rien moins qu'un Législateur-Dieu , pour en faire la base d'un système religieux. L'Evangile ne commande ni cette valeur féroce et meurtrière , ni ce ce patriotisme fanatique , qui font de la terre un théâtre de carnage et d'horreur. Il ne veut ni science , ni ostentation ; il n'exige qu'un cœur simple et droit. Il accueille le repentir le plus tardif ; il va même au-devant du pécheur, comme le bon pasteur qui cherche sa brebis égarée ; et toutes les harpes du Ciel chantent le retour du coupable à la vertu.

L'Evangile a créé des vertus inconnues jusqu'alors ; l'amour du prochain , sans lequel toutes les autres vertus sont nulles ; l'humilité , qui condamne notre orgueil au silence ; ce courage pacifique , qui consiste à braver le danger sans s'y précipiter ; l'abnégation de nous-même , qui nous rend indépendans des liens terrestres , et nous rapproche du Ciel. Que dirai-je de cette foi vive , qui compte pour rien les fausses lueurs d'une raison dont nous sommes si vains ? Que dirai-je enfin de cet amour pour les ennemis, dont Jesus-Christ a le premier donné l'exemple ? C'est encore Jesus-Christ

qui, liant les hommes de tous les siècles et
de toutes les nations, a dispensé la vraie éga-
lité, celle qui vient de nos rapports avec Dieu.
Grands de la terre, vos trônes, vos couronnes, vos honneurs ne sont rien : hommes
bons, hommes miséricordieux, vous devez
seuls vous réjouir ; le royaume des Cieux vous
appartient. Ce ne sont pas là de simples idées
spéculatives, ce sont des préceptes appuyés
de l'autorité divine.

Mais si l'Evangile n'exige ni la science, ni
les vertus guerrières, il ne les exclut pas. Quels
hommes surpassèrent en courage les Bayard,
les Duguesclin, les Louis IX ; et quels hommes
furent plus pieux ? Que de savans ont uni les plus
profondes connaissances en tout genre, à la pratique de tous les devoirs religieux ! Je ne citerai
que Pascal, dont le nom seul rappelle tous les
noms célèbres qui ont illustré la fameuse solitude de Port-Royal. Je le demande encore, qui
nous a conservé le dépôt des lettres et des sciences ? qui en a rallumé le flambeau parmi nous ?
N'est-ce pas ces mêmes hommes que la Religion
compte au nombre de ses héros ? Chose étonnante, que la même croyance soit professée à la
fois par les plus grands génies et par les hommes
les plus simples ! qu'elle fasse des contemplatifs
et des guerriers ! qu'elle inspire tant d'abaisse-

ment de cœur et tant de grandeur d'ame ! qu'elle
commande tant de privations , et qu'elle procure
tant de joies indicibles ! qu'elle donne de pieux
solitaires aux déserts de la Thébaïde , aux
austères retraites de la Trappe ; de zélés mis-
sionnaires aux peuples sauvages , et des législateurs aux rives du Paraguay ! Pendant que
S. Vincent-de-Paul couvre la terre de monumens de bienfaisance et de charité , l'immortel
Fénélon écrit pour l'instruction des rois , et
Bossuet ne fait , de toutes les institutions et
de tous les cultes , qu'un seul trophée à la
Religion catholique.

Quelle est donc cette Religion , qui seule
éclaire la nature de l'homme , qui seule lui
prescrit ses devoirs dans toutes les circonstances de la vie , qui seule dirige la conduite
de celui qui habite sous le chaume , et du roi
qui commande à des millions d'hommes ? Quelle
est donc cette Religion douée de tant de force
et de tant de douceur ; douée de tant de force ,
puisqu'elle résiste aux plus épouvantables persécutions ; douée de tant de douceur, puisqu'elle
a pu se propager par la seule voie de la persuasion ? Quelle est donc enfin cette Religion ,
qui console toutes les infortunes , qui encou-
rage toutes les vertus , qui purifie toutes les
affections , qui commande toutes les grandes

choses ? Ah ! si cette Religion ne vient pas
du Ciel , où pourrons-nous donc reconnaître
le sceau de la Divinité ?

***

Jetons maintenant un coup d'œil rapide sur le
spectacle du culte extérieur , c'est-à-dire , sur
cette partie de la Religion qui parle sur-tout
à l'imagination. Où trouverez-vous la puissance
et la bonté de Dieu mieux peintes que dans
les saintes Ecritures ? et si notre esprit ose
s'élever jusqu'au sanctuaire impénétrable où
repose la Divinité , comment soutiendrons-nous
la pensée d'un Dieu tout-puissant, de son Verbe
éternel et de son Esprit saint , formant cette
auguste Trinité , devant laquelle toutes les Intelligences sont prosternées ? Quel tableau encore ! et était-il au pouvoir de l'esprit humain de concevoir cette idée si grande et si
infinie de millions d'Esprits , dont tout le bonheur consiste à louer et à aimer Dieu , à le
louer et à l'aimer pendant une éternité ? Sans
doute , si ces images sont inaccessibles à toutes
les conceptions des artistes , ce n'est pas la
faute de la Religion. Les philosophes et les
poëtes auraient épuisé , pendant des myriades
de siècles , les idées les plus grandes et les
plus solennelles , que jamais ils n'auraient imaginé

giné le genre de récompense que Dieu promet
à ses élus : à présent même que nous en avons
été instruits par la révélation , quel art pourrait
peindre ce que toutes les facultés de l'homme
ont peine à comprendre ? quel langage pourrait donner une idée approchée de ces torrens inépuisables d'amour et de délices , où
l'ame se perd , sans interruption et sans fatigue , dans la contemplation et dans la jouissance des perfections divines ?

C'est encore la Religion catholique qui établit une communication entre le monde habité par les Intelligences , et celui où nous
gémissons dans l'attente d'une meilleure vie.
Non seulement un Dieu veille sur nous , mais
nous avons encore des amis qui nous ont précédés dans le séjour de l'immuable félicité,
et qui prennent part à nos chagrins , à nos
douleurs ; qui descendent dans nos cœurs ,
pour les porter au bien , pour les éloigner du
mal. Saintes consolations , indicibles transports,
inspirations brûlantes , heureux et mille fois
heureux celui dont vous ennoblissez les affections, dont vous échauffez les pensées , dont
vous agrandissez l'intelligence !

Si nous considérons ensuite les cérémonies de
cette Religion , où trouverons-nous dans les au-

tres cultes quelque chose qui approche de la célébration des saints Mystères? Lorsque l'Homme-Dieu eut achevé son auguste mission, il vit que son heure était venue, et après avoir donné aux hommes tant de preuves d'amour, il résolut de leur donner la plus éclatante de toutes. Les crimes de la terre avaient épuisé le trésor des miséricordes divines : à un courroux sans bornes, il fallait une victime sans bornes; il fallait un Dieu pour appaiser un Dieu!.... Jour mystérieux ! jour de terreur et d'alégresse ! jour d'amour et de colère ! jour ineffable ! tu luis sur la terre, et le plus grand sacrifice commence...... Tous les tourmens sont épuisés sur cette enveloppe d'un Dieu fait Homme..... Une douleur immense oppresse le Maître de la nature, le Créateur de l'univers..... Celui qui avait dit aux sphères célestes de peupler les déserts de l'espace, implore une goutte d'eau : celui qui était environné de la gloire d'un Dieu, meurt dans l'ignominie..... Il pouvait commander à des légions d'Anges de poursuivre les bourreaux, il pouvait ordonner à la foudre d'écraser le peuple déicide ; mais il veut mourir pour nous racheter à la vie, il veut souffrir tout ce qu'il est possible à l'humanité de souffrir...... Ce n'est pas assez : il veut perpétuer le sacrifice expiatoire de la Croix, et laisser sur cette terre rachetée un monument de sa mort. Tel est le tableau de l'institution sainte de l'Eucharistie : les formes sous lesquelles Dieu a voulu nous rappeler le mystère de la Rédemption, sont encore une preuve de sa sagesse et de sa bonté. En vérité, le Maître de la nature pouvait-il choisir un culte plus simple et plus beau ? C'est par les deux présens les plus utiles et le plus universellement répandus, qu'il veut se communiquer aux hommes. Ses bienfaits sur la terre doivent servir encore d'emblème aux bienfaits qu'il nous promet dans le Ciel. La nourriture corporelle est changée en la nourriture des Anges, et l'enfant de la poussière, participant de la gloire éternelle, s'assied, dans un saint ravissement, au banquet des immortels.

Poëtes, car c'est aussi à vous que je parle, sans doute ces merveilles ineffables sont bien au-dessus de votre génie ; mais ne croyez cependant pas que vous ne puissiez vous passer des ressources de la mythologie ; ah ! loin de vous ce blasphème que Boileau a le premier osé proférer !

Hé quoi ! n'est-ce pas cette même Religion qui agrandissait les pensées de Michel Ange, qui guidait les sublimes pinceaux de Raphaël et de Rubens ? N'est-ce pas cette même Religion qui a inspiré le Tasse, Klopstock, Milton, Young et les deux Racines ? N'est-ce pas cette même Religion qui a donné à l'éloquence ce vol d'aigle, dont on ne la croyait pas susceptible avant Pascal et Bossuet ?

Quelle source inépuisable de peintures merveilleuses et sentimentales, pour les poëtes et les écrivains en tout genre, que les événemens de l'ancien Testament, la vie entière de Jesus-Christ, la résignation et le courage surnaturel des Martyrs, l'établissement miraculeux du Christianisme sur toute la terre ! Je demande si jamais des faits aussi grands, aussi sublimes, ont été offerts au génie pour les mettre en œuvre. Les cérémonies de ce culte, l'institution de ses fêtes, ses hymnes, ses pseaumes, prêteraient au langage de la poésie, des images toujours belles et toujours augustes. Cette Religion, venant recevoir l'homme à son entrée dans la vie ; sanctifiant son travail et son repos ; l'unissant à une femme par un lien indissoluble ; bénissant son champ, sa maison, les prémices de ses fruits ; le rappelant à la vertu, lorsqu'il s'en écarte ; approchant de son lit, lorsqu'il est malade ; enfin recueillant sa dépouille mor-

telle, le recommandant encore à ses parens,
à ses amis , à ce qu'il a de plus cher , et
détruisant ainsi le mur de séparation que la
mort semble élever entre lui et les objets de
ses affections : sans doute , rien n'égalerait le
charme dont ces peintures , tantôt riantes ,
tantôt mélancoliques , sont susceptibles. Une
croix dans un cimetière , une chapelle au fond
d'un bois , un hermitage sur le sommet d'un
rocher ; l'asile d'une hospitalité chrétienne au
milieu d'un désert , ou parmi les glaces du
St-Bernard ; des chaumières groupées autour
d'un clocher de hameau ; une sainte Vierge
tenant un enfant dans ses bras , sculptée à
l'angle de deux chemins , et qu'invoque l'homme
égaré dans sa route , sont des images pittoresques , qui vivifient un paysage : car c'est
un tableau fait pour plaire éternellement ,
que celui de la Religion animant toute la nature , se plaçant parmi les sites les plus sauvages , réunissant les hommes par un lien plus
puissant que celui des institutions sociales , les
accompagnant dans leurs voyages , s'offrant
à eux dans des déserts , et veillant encore
sur leur poussière..... Or , je demande encore si les scènes qu'offre la Religion chrétienne sont incompatibles avec le génie des
arts : je crois inutile de prouver combien les

poëtes et les artistes ont tort , lorsqu'ils re-
tournent toujours , par une vieille habitude ,
aux tableaux surannés de la mythologie.

Si je disais que la Religion catholique a
inspiré les plus beaux chefs - d'œuvre dont
aient à s'enorgueillir les siècles modernes ,
je dirais une chose que personne n'ignore ;
mais si j'ajoute qu'elle a aussi contribué à la
perfection des ouvrages dont elle n'était pas
l'objet , je dis une chose nouvelle , qui est
cependant vraie. Je prie le lecteur d'examiner mon assertion , et il sera étonné de ne pas
s'être encore apperçu de ce singulier phénomène. Je ne citerai qu'un exemple , l'admirable allégorie de Télémaque : ce beau livre
est fondé tout entier sur une base mythologique ; mais combien de choses , et ce sont
les plus belles , qui n'ont pu être inspirées
que par le génie du Christianisme ! Homère
ni Virgile n'auraient sans doute jamais trouvé
ces excellens principes de justice , de morale
et de vertu , cette expansion de sentimens ,
cette appréciation de nos passions , ces idées
épurées de l'honnéte et du bon , qui appar-
tiennent essentiellement au domaine de la Religion catholique. Relisez , dans cet ouvrage ,
la sublime peinture de l'élysée , et vous ver-

rez quelle distance immense les idées religieuses de l'auteur ont mise entre lui et ses
modèles.

Ainsi, cette même Religion qui a détruit
les autels sanguinaires de la superstition, en
même temps que l'irréligion des anciens philosophes ; qui a défriché nos forêts ; qui a aboli
l'odieuse institution de l'esclavage domesti-
que ; qui a humanisé la guerre ; qui a civi-
lisé l'Europe ; qui, par le double précepte
de l'humanité et de la charité, a réparé les
inégalités de la fortune et les inconvéniens
de la vie sociale ; qui a montré aux hommes
le niveau de la justice distributive ; qui a
fixé les idées de morale et de justice ; qui
a rendu moins fréquentes les révolutions des
gouvernemens modernes ; qui a si souvent
forcé le double monstre du despotisme et
des séditions populaires à blanchir d'écume
un frein sacré ; qui a fondé le bonheur de
tous, en cette vie, sur l'espérance d'un
bonheur éternel ; cette même Religion,
dis-je, à qui nous devons tant et de si
grands bienfaits, est encore le principe fécondateur de tous nos succès dans la littérature et les arts.

Poëtes, philosophes, moralistes, écrivains

en tout genre, qui voudriez repousser de votre cœur les principes qu'elle vous a fait sucer avec le lait, vos efforts seront inutiles ; elle préside à toutes vos pensées ; elle vous modifie à votre insu, elle vous fait ce que vous êtes ; et si quelques beautés étincellent dans vos ouvrages, c'est à elle que vous les devez.

ÉTUDE DES MODÈLES.

Permets, Lecteur, qu'étonné de la carrière que j'ai parcourue , je m'arrête un moment pour la contempler toute entière. J'ai promené tes regards dans le domaine du Sentiment, je t'en ai fait remarquer les principaux sites , je t'ai mis dans la confidence de mes pensées , je t'ai fait l'histoire de mes sensations..... heureux si mon cœur s'est quelquefois rencontré avec le tien !

O mes jeunes amis ! vous qui avez encouragé mes premiers essais , vous qui avez les premiers souri à mon tableau sentimental , vous avez quelquefois applaudi à cette brûlante émanation de mon cœur ; votre goût a été quelquefois l'esclave de l'obligeant préjugé de l'amitié , et vous m'avez fait croire que je pouvais ambitionner les suffrages du public...... Mes bons amis , cette imprudence vous sera plus fatale qu'à moi ; car la blessure faite à l'amour-propre guérit plus vite que celle faite à l'amitié.

O mes bons amis, quel que soit le sort de mon livre, j'aimerai toujours à me livrer avec vous, dans le silence, à de douces méditations, à d'aimables entretiens. Vous savez quels instans précieux l'étude ravit à l'ennui, souvent même à la douleur ! Et vous tous, jeunes gens, cœurs neufs, ames pures, qui cherchez quelquefois les aimables solitudes du sacré vallon, abandonnez-vous à cet attrait qui vous porte à cultiver les lettres : les plaisirs qu'elles vous offrent ne sont pas ceux de la tourbe insensée qui ne vit que pour l'or et sous le masque. Ah ! si vous les avez savourés, vous sentez assez combien vous perdriez à les échanger contre les perfides faveurs de la fortune, ou contre les distractions empoisonnées d'un monde corrupteur.

Mes bons amis, vos goûts sont encore simples comme la nature, vous n'avez que des affections pures et sentimentales, vos cœurs ne palpitent que de tendresse et de mouvemens généreux.... Eh ! comment ne seriez-vous pas essentiellement bons et vertueux ? à peine sur l'avant-scène du monde, vous n'avez encore point vu d'hommes méchans, d'amis trompeurs, de femmes dégradées.... Tels sont les avantages de l'homme de lettres ; il trouve, dans le commerce des Muses, les jouissances

les plus vraies et les plus innocentes ; il ne
vit qu'avec des sages et des poëtes ; il se replie
sur lui-même ; il admire la nature , il est heureux. Mes bons amis , n'avez-vous pas entendu
retentir à travers les siècles le bel éloge de
l'étude , fait par l'éloquent orateur de Rome ?
« Les autres plaisirs , ne sont ni de tous les
» temps, ni de tous les âges, ni de tous les
» lieux ; celui de l'étude a seul cet avantage : l'é-
» tude en effet nourrit notre jeunesse, et récrée
» nos vieux ans ; elle nous apprend à mieux
» jouir de la prospérité , et elle nous offre
» un refuge et des consolations dans l'infor-
» tune ; elle occupe les loisirs de nos maisons,
» et ne nuit point à nos affaires du dehors ;
» compagne de nos veilles , de nos voyages ,
» de nos travaux champêtres , elle est par-
» tout le charme de notre vie. » (*) Ainsi
pensait l'un des plus beaux génies qui aient illustré la langue latine. Je me crois donc autorisé
à dire que l'étude est un sentiment , ou du

(*) *Nam ceteræ neque temporum sunt , neque ætatum
omnium , neque locorum : studia adolescentiam alunt , senec-
tutem oblectant , secundas res ornant , adversis perfugium
præbent , delectant domi , non impediunt foris , pernoctant
nobiscum , peregrinantur , rusticantur.* (CIC. Orat. pro
Archiâ.)

moins qu'elle est nécessaire pour développer en nous toute la plénitude du sentiment.

———

Nous commencerons par jeter un coup d'œil rapide sur ce qui nous reste de l'antiquité, et nous verrons qu'elle nous a laissé de grands modèles à imiter. Les adieux d'Andromaque et d'Hector ; les gémissemens d'Hécube ; les discours touchans de Priam et de Patrocle ; la douleur d'Achille ; l'amitié de Pylade et d'Oreste ; le sacrifice de Polixène ; cette bonne Antigone, si aimante, si pieuse, si courageuse, qui brave l'infortune pour suivre son père, qui brave ensuite la menace d'un tyran, et enfin la mort, pour rendre les derniers devoirs à son frère ; l'affection conjugale d'Alceste ; la peinture d'Orphée et d'Eurydice ; les amours malheureuses de Didon ; la simplicité du bon roi Evandre ; l'aventure de Nisus et d'Euryale, et tant d'autres peintures sentimentales, que l'on trouve à chaque page chez les anciens, mériteront éternellement notre admiration.

Homère et Virgile, doués l'un et l'autre de tant de sensibilité, la prodiguent jusque dans leurs tableaux de batailles. Les richesses, les possessions, les espérances ; le souvenir d'une

patrie que l'on voudrait revoir encore ; le désespoir d'une mère , d'une épouse , d'un père :
toutes ces images , flottant au-dessus d'un
guerrier que la mort a frappé , tiennent le
cœur dans une étreinte à la fois pénible
et agréable. Si vous joignez à cela le courage , les vertus , et sur-tout la jeunesse du
héros , vous aurez une idée du genre d'intérêt
qu'ils savent mettre dans ces cruelles peintures. Les devoirs de l'hospitalité , l'amitié
qui lia deux familles , sont d'agréables di-
versions , au milieu de l'horreur des combats ;
et ce qu'il y a d'admirable dans ces récits ,
c'est que l'intérêt continue encore lors même
que la mort semble devoir le détruire. La
religion des sépultures offre une foule de scènes qui nous charment , malgré l'éloignement
où nous sommes de ces mœurs antiques. Ainsi
Euripide nous peint les Grecs accourant autour
de cette même héroïne qu'ils viennent d'immoler sur le tombeau d'Achille , et lui rendant
tous les honneurs dûs à sa naissance et à son
courage : les uns couvrent son corps de fleurs et
de feuillages les autres apportent des branches
de sapin , et en forment le bûcher. Mais s'il
en reste quelqu'un d'oisif , il est aussitôt ré-
primandé par ceux qui s'occupent des funérailles : « Quoi ! lâche , tu oses paraître

» les mains vides ? tu n'apportes ni voile, ni
» ornement, pour parer la dépouille mor-
» telle de cette illustre vierge ? tu ne fais
» aucune offrande à son ombre sublime. »

Ce que les anciens ont sur-tout d'inimitable, c'est leur manière de peindre les mœurs et les caractères ; leur bonhomie et leur franchise les servaient beaucoup mieux que tout notre esprit. Ils ne peignaient point de caractère irré-préhensible, parce qu'il n'y en a pas dans la nature : ils se contentaient de passer un peu *plus légérement sur les défauts, comme par une révérentiale honte de la pauvre nature humaine, laquelle ne peult produire un homme si parfaict, ne si bien composé à la vertu, qu'il n'y ait tousjours quelque chose à redire.* C'est Plutarque lui-même qui nous a instruits, en ces mots, du seul artifice que les anciens se soient permis dans leurs chefs-d'œuvre. Voyez, dans l'Iliade, comme le caractère le plus fougueux et le plus emporté est tempéré par une teinte de sensibilité. Achille préférant une vie courte et glorieuse à une vie longue et obscure, portant ses mœurs franches dans les camps, trop sensible peut-être à une injure, désirant rècevoir son épouse des mains de son vieux père, ne lais-sant aller Patrocle au combat que lorsqu'il est vaincu par ses larmes, désespéré ensuite de la mort de son ami, ne respirant que pour le venger, se laissant cependant attendrir par les larmes et les cheveux blancs du malheureux Priam, avec qui il confond ses gémissemens et ses regrets : tels sont les traits qui intéressent dans ce caractère étonnant, où l'on trouve toute la barbarie d'un sauvage unie à toutes les passions généreuses d'un héros. La sensibilité a été tout le secret d'Homère ; sans la sensibilité Achille nous serait odieux.

Si les anciens ne peignaient jamais de héros parfaits, ils ne peignaient pas non plus d'hommes entièrement vicieux. Ainsi Pâris cultivait les arts ; l'opprobre de sa conduite lui pesait, et il marcha plus d'une fois au combat : Hélène, retirée au fond de son palais, se livrait aux occupations de son sexe, et pleurait sa faute qui avait allumé le flambeau de la discorde. Lorsque les anciens offrent à nos regards des hommes odieux, sans mélange de bonnes qualités, c'est pour les montrer devenus le jouet d'une divinité terrible. Le mépris des dieux immortels est toujours suivi d'un châtiment : le parjure de Laomédon est puni jusque sur sa race, et la foudre elle-même fait justice de l'impie Capanée. Qui ne connaît ce prince Tyrrhénien, que nous voyons si cruel et si san-

guinaire dans le huitième livre de l'Enéide ?
Poursuivi par une destinée vengeresse, chassé
de son trône par ses propres sujets, il erre dans
l'Italie, portant par-tout son caractère impie et
féroce ; il voit expirer sous ses yeux son fils,
le seul appui qui lui restât, son fils dont l'héroïsme et la piété filiale méritaient un meilleur
sort. La perte de son cher Lausus rappelle
dans son cœur tous les sentimens de la
nature ; il se reconnaît coupable envers les
dieux et les hommes ; il déteste ses fureurs,
qui lui ont attiré la haine de ses sujets,
qui ont privé son fils de l'héritage paternel, qui causent enfin sa mort prématurée
sur une terre étrangère. Alors il ne désire
plus que le trépas ; quoique blessé, il cherche
le meurtrier de son fils pour l'immoler ou périr.
Voyez ensuite quel intérêt Virgile a su répandre
sur les derniers momens de cet infortuné. Ce
n'est plus ce tyran farouche qui ne cherchait
que le sang et la vengeance ; ce n'est plus
ce blasphémateur impie qui n'avait d'autre
dieu que son épée : c'est le plus malheureux
des hommes, qui lève ses yeux mourans vers
le ciel, qui repousse l'insulte de son ennemi
par le sentiment, qui ne demande qu'un peu
de terre pour couvrir son cadavre ; c'est sur-
tout le plus déplorable des pères, qui n'a d'autre
désir,

désir , à sa dernière heure , que d'être enseveli
avec son fils dans un même tombeau. Ainsi
le caractère même de Mézence devient , entre
les mains de Virgile , un prodige de sentiment.

Les anciens ont plus que nous cette sensibilité profonde qui ne peut se feindre. Leur
bienveillance s'étend aux animaux ; ils les
introduisent sur la scène , ils ne craignent
point de leur faire jouer un rôle intéressant
dans leurs productions. On a cité mille fois
le fidelle chien d'Ulysse , qui vient expirer
aux pieds de son maître ; le taureau que
Virgile peint dans ses Géorgiques , s'attristant
de la mort de son compagnon , qui tombe au
milieu du sillon commencé. Quelques-unes de
ces peintures nous paraissent peut-être exa-
gérées ; nous nous accoutumerions difficilement
à voir des héros parlant à leurs chevaux le
langage touchant et passionné d'Hector et de
Mézence : cependant , qu'ils sont bien excusables de parler ainsi aux compagnons de tous
leurs travaux et de tous leurs dangers ! Ce qui
est sans doute encore plus loin de nos mœurs ,
c'est la situation vraiment sublime d'Alceste
à genoux devant son lit nuptial qu'elle arrose
de ses larmes , et lui adressant , avant de mourir , des discours si touchans et si pathétiques.
Tendre Euripide , en traçant cette belle pein-

N

ture de l'amour conjugal dans toute sa pureté
et toute sa simplicité , tu étais bien sûr de
l'approbation des bons cœurs ; et Aristophane
lui-même, qui s'attachait à tous tes pas, qui paro-
diait tous tes chefs-d'œuvre , n'a pas osé lancer
contre ta sublime Alceste les traits de la satire.

La sensibilité des anciens se manifeste encore
avec non moins d'éclat dans leurs peintures
champêtres. Les mœurs de l'idylle , l'innocence
de l'âge d'or , les simples aventures des bergers,
qu'ils ont su revêtir de tous les charmes de
la poésie , intéresseront toujours les ames sensibles. Muses d'Ascrée , de Sicile et de Mantoue , vous pourrez être difficilement égalées ,
mais sans doute vous ne serez jamais surpas-
sées. Non contens de peindre la nature , les
anciens lui ont prêté leur ame expansive et
sentimentale. Je ne répéterai pas ici ce que j'ai
dit plus haut du système mythologique , qui est
peut-être fondé tout entier sur le dogme de la
sensibilité universelle : je ne parle que des peintures , où toute la magie est dans l'expression.

Les modernes ont imité , mais on sent trop
souvent qu'ils ne sont que des imitateurs : les
anciens ont fait une si riche moisson , ils nous
ont laissé si peu à glaner , qu'il n'y a point de
genre où nous puissions être originaux. Ils ont
mieux connu que nous la grande manière de

taire naître le sentiment par une situation intéressante , par un mot , par un geste , par un cri
naïf , quelquefois même par le silence. Quant
à nous , il ne nous est resté que la stérile
ressource d'épuiser nos palettes , de charger
nos portraits , d'entasser les épithètes pour
rendre l'expression du sentiment , qui doit être
cependant toujours si courte , si précise. Le
pathétique de la passion demande souvent l'abondance ; mais le sentiment gagne rarement à
être délayé dans de longues phrases.

Je ne prétends pas que les modernes n'aient
jamais réussi dans le sentiment ; et dans la
suite de ce paragraphe , j'aurai occasion de
prouver au contraire que plusieurs de nos écrivains ont souvent égalé la manière antique ;
mais je crois pouvoir dire hardiment que le fond
du caractère des anciens était le sentiment , et
que l'esprit domine chez les modernes.

Mais ici une pensée me frappe , et je me
hâte de la communiquer au lecteur. En comparant les productions des anciens avec la
nature , on trouve que ces grands maîtres l'ont
peinte avec tant de vérité et de naïveté , que
lorsque les modernes veulent la peindre à leur
tour , ils ne semblent qu'imiter les anciens.
Lafontaine , Fénélon , Racine , Gessner , ne
seriez-vous donc que des imitateurs ?

N 2

Quoi qu'il en soit , étudions la nature et les anciens , ce qui est la même chose : étudions le bon Homère , ce génie créateur qui règne depuis trois mille ans au Parnasse : étudions cet aimable Sophocle, ce tendre Euripide, ce terrible Eschile , dont les chefs-d'œuvre font encore l'orgueil de la muse tragique : étudions Plutarque , qui connut si bien le cœur humain , et qui a peint l'homme sous des traits si ressemblans : étudions les écrits de ces deux philosophes sensibles qui nous ont tracé le tableau du vertueux Socrate , luttant seul contre la corruption de ses contemporains : étudions Hésiode , Théocrite et Moschus , qui savent si bien nous faire aimer la vie champêtre et les mœurs pastorales de l'âge d'or. Parmi les Romains, nous trouvons Térence , Horace, Tibulle , Properce , le père de l'éloquence latine, Cicéron ; et ce fameux disciple d'Epicure , qui a été aussi grand poëte que mauvais philosophe , et à qui le sentiment a quelquefois inspiré de si belles choses contraires à son système : nous trouvons encore cet énergique Tacite , qui n'a emprunté nulle part ce burin de feu dont il s'est servi pour écrire l'histoire ; et ce fougueux Lucain , dont l'imagination gigantesque a trop souvent égaré la sensibilité : mais sur-tout nous trouvons cet

admirable Virgile, qui est un modèle si ac-
compli dans le genre dont nous parlons.

—————————

Avant de passer aux siècles modernes,
je crois devoir dire ici deux mots des Livres
saints. Les traits sublimes, les images hardies
qu'ils renferment, sont cités par-tout : je ne
parlerai que des morceaux de sentiment. Qui
ne connaît l'histoire de Joseph, celle du jeune
Tobie, et les belles leçons de son vieux père ?
Qui ne connaît Rachel, Ruth, Rebecca ? Homère et Théocrite ont-ils rien qui égale la
peinture de la vie patriarchale que menaient
les premiers habitans de la terre ? Ces hommes
vénérables, riches de leurs nombreuses familles, de leurs troupeaux, des productions
de la terre, et sur-tout de la protection du
Ciel, tantôt stationnaires dans la Chaldée et
dans l'Arabie, tantôt marchant de déserts en
déserts, et dressant leurs tentes champêtres
par-tout où ils trouvent des pâturages et des
fruits ; Jacob chantant, pendant quatorze années, dans les plaines de la Mésopotamie,
la beauté de la fille de Laban ; Abraham habitant les bords du Jourdain, ce beau pays *qui
ressemblait au Jardin du Seigneur* ; Moïse gar-
dant les troupeaux de son beau-père dans la terre

de Madian, et composant, dans ce lieu d'exil, le poëme de Job, si mélancolique et si sublime.... Mais pourrais-je rappeler toutes les peintures sentimentales de la Bible ? Là . on retrouve toute l'innocence , toute la naïveté de la nature ; un récit court, simple, sans emphase ; point de longues phrases , point d'ornemens ambitieux. Quoi de plus touchant que le cantique d'Ezéchias, et l'élégie sur la captivité de Babylone ! Et lorsque les auteurs sacrés parlent de la bonté et de la miséricorde de Dieu , comme leur langage prend un caractère d'amour au-dessus de toutes les expressions humaines ! Ce Dieu qui *donne au lis son vêtement , et à l'oiseau sa pâture ,* abandonnera-t-il son serviteur ? n'est-ce pas lui qui a dit , *je ferai la volonté de ceux qui me craignent ?* Ce Dieu qui soutient les sphères célestes dans l'espace , ce même Dieu a promis d'*avancer la main* pour soutenir le juste , et empêcher qu'il ne soit froissé dans sa chute. Ce Dieu si terrible sur le Sinaï , vient au secours de la veuve , et descend jusqu'à *retourner le lit de douleur* où l'homme charitable repose ses infirmités. Oh ! c'est bien à de pareils traits que l'on reconnaît l'esprit de Dieu même ! la plus grande simplicité unie au plus haut sublime ! C'est bien encore à de pareils traits que l'on reconnaît la parole de cet Etre tout-puissant qui délie la langue de l'homme, et *qui seul peut appeler toutes les étoiles chacune par son nom.* Aussi, dans les Livres saints, on ne trouve ni anciens, ni modernes, ni siècles de Périclès, d'Auguste et de Louis XIV. Mille ans de plus ou de moins n'ajoutent rien à leur sublime langage, parce que l'esprit divin qui les a dictés est le même dans tous les temps.

Mais si nous quittons l'ancien Testament, pour jeter un coup d'œil sur l'Evangile, nous trouverons bien d'autres sujets d'admiration. Un système de morale complet, qui s'adapte à toutes nos idées sur le bon et le juste, qui s'applique à toutes nos actions, qui prévoit toutes nos pensées, qui convient à toutes les hypothèses de la vie ; une philosophie tolérante, qui pardonne facilement, qui n'exige que l'amour : tel est l'Evangile. Tantôt ce divin Législateur confond l'orgueil par la parabole du mauvais riche ; tantôt il console le fils ingrat qui reconnaît ses erreurs, par celle de l'enfant prodigue ; tantôt il s'entoure de petits enfans, pour nous exhorter à devenir semblables à eux : point de ces paroles meurtrières, qui font de l'univers entier un théâtre de carnage et d'horreur ; point de ces préceptes sauvages , dont Epictète et Zénon hérissaient la vertu. Comme cette parole retentit au fond du cœur : *Heureux les miséricordieux , parce qu'ils seront traités avec miséricorde !* .... Hommes injustes , qui n'avez point de balance pour distinguer l'erreur du crime , écoutez Jesus-Christ : *Que celui d'entre vous qui est sans péché , lui jette la première pierre......* Malheur à l'homme impitoyable qui ne pardonna jamais , parce qu'au grand jour , le Juge céleste lui sera inflexible ! ..... Puissans de la terre , ne croyez pas obtenir le Ciel avec vos dons fastueux : le denier de la veuve sera préféré à votre or : le verre d'eau partagé , le pain noir rompu avec l'indigent ; voilà les actes méritoires. Philosophes orgueilleux , Savans , qui vous vantez de quelques petites connaissances , ne soyez pas si vains : *Heureux les simples , parce que le royaume des cieux leur appartient !* Eh ! qui pourrait ne pas aimer son prochain , après les préceptes si formels et si touchans de Jesus-Christ ?.... O morale divine , où l'amour , qui est une chose si douce pour le cœur , est un moyen d'expiation ! *Il lui sera beaucoup pardonné , parce qu'elle a beaucoup aimé.....* Aussi cette bonne sainte Thérèse disait avec sensibilité , en parlant de Satan :

Le malheureux ! il fut méchant, parce qu'il n'aima jamais..... Sainte Thérèse, je te remercie ; j'aimerai pour être bon.

J. C. passe sa vie à enseigner cette doctrine ; il la prêche dans les temples, sur les places publiques, par-tout où il y a des hommes, sans distinction de peuples ; il est venu pour tout le genre humain. Il console les affligés, il guérit les malades, il ressuscite les morts, il convertit les pécheurs. Il parle toujours au cœur ; toutes ses actions ont pour but le bien des hommes : il se proportionne à nos affections ; il les sanctifie par son exemple : il aime sa mère, il se plaît avec les enfans, il pleure la mort de Lazare, il choisit un disciple chéri avec qui il se livre aux épanchemens d'une amitié céleste. Mais, arrivé au temps marqué par les Prophètes, au temps où le grand pacte de la réconciliation devait s'achever entre un Dieu justement irrité et le genre humain coupable, notre divin Sauveur veut rompre encore une fois le pain de la cène avec ses Apôtres ; il leur prédit sa mort prochaine et les circonstances qui doivent l'accompagner ; il se repose sur le sein de son bien-aimé ; il essaie d'éveiller le remords dans l'ame de Judas..... Jardin des Oliviers, torrent de Cédron, cour du Prétoire, montagne

de Golgotha, vous ne le voyez pas comme naguère à Bethléem, où il fut salué par les concerts des Anges ; comme sur les bords du Jourdain, où l'Esprit de Dieu descendit sur lui pour le proclamer Fils de l'Éternel, ni comme sur la montagne du Thabor, où il se montra à ses Disciples éblouis, dans toute sa gloire céleste..... Ce peuple qui avait été témoin de ses miracles, ce peuple qu'il avait nourri dans le désert, ce peuple qui, peu de jours auparavant, faisait retentir l'air de ses bruyantes acclamations, qui marchait devant lui en criant : Gloire au Fils de David ! ce même peuple demande sa mort..... sa mort ! Le Chérubin se couvre de ses ailes ;.... environné d'une redoutable obscurité, le Saint des Saints s'ouvre, et il en sort le Jugement de Dieu..... Tombe la face contre terre, faible mortel, et adore ! . . . .
. . . .

Les premiers écrivains, chez toutes les nations, ont été des poëtes : bardes, scaldes, trouvères, troubadours, se confondent sous la même dénomination. Depuis long-temps nous connaissions les trouvères et les troubadours ; mais les productions des anciens bardes n'ont été découvertes qu'en dernier lieu. Des montagnards Ecossais les répétaient depuis quinze cents ans , et ces poésies se sont conservées, pendant ce long espace de temps , sans autre secours que la tradition. Ossian , le plus fameux des bardes , a laissé des chants pleins d'images grandes , belles , et de sentimens fortement exprimés : la nature y prend une attitude colossale. Ce ne sont plus les images riantes des peuples de la Grèce ; leur poésie a quelquefois l'âpreté de leur climat. Ils comparent le sein de leur amie à un flocon de neige , ses cheveux aux ailes du corbeau ; leur bouclier semble la lune qui se lève sur l'horizon ; leur épée qui brille dans les combats , est un météore de mort : la nuit , des fantômes leur apparaissent ; ce sont les ombres de leurs amis , morts au champ de bataille : les héros montent dans les nuages , et se promènent avec les vents , pendant que l'ame des lâches forme la vapeur des marécages : du haut de leurs demeures aériennes, leurs parens ont les yeux sur eux , et ils se réjouissent de leurs belles actions. Si le dogue fidelle hurle en l'absence de son maître , c'est un présage de sa mort : si le vent souffle sur la lyre des bardes , et en fait frémir les cordes sonores , c'est un héros qui implore le chant funèbre. Telle était à-peu-près toute la mythologie des Calédoniens : et , autant qu'on en peut juger par ce faible apperçu , elle était très-sentimentale. Tout s'anime dans la nature ; tout devient monument : cette pierre grisâtre indique le tombeau d'un père ou d'un frère ; sous ce chêne , repose une héroïne qui voulut suivre son amant au combat, et qui reçut pour lui une blessure mortelle : cette roche surmontée d'un noir sapin , est chère à un fils , parce que son père , aux jours de sa vieillesse , y venait quelquefois se réchauffer à la chaleur du soleil, qu'il ne pouvait plus voir. Ce caractère est imprimé dans toutes leurs poésies : tantôt on y retrouve toute la bravoure des guerriers , tout le patriotisme des peuples les plus fameux de l'antiquité ; tantôt toute l'innocence de l'idylle , et toujours ce ton de mélancolie , qui plaît tant aux ames sensibles , et qui s'allie si bien à tous les grands effets d'une nature majestueusement sévère.

Dès le douzième siècle , époque où la langue latine commença à tomber en désuétude , nos poëtes provençaux écrivaient déjà en langue *romance* ; et dans toutes les cours , on s'em-

pressait d'accueillir ces maîtres de courtoisie
et de fine galanterie. C'est l'aurore du beau
jour qui va briller une seconde fois en Italie.
Le Dante et Pétrarque s'emparent de la langue
vulgaire, l'un pour la jeter au moule, et l'autre
pour la polir. Dans le reste de l'Europe, les
lettres sont encore dans leur enfance, lorsqu'elles atteignent, en Italie, le beau siècle
de Léon X.

La plupart des auteurs italiens ne peuvent
être sentis que par leurs compatriotes, et sous
le climat même qui les a inspirés. Tel est ce
Métastase si aimable, si joli, si délicat, si
gracieux, dont les poëmes ont tant d'admira-
teurs et tant d'enthousiastes : c'est un parfum
trop fugitif pour pouvoir traverser les monts ;
c'est un coloris trop superficiel pour résister à
une épreuve un peu forte. En général, je
trouve qu'il y a trop de fard, trop d'apprêt
dans cette langue italienne ; elle est un peu
dissimulée comme ceux qui la parlent ; elle
prête beaucoup à la tendresse, mais elle prête
aussi à l'hypocrisie de l'amour ; le sentiment
ne doit pas être si poli. C'est une femme co-
quette qui est très-belle, mais qui, ne se
croyant pas assez sûre de son triomphe, emprunte, pour séduire, les secours de la toi-
lette.

Je ne parlerai donc que du Tasse, dont les beautés ne sont pas si locales, et qui peut être admiré par tous ceux qui savent admirer Homère et Virgile. Que d'autres vantent les fables gigantesques et bizarres, l'imagination folle, les inventions extravagantes de l'Arioste ; combien je préfère le chantre de Godefroi ! comme ses caractères sont bien peints ! comme ses héros sont aimables ! comme ils se rapprochent de nous par des faiblesses bien excusables ! Ils ne pourfendent pas des géans ; ils ne partagent pas des montagnes en deux ; ils ne montent pas sur des hippogriffes pour voyager dans la lune. Dans ce poëme immortel, tout est sage et régulier, à quelques histoires de sorciers près ; mais on doit encore être étonné que le Tasse ait si peu payé le tribut à son siècle. Le premier parmi les modernes, il a su mettre à profit les modèles de l'antiquité, sans les gâter ; le premier il a su verser dans ses ouvrages l'intérêt le plus soutenu, l'enchantement le plus complet ; et sous ce rapport, il a égalé ses maîtres. Relisez les épisodes d'Olinde et de Sophronie, de la mort de Clorinde, d'Herminie parmi les bergers ; rappelez-vous les traits de sentiment que ce poëte a su mêler, à l'exemple des anciens, non seulement dans les descriptions cham-

pêtres , mais encore dans les récits de combats , et vous serez convaincus du trop de sévérité du jugement de Boileau.

Chez nous se présentent Amyot et Montaigne , qui ne vieilliront jamais : le temps
ajoute à leur majesté, sans *suranner* leurs traits.
Toujours ces graces vierges, ces expressions
pittoresques , ces tournures sans recherche ,
cette naïveté de langage que nous n'osons
ressusciter. Personne, après Amyot, n'a pu traduire Plutarque. Cette allure pesante , cette
attitude génée du docte Dacier me fatiguent:
je ne reconnais plus le philosophe de Che-
ronée. Laissez faire Amyot ; et , sans y chercher tant de façon , il rendra Plutarque trait
pour trait..... Il en est de même de Montaigne:
aucun écrivain n'a pu parvenir à imiter cette
allure franche et gaie , ni cette bonhomie qui
cache quelquefois tant de profondeur. Savez-
vous pourquoi Montaigne a si bien peint le
cœur humain ? c'est qu'il s'était accoutumé à
lire dans son propre cœur : il s'est reflété
tout entier dans son livre. Quel est l'homme de
lettres qui n'aime pas à embellir ses ouvrages
de quelques traits de Montaigne. Ce génie original a écrit sur tout : ses Essais sont un champ
fertile , où l'on trouve des plantes de tous les

climats. Je me suis moi-même quelquefois surpris dans le jardin de Montaigne , cueillant
quelques fleurs que j'ai essayé de joindre à
ma guirlande sentimentale. Lecteur , tu as reconnu ces fleurs , et tu as souri de la mal-
adresse de mon larcin.

Ronsard , si célèbre de son temps , est maintenant oublié ; on lit toujours Rabelais , parce
qu'on aime toujours à chercher , dans ce fron-
deur original , ce qui a pu faire les délices
de Lafontaine et de Sterne ; Marot n'est plus
cité que pour quelques traits d'abandon et
de naïveté ; Malherbe a la gloire d'avoir le
premier donné à la langue française de l'harmonie et du nombre ; Segrais et Racan sont
encore des modèles dans l'idylle et l'églogue :
tels sont à-peu-près les écrivains remarquables
qui ont paru entre le siècle de François I.ᵉʳ et
celui de Louis XIV ; mais si leurs noms sont
marqués dans les fastes de la littérature , ils ne
le sont pas assez dans les annales du sentiment , pour que je m'y arrête.

Pourrai-je oublier le législateur de la poésie
française , l'austère Boileau ?.... Je vis un
jour une belle statue de marbre , mais cette
statue était froide et sans vie , aucune ondu-
lation ne faisait frémir ces belles formes ; je

passai ,

passai, en disant du fond du cœur : *C'est bien
dommage !* Boileau n'était pas organisé pour
sentir les beautés du Tasse , pour se laisser
entraîner par les chants mélodieux du Métastase français , de ce Quinault qui a tant de
grace , tant d'expansion de sentiment , et qui
a atteint la perfection dans un genre qu'il a
créé : mais qui mieux que Boileau a su admirer dans les anciens , ce qu'il y a de beau
et de sublime ! son goût a rarement été égaré ;
et le premier il a dit de Racine, ce que la
postérité a si bien confirmé.

Le peintre immortel de Rodogune , de
Cinna , et des Horaces , ce génie qui avait
placé l'homme à une si grande hauteur , Corneille se reposait sur sa gloire , et savou-
rait dans le silence l'espoir de l'immortalité,
lorsque son jeune rival entra dans la carrière.

L'ame d'Euripide et de Virgile semblent
avoir passé dans celle de Racine. Qu'il est
doux , qu'il est tendre dans Bérénice ! qu'il
est rapide et bouillant dans Iphigénie ! qu'il
est déchirant dans Andromaque ! qu'il est sublime dans Britannicus ! qu'il est terrible dans
Phèdre ! qu'il est harmonieux dans Esther !
qu'il est divin dans Athalie ! Quelle pureté
de langage et quelle fécondité d'expressions !
comme il se fait pardonner sa désolante per-

O

fection , à force d'intéresser le cœur ! comme l'admiration serait grande si l'émotion n'était pas plus grande encore ! Il épuise tous les sentimens , il occupe toutes les facultés , il s'empare de tout notre être. Qu'il fasse contraster la candeur , la simplicité d'un amour innocent , avec les emportemens d'une passion incestueuse ; qu'il mette en opposition la terreur des remords avec la tranquillité d'une conscience exempte de reproches ; qu'il peigne toutes les angoisses de la nature immolée dans ses plus chères affections ; que l'amour , l'amitié , la tendresse maternelle , le dévouement , l'héroïsme , la grandeur d'ame , viennent tour à tour se retracer dans les tragédies de ce grand poëte : il est toujours sûr de son triomphe. Corneille étonne , Racine entraîne : Corneille est sublime , et on s'en apperçoit ; Racine l'est aussi , mais il faut y réfléchir pour s'en appercevoir : Corneille vous sort de vous-même pour vous placer à sa hauteur ; Racine entre au dedans de vous , et devient vous-même : Corneille et Racine ont peint un idéal ; mais celui de Corneille est inaccessible , celui de Racine paraît moins éloigné : la place de Corneille est dans l'ancienne Rome ; celle de Racine est par-tout : Corneille peut paraître exagéré ; Racine paraît toujours naturel :

pour sentir les beautés de Corneille , il faut avoir un peu de son caractère ; pour sentir celles de Racine , il ne faut qu'avoir un cœur.

Ici se présente le bon , le naïf , l'inimitable Lafontaine. Est-il besoin d'indiquer ce qu'il y a de bon , de meilleur dans ses ouvrages ? qui n'en sait par cœur un grand nombre de beaux morceaux ? qui peut se flatter de les retenir tous ? Je compare son recueil à un magnifique jardin émaillé de fleurs , où l'on n'a que l'embarras du choix. Quelles choses exquises il a dites sur l'amour , sur l'amitié , sur le bonheur champêtre , enfin sur tous les sujets ! Et cette adorable bonhomie qui faisait le fond de son caractère , comme on la retrouve dans tous ses écrits ! Une remarque que j'ai faite , c'est qu'il en est de lui comme du meilleur des rois , Henri IV ; la postérité a conservé un grand nombre de ses réparties , de certaines petites actions privées , qu'on ne se lasse jamais de citer. Oserai-je parler des Contes de notre illustre fablier ? Oui , j'en parlerai ; mais ce sera deux mots à l'oreille , pour que la décence ne s'en fâche pas : en vérité , je crois qu'il n'y entendait pas malice ; il y avait trop de candeur dans son ame , trop de simplicité dans son caractère ; ses Contes furent plus l'ouvrage d'une excessive

bonhomie , que de la licence et du libertinage.
Voyez aussi avec quelle franchise il se repen-
tit du tort qu'il avait fait aux mœurs , j'ose
dire , sans s'en douter..... Oh ! devant le
grand Juge , comme le repentir d'un Lafontaine doit expier de fautes ! Quoi qu'il en soit,
je sors Lafontaine du nombre des écrivains
modernes ; il mérite d'occuper un rang distingué parmi les poëtes anciens ; il a cette
grace légère , cette naïveté de l'âge d'or , ce
coloris séduisant , cette manière expansive ,
cet abandon dans le style , cette originalité
primitive , qui caractérisent les bons écrivains
anciens.

Après Lafontaine , je dois parler de Fénélon , qui a conservé la manière antique , mais
qui n'est original que parmi les modernes.
Sitôt qu'on le compare aux anciens , on reconnaît l'imitation..... Hé ! qu'importe qu'il ait
pris la manière d'Hérodote et le style d'Homère ? nous devons souhaiter d'avoir toujours
de semblables imitateurs. Ce que Fénélon n'a
pas emprunté des anciens , ce qui fait de
Télémaque le plus beau livre d'instruction
qui soit sorti de la main des hommes , ce
sont ces belles leçons de vertu , cette morale
expansive , cette ame céleste qu'il a versée
toute entière dans son poëme. Peuples de l'Eu-

rope, ce livre sublime a paru trop tard pour vous régénérer ; mais il viendra peut-être un siècle plus heureux, où la voix du vieillard de Cambrai ne sera pas la voix qui crie dans le désert..... Fénélon présidera peut-être à toutes les législations futures, comme Homère présida à la législation de toutes les républiques grecques.

Je n'oublierai pas madame de Sévigné, qui n'a eu aucun modèle, et qui en a servi. Ses lettres contiennent les épanchemens de l'amitié et de la tendresse maternelle : elles n'étaient point destinées à voir le jour. Cependant quelle richesse d'expressions ! quel style ! quelquefois piquant, quelquefois pittoresque, mais plus souvent sentimental ! C'est une belle broderie, où l'on retrouve la finesse de Fontenelle, l'esprit de Marivaux, l'abandon de Montaigne, et pardessus tout, le cœur d'une mère. Ce n'est point ici un jeu d'imagination, ce n'est point un roman ; ce sont des peintures vraies et naïves : et je crois que, dans ces lettres écrites sans prétention, comme dans les Essais de Montaigne, le moraliste peut mieux étudier le cœur humain et le jeu des passions, que dans les fastueuses spéculations des philosophes. Oh ! messieurs les gens de lettres, il ne faut plus songer à cette vaine renommée, qui s'acquiert si difficilement ; madame de

Sévigné a été à l'immortalité, sans s'en douter.

On ne devinerait pas le point de contact que j'ai trouvé entre Gessner et Young. Ces deux poëtes, si différens dans la manière et dans les sujets, souvent produisent sur moi le même effet. Tous les deux font rêver, font naître cette mélancolie douce et calme, qui est si précieuse aux ames sensibles. Tous les deux nous ramènent à la nature et à la Divinité par le sentiment. Gessner a étendu le champ de l'idylle : il fait aimer l'innocence, il donne des leçons de vertu ; et ces leçons, nous les recevons d'autant plus volontiers, que ce sont de simples bergers qui nous les donnent. Young, profond et sublime, en nous montrant les misères de l'humanité, nous fait soupirer après l'immortalité. Gessner nous apprend à pratiquer la vertu ; Young, plus pressant, nous dit que nous ne devons compter que sur elle ; il fait plus, il nous en montre la récompense. Quand vous allez à la campagne, portez Young et Gessner : ces deux livres vous tiendront lieu de bibliothèque, si vous avez un cœur qui sente.

Klopstok et Milton font naître le sentiment, quand ils cessent de nous étonner par la sublimité de leur vol. Le chantre allemand nous repose sur la montagne de Sion ; il met dans

la bouche de Jesus-Christ des discours si
pleins d'amour , de cet amour inépuisable qu'il
porte jusque sur la Croix! Le caractère du Disciple bien-aimé , les épisodes de quelques
Anges et Chérubins , qui viennent , au moment de cette catastrophe terrible , former
une chaîne de communication entre le Ciel et
la terre ; tous ces tableaux sont peints avec
une sensibilité profonde et vraie. Milton , plus
audacieux , met aux prises le Ciel avec l'Enfer ; mais ce n'est que dans son poëme immortel que nous pouvons retrouver , sans faste
et sans grimace , Eden , l'innocence de nos
premiers parens , et toutes ces peintures en-
chanteresses de bonheur et d'amour.

En général , les poëtes anglais et allemands,
lorsqu'ils ont voulu peindre la nature , y ont
parfaitement réussi : souvent ils ont fait des
pastorales exquises. Qui n'aime à s'abandonner
doucement à la rêverie où nous entraînent
Gellert , Vielland , Kleist , Gessner ? qui ne
se repose pas délicieusement de la continuité
des descriptions champêtres , dans les épisodes
dont Thompson a su enrichir son beau poëme
des Saisons ? Leurs romans valent mieux que
les nôtres : ils sont originaux dans ce genre
de littérature. C'est encore à eux que nous
devons ces peintures de scènes mélancoliques,

si attachantes et si belles. Notre immortel Delille a le premier transplanté chez nous cette belle fleur étrangère ; mais depuis , elle a été mise dans tous les parterres , elle se trouve dans tous les bouquets.

J'ai prononcé le nom de Delille , il me rappelle celui de St-Lambert. Ces deux successeurs d'Hésiode et de Virgile se partagent l'honneur de notre Parnasse. Qui mieux que Delille a su retrouver le moule où les poëtes de Louis XIV jetaient leurs beaux vers ? Qui plus que St - Lambert a le sentiment des beautés de la nature ? Delille a enrichi la langue , St-Lambert s'en est servi heureusement ; l'un est un génie créateur , l'autre est un génie original : Delille a plus d'esprit , St-Lambert a plus de sentiment : le premier a plus la manière moderne , le second a plus la manière antique : l'art paraît trop souvent dans Delille ; il y a plus d'abandon chez St-Lambert : la traduction des Géorgiques est un monument ; le poëme des Saisons est un excellent ouvrage. Si l'on compare les Jardins aux Saisons , l'avantage demeurera peut-être à St - Lambert ; mais qu'aura St - Lambert à mettre dans la balance pour l'emporter sur la désespérante traduction des Géorgiques ? On a dit que St-Lambert avait un style maniéré , que Delille manquait de sensibilité ; mais qu'ont de commun les assertions si souvent hasardées de la critique avec l'œuvre du génie ? La peinture de la fin de l'automne est-elle d'un écrivain maniéré ? et celui qui a traduit Virgile , qui a décrit avec tant d'ame les plus belles scènes mélancoliques qui existent dans notre langue , peut-il manquer de sensibilité ? Mais on ne peut parler de Delille sans réveiller des regrets . Le cygne de la Limagne fait entendre ses chants harmonieux sur une rive étrangère ! Ah ! maintenant que les discordes civiles sont éteintes , maintenant que l'homme de bien trouve où reposer sa tête , reviens parmi nous , digne émule de la Muse de Mantoue ; reviens couronné de l'auréole de la gloire..... Bientôt le démon de la guerre va cesser de rugir , et tu pourras chanter encore le bonheur de ta patrie , les arts consolateurs de la paix !

Je me hâte. Je groupe Florian, Léonard et Berquin : ces trois poëtes, qui ont tant d'analogie , peuvent être regardés comme un seul génie. Tous les trois ont voulu faire aimer les champs ; tous les trois ont peint avec charme la vie pastorale ; tous les trois nous intéressent à l'innocence et à la vertu : s'ils n'ont pas toujours la naïveté de Lafontaine et de Gessner, on reconnaît du moins dans leurs productions cette ame aimante et sensible, cette expansion, qui annoncent que le cœur est au bout de la plume.

Goëthe chez les Allemands, et Bernardin de St-Pierre parmi nous, les ont surpassés : à une touche plus originale ils joignent un sentiment plus profond..... Werther ! Paul et Virginie !... N'est-ce pas assez de nommer ces deux chefs-d'œuvre ?

Le lecteur impatient attend sans doute que je lui parle de Sterne, cet auteur original et piquant, qui a créé un nouveau genre tout à lui. Il a peint le sentiment en situations singulières, en groupes pittoresques, en observations fines sur les mœurs ; il fait sourire, mais c'est le sourire de l'ame ; il fait pleurer, mais ces larmes sont douces comme des gouttes de rosée ; il y a souvent de l'extravagance dans ses transitions, mais ce n'est pas l'extravagance de l'Arioste, ni du fameux curé de Meudon...... Oh ! si je savais trouver quelque part cet oncle Tobie avec son digne serviteur le caporal Trim, je ferais cent lieues, deux cents lieues ; j'irais au bout du monde ;... je vivrais avec lui ; je lui parlerais de sa blessure, des vertus de madame Wadmann, du siége de Namur ;.... nous cheminerions en-

semble ;... nous nous arrêterions ensemble ;...
nous ne ferions du mal à aucune créature.....
Une longue maladie m'a forcé , pendant plusieurs années , à mener la vie la plus casa-
nière et la plus triste. Alors , imaginez comme
les jours m'auraient paru moins longs avec
l'oncle Tobie !.... Mais le temps de ma captivité a bien été adouci par les attentions d'un
père , d'une mère , d'une sœur : oh ! tout cela
valait bien l'oncle Tobie...... Je reviens à
Sterne. Vous qui avez lu son singulier roman ,
n'avez-vous pas senti cette gaieté du cœur qui
approche de la mélancolie , et qui amène des
larmes sur le bord de la paupière ? N'avez-vous
pas pleuré , et bien pleuré , dans certains en-
droits , comme à l'épisode de Lefevre et de la
pauvre Marie ? Ses lettres familières ne vous
ont-elles pas paru quelquefois sublimes par le
ton de sensibilité ?.... Et son voyage sentimental ? et sa correspondance avec Eliza ?

Eliza ! son image m'apparaît lorsque je lis
les lignes sentimentales de son bramine.....
Eliza , femme sublime , reçois mes hommages :
modèle de la vraie amitié , le Ciel te produisit
dans un moment de calme et de sérénité :
Dieu te montra aux faibles mortels comme
une preuve éclatante de son ineffable bonté ,
dont tu fus une image approchante sur la terre.

La nature te doua de cette inestimable sensibilité qui fait l'apanage le plus précieux et le moins équivoque de ton sexe ; mais, par un privilége rare, elle refusa de t'en donner les faiblesses. Reçois mes hommages, femme unique ; ils ne peuvent être suspects : c'est à ta poussière que je les adresse, c'est à ton ombre que je parle..... Eliza n'est plus !... Il n'est plus ce chef-d'œuvre de sensibilité !.... Raynal, qui était destiné à survivre à ce qu'il eut de plus cher au monde, Raynal a jeté des fleurs immortelles sur sa tombe..... Ames sensibles, venez autour de ce monument, élevé à l'envi par Sterne et Raynal..... Eliza n'est pas morte toute entière, elle existe encore dans les pages sentimentales de ses illustres amis.....

C'est ainsi que mon cœur m'éloigne de mon sujet : une touche délicate a fait tressaillir une de mes fibres, et toutes ont frémi harmoniquement d'une douleur voluptueuse.

Je passe entièrement cette foule de romans, de drames, que l'on donne pour des productions sentimentales, parce que l'amour y est bien langoureux, parce qu'on a imaginé des catastrophes bien noires, des aventures bien déchirantes..... Bon Dieu ! comme ce d'Arnaud nous met à la torture !.... Laissez tous ces

livres cruels, et prenez Richardson. Richardson!.... j'ai prononcé ton nom, et les ombres
de Clémentine et de Clarisse viennent tour-
menter mon imagination.... Cette pauvre Clémentine, comme elle nous montre à quel
point notre nature est fragile! comme au
contraire Clarisse nous élève! Femmes, pleu-
rez sur Clémentine, enorgueillissez-vous de
Clarisse!... Richardson, quel nom te donnerai-
je?.... quel langage! quelles scènes!.....
Hommes de boue, femmes dépravées, l'opprobre de votre sexe, ne touchez pas les
livres de Richardson;.... ils sont sacrés.....
Rien de terrestre dans cette Clarisse;.....
jamais elle n'est plus belle, plus pure, que
lorsque son opprobre a été consommé;....
un lieu infame, elle en fait le sanctuaire
de la vertu,.... et son ignominie devient
son triomphe.

Une tête parfaitement belle et régulière,
sans aucun défaut, est une tête qui rentre
dans le beau idéal : mais à cette tête céleste,
angélique, faites un petit signe, un léger pli
sur le satin de la peau, ou, comme dit Gessner, une légère coupure ; et cette tête, sans
cesser d'être belle, aura un caractère de vérité;
elle ressemblera plus à un visage humain ; on
l'admirera moins, mais on l'aimera davantage.

Voilà peut-être la différence qu'il y a entre
Richardson et J. J. Rousseau.

Ici, cher lecteur, je vous avouerai franche-
ment mon faible pour le Philosophe de Genève.
Je ne comparerai pas sa Julie avec la Clarisse
de Richardson ; j'ai cependant pleuré autant
sur l'une que sur l'autre ; mais dites-moi.....
non, ne me dites rien ; mon parti est pris,
et je préfère Rousseau à tout ce que vous
pourriez me dire. Ne me parlez pas de ses
erreurs, il les a expiées ; ne me parlez pas
de sa misanthropie, il ne fut misanthrope
qu'à force d'aimer les hommes. Aigri par le
malheur, persécuté par ceux qui se dirent ses
amis, quel homme, avec une sensibilité exquise comme la sienne, aurait pu résister
à tant d'épreuves ?.... O Rousseau ! tu n'as
pas besoin de défenseur devant le tribunal
des ames sensibles ; et je dois me taire devant
ces juges âpres et inflexibles, qui condamnent
une faiblesse comme un crime, qui ne comp-
tent pour rien les déchiremens d'un cœur an-
goissé par le remords. Rousseau fut homme, et
peut-être plus homme que beaucoup d'autres,
mais il fut bon par excellence ;.... et dans
ces jours d'opprobre, où la persécution ap-
pesantissait un bras de fer sur ma patrie, où
le sang innocent coulait par torrens, des

bouches impures invoquaient l'ombre de Rousseau, des mains vendues au crime le plaçaient au Panthéon, à côté de Marat ! il ne manquait plus que cet outrage au philosophe le plus humain et le plus sensible..... Justice éternelle, as-tu voulu venger ainsi ta gloire outragée ? Pour démontrer la vanité des paradoxes du trop éloquent auteur d'Emile, il se trouve un peuple qui les prend à la lettre ; et lorsqu'il est devenu le plus misérable des peuples, il rend à l'ombre de Rousseau des honneurs qui deviennent, pour cette ombre repentante et indignée, un châtiment et une injure.

FRAGMENT.

LE Sentiment est l'ame de tous les arts ; il échauffe le poëte , il prête à l'orateur des forces invincibles.

C'est le sentiment , dans l'éloquence , qui fournit ces élans pathétiques , ces véhémentes prosopopées , ces touchantes péroraisons , tous ces grands mouvemens qui arrachent des larmes. L'esprit peut être ébloui , convaincu ; le cœur veut être persuadé ; et le sentiment peut seul obtenir ce triomphe.

Les hommes sont plus sensibles que raisonnables ; les meilleurs raisonnemens viennent se briser contre un cœur qui n'est pas ému ; c'est le dernier rempart , il faut l'emporter d'assaut. Qui ne connaît tout le prix du sentiment dans l'éloquence ? c'est l'arme que l'on emploie avec le plus de succès contre l'athée et le matérialiste. C'est le sentiment qui fait mieux connaître le prix de la bienfaisance et de la vertu.

Le sentiment éveille le remords dans un cœur que le crime n'a pas achevé de corrompre ;

rompre ; c'est lui qui donne l'alarme à la
conscience , ce juge inflexible qui repose au-
dedans de nous : l'impie entend sa voix ;
et puissent à cette voix terrible se joindre les
mâles accens de l'éloquence !.... Orateurs,
le moment du triomphe est arrivé : après avoir
effrayé le coupable , en lui dévoilant la tur-
pitude du vice, et en le rappelant aux principes éternels de toute justice , parlez-lui du
pardon , et saisissez ce moment pour le récon-
cilier avec la vertu.

Dans les œuvres de Vauvenargues , on
trouve un fragment qui a pour titre : LES
ORATEURS. Cet homme qui , selon l'expression de Voltaire , *est trop peu connu , et qui
a trop peu vécu* , après avoir apprécié avec
beaucoup de justesse les poëtes du grand siècle
de Louis XIV, a osé mesurer d'un seul coup
d'œil , Pascal , Bossuet et Fénélon. Quelle
ame ! quelle chaleur dans ce parallèle écrit de
verve , dicté par le cœur , et colorié par l'imagination ! Massillon ne pouvait pas entrer dans
ce parallèle , mais il mérite d'être placé entre
ces trois grands génies. Quel orateur fut plus
pressant que Pascal , plus élevé que Bossuet ,
plus doux que Fénélon , plus persuasif que
Massillon ? qui réunit jamais à un si haut
degré de plus grandes perfections que celles

P

qu'ils ont réunies chacun dans son genre?....
Mais lorsqu'on ne peut penser et écrire comme
ces grands maîtres , il faut au moins savoir
les apprécier et les louer comme Vauvenargues : je m'arrête. . . . .
. . . .

NOTES.

Page 1. *Les Rhéteurs, après avoir décidé que l'éloquence était un art, etc.*

Voyez dans Cicéron et dans Quintilien toutes les raisons pour et contre cette thèse. En vérité, on est étonné que l'on disserte si longuement sur des choses qui paraissent si évidentes. Il y a de ces rhéteurs qui ont si bien cru que la rhétorique et l'éloquence étaient la même chose, qu'après avoir dénigré la rhétorique, ils ont cru, de bonne foi, avoir démontré l'inutilité et le danger de l'éloquence. Les rhéteurs qui avaient distingué des figures de mots et des figures de pensées, ont aussi trouvé qu'il y avait une éloquence de mots et une éloquence de choses. Ces fadaises scientifiques ont si long-temps été enseignées, que de très - bons esprits ont été dupes de l'usage, et ont cru qu'elles étaient nécessaires.

Page 1. *Ils ont voulu séparer des choses qui ne doivent pas l'être.*

Les érudits de tous les siècles et de toutes les sciences ont imaginé des divisions artificielles, tantôt pour classer leurs matériaux, tantôt pour rendre compte de certains phénomènes, tantôt pour faciliter le travail de la mémoire, mais plus souvent pour faire briller la subtilité et la finesse de leur esprit : c'est ainsi qu'on a imaginé les règnes de la nature, et les différens genres de style. Ces méthodes analytiques sont bonnes tant qu'on les prend pour ce qu'elles sont, c'est-à-dire, pour des instrumens, et non pas pour des dogmes nécessaires qui soient dans l'essence des choses.

Socrate, dans le dialogue de Platon, *le Gorgias*, persiffle agréablement les rhéteurs de son temps. Le père de l'éloquence latine, Cicéron, avait compilé dans sa jeunesse les préceptes épars dans les livres de rhétorique qui étaient tous écrits en grec, et dont aucun n'avait encore été traduit. Les Romains regardaient alors comme utile l'étude de ces méthodes sèches et arides, qui faisait partie de l'éducation, comme elle n'a cessé de le faire jusqu'à présent (car c'est une chose digne de remarque, que pendant les siècles d'ignorance qui se sont déroulés sur nous, l'art des rhéteurs n'a jamais cessé d'être enseigné dans les écoles). C'est pour faciliter à ses concitoyens la connaissance de cet art, que Cicéron écrivit ses premiers traités de rhétorique, hérissés de tout ce que la matière a d'ennuyeux et de pénible. Lorsqu'il eut ensuite acquis, parmi ses contemporains, la gloire qu'il a toujours conservée, il en composa d'autres qui sont de vrais chefs-d'œuvre, où il laisse toujours loin derrière lui, la sécheresse du genre didactique. C'est là qu'il saisit toutes les occasions de fronder les méthodes grecques, auxquelles il avait cependant autrefois attaché tant d'importance.

« On a accablé presque tous les arts d'un nombre prodigieux de règles, dont la plupart sont inutiles ou

fausses. Nous trouvons par-tout des leçons, mais bien peu d'exemples. Rien n'est plus aisé que de parler d'un ton de maître des choses qu'on ne peut exécuter; il y a cent poétiques contre un poëme. On ne voit que des maîtres d'éloquence, et presque pas un orateur. Le monde est plein de critiques qui, à force de commentaires, de définitions, de distinctions, sont parvenus à obscurcir les connaissances les plus claires et les plus simples. Il semble qu'on n'aime que les chemins difficiles. *Chaque science, chaque étude a son jargon inintelligible, qui semble n'être inventé que pour en défendre les approches. Que de noms barbares, que de puérilités pédantesques* on entassait, il n'y a pas long-temps, dans la tête d'un jeune homme, pour lui donner, en une année ou deux, une idée très-fausse de l'éloquence, dont il aurait pu avoir une connaissance très-vraie, en peu de mois, par la lecture de quelques bons livres!

» Mais c'est sur-tout en fait de poésie que les commentateurs et les critiques ont prodigué leurs leçons; ils ont laborieusement écrit des volumes sur quelques lignes que l'imagination des poëtes a créées en se jouant.... *La plupart ont discouru avec pesanteur de ce qu'il fallait sentir avec transport, et quand même leurs règles seraient justes, combien peu seraient - elles utiles!* Homère, Virgile, le Tasse, Milton n'ont guère obéi à d'autres leçons qu'à celles de leur génie. Tant de prétendues règles, tant de liens ne serviraient qu'à embarrasser les grands hommes dans leur marche, et seraient d'un faible secours à ceux à qui le talent manque. Il faut courir dans la carrière, et non pas s'y traîner avec des béquilles. » etc.

P 3

Voltaire (car le morceau que je viens de citer est de lui) fronde ensuite la manie des définitions , ce qui m'a rappelé cet axiome si sage de la jurisprudence : *Omnis definitio periculosa res est* , et qui trouve aussi son application dans la littérature et les arts.

Il est cependant bon d'avertir , en finissant cette très-longue note , qu'on ne peut lire sans plaisir et sans fruit le Traité des Etudes du bon Rollin , le Dictionnaire de littérature de Marmontel, les Élémens de littérature de Lebatteux , les Leçons de rhétorique d'Hugues Blair , le Cours de littérature de Laharpe, les Dialogues sur l'éloquence de Fénélon , et la Lettre que cet excellent écrivain adressa à l'Académie française , la Poétique d'Aristote , les Dialogues de l'Orateur et le Traité du même nom de Cicéron , les Institutions oratoires de Quintilien, le Traité du sublime de Longin, et beaucoup d'autres de ce genre ; mais sur-tout les poétiques que quelques auteurs célèbres ont mises à la tête de leurs ouvrages ; car qui peut mieux révéler les secrets d'un art que celui qui y est habile ?

Page 1. *Depuis long-temps Matanasius.*

On sait que cet auteur a fait pour la littérature , dans son *Chef-d'œuvre d'un inconnu* , ce que Cervantes avait fait pour les exagérations chevaleresques. Il n'est pas besoin de dire que je ne prétends blâmer que les excès et les travers. Les temps de la chevalerie ont été nos siècles héroïques , et les travaux des commentateurs ont préparé la renaissance des lettres.

Page 2. *On ne les croirait pas tirées de l'idiôme le plus harmonieux.*

La catachrèse, la métalepse, la synecdoque, la lilote, l'hypotypose, l'hypallage, et tant d'autres noms barbares appartiennent-ils à la langue d'Homère et de Platon ?

Page 3. *Il fera la Phèdre de Pradon.*

On a dit que pour faire une belle tragédie il faudrait le plan de Pradon et les vers de Racine : ce jugement, sans doute, est une des mille et une sottises enfantées par l'esprit de système ; mais il n'en est pas moins vrai qu'un drame, un poëme peuvent être écrits dans toutes les règles de l'art, et être, malgré cela, très-mauvais et très-ennuyeux.

Page 3. *Qu'Isocrate veille péniblement.*

« Son style est pur et coulant, plein de douceur et d'harmonie, quelquefois pompeux et magnifique ; mais quelquefois aussi traînant, diffus, et surchargé d'ornemens qui le déparent.

» Son éloquence n'était pas propre aux discussions de la tribune et du barreau ; elle s'attache plus à flatter l'oreille, qu'à émouvoir le cœur. On est souvent fâché de voir un auteur estimable s'abaisser à n'être qu'un écrivain sonore, réduire son art au seul

mérite de l'élégance, asservir péniblement ses pen‑
sées aux mots, éviter le concours des voyelles avec
une affectation puérile, n'avoir d'autre objet que
d'arrondir des périodes, et d'autre ressource pour en
symétriser les membres, que de les remplir d'ex‑
pressions oiseuses et de figures déplacées Comme
il ne diversifie pas assez les formes de son élocution,
il finit par se refroidir et dégoûter le lecteur. C'est
un peintre qui donne à toutes ses figures les mêmes
traits, les mêmes vêtemens, et les mêmes atti‑
tudes.

» La plupart de ses harangues roulent sur les
articles les plus importans de la morale et de la
politique ; il ne persuade ni n'entraîne, parce qu'il
n'écrit point avec chaleur, et qu'il paraît plus oc‑
cupé de son art que des vérités qu'il annonce. De‑
là vient peut-être que les souverains dont il s'est,
en quelque façon, constitué le législateur, ont
répondu à ses avis par des récompenses. Il a com‑
posé, sur les devoirs des rois, un petit ouvrage qu'il
fait circuler de cour en cour. Denis, tyran de Syra‑
cuse, le reçut ; il admira l'auteur, et lui pardonna
facilement des leçons qui ne portaient pas le remords
dans son cœur.

» Isocrate a vieilli, faisant, polissant, repolissant
un très-petit nombre d'ouvrages. »

(*Voyage du jeune Anacharsis*, t. 1, ch. 8.)

Le caractère de Démosthènes est trop connu,
pour qu'il soit nécessaire de placer ici son portrait.
Je n'y ai mis celui d'Isocrate, que parce qu'on a
contesté depuis peu ce caractère que lui ont donné
tous les anciens ; mais je m'en rapporte au jugement
de l'abbé Barthelemy.

Page 8. *Et si le ciel ne m'a pas tout-à-fait dépourvu de cette flamme poétique qui fait les grands artistes, etc.*

Parturient montes, nascetur ridiculus mus.

C'est promettre beaucoup; mais qu'en sort-il souvent?
Du vent.

Nuper ventosa isthæc et enormis loquacitas animos juvenum ad magna surgentes, veluti pestilenti quodam sidere, adflavit.

Page 16. *Lorsque Platon a dit, etc.*

« Les anciens avaient, ce me semble, des idées plus étendues que les nôtres, lorsqu'ils réunissaient dans un même ensemble, la multitude innombrable d'objets que nous offre la nature ; ils disaient que, dans tous les genres, chacune des parties a besoin des autres, et que cette correspondance mutuelle est nécessaire au maintien de l'univers.

» Ce vaste système est peut-être au-dessus de la conception de l'esprit humain ; mais Platon a eu raison de dire, comme Catulus le sait sans doute, que les beaux arts ont une liaison réciproque, et cette merveilleuse alliance frappe tous ceux qui prennent soin d'examiner les causes et les effets.

» Si cette idée est encore trop sublime pour nos faibles esprits, nous devons du moins, etc. »

(Cicéron, troisième dialogue de l'Orateur.)

Page 17. *On a remarqué que notre siècle était le premier.*

« Rendons ici justice à la nation ; elle me paraît être la première qui ait fait cette ingénieuse observation , et qui ait senti qu'une idée où les mœurs dominent , était un sentiment plutôt qu'une simple pensée. J'observe même que c'est depuis environ un siècle que cette signification du mot sentiment nous est devenue familière , etc. »

(*Discours sur les sentimens moraux.*)

Lorsque l'auteur écrivait ces lignes , on n'avait pas encore fait du sentiment une faculté absolument distincte : aussi ne parle-t-il que des *sentiment* opposés aux pensées.

Page 17. *On ne trouve pas chez les anciens cette expression ni aucune qui y soit analogue.*

« Quand j'eus formé le dessein de traiter la matière toute neuve des sentimens en fait de mœurs , je tâchai d'abord de me rappeler si dans mes lectures je n'avais rien vu sur ce sujet. . . . . Ni les Grecs, ni les Romains n'en ont traité , ni à dessein , ni par occasion; on ne trouve même chez eux aucun terme qui rende au juste le sens précis du mot sentiment , en fait de mœurs. Le *dianoia* , l'*éthos* et le *pathos* ne sont point ce que nous cherchons. La pensée , les mœurs , et la passion ou le pathétique , entrent pour beaucoup sans doute dans le sentiment, puisque le sentiment est

essentiellement une pensée, qu'il marque les mœurs,
et qu'il touche naturellement. Il est pourtant encore
quelqu'autre chose que la pensée, les mœurs et le
pathétique. Aristote a un chapitre tout entier avec
ce titre, *des sentimens*, selon la traduction de M.
Dacier : mais le titre porte à faux ; il ne s'agit,
dans tout cet article, que des pensées, quelles
qu'elles soient, qui composent le corps du discours.
Les Latins ont leurs termes de *sensus*, *sententia*,
affectus ; mais ces expressions sont encore trop vagues.
Quintilien et tous les autres maîtres de l'art, traitent
au long des passions, et de la manière de les exciter : rien pourtant de ce qu'ils disent ne convient
aux sentimens, en fait de mœurs. Contens d'en
remplir leurs écrits, les anciens se sont peu mis
en peine d'écrire sur les sentimens mêmes, etc. »

(Discours sur les sentimens moraux.)

Page 20. *L'auteur du Discours sur les sentimens moraux
a le premier remarqué, etc.*

« Le terme de sentiment a, dans notre langue,
diverses significations. Je distingue quatre choses
très-différentes, dont nous exprimons pourtant les
opérations par ce mot ; l'esprit, les sens, les passions, et les mœurs. Il y a des sentimens de l'esprit,
c'est ce que nous appelons opinions ; les sentimens
de Descartes ont prévalu dans certaines écoles, dit
Mallebranche. Il y a des sentimens des sens, et c'est
ce que nous nommons sensations ; le sentiment de
la vue nous fait jouir de l'univers, dit M. de la
Chambre. Il y a des sentimens de passion, et ce
sont les mouvemens pathétiques que l'art des rhéteurs
apprend à exciter ; Aristote, dit M. de Tourreil,

a traité des sentimens de l'ame , moins en rhéteur qu'en philosophe. Enfin, il y a des sentimens de mœurs ; le Cid , dit l'Académie , est une piece remplie de sentimens nobles et généreux ; Aristote a des sentimens , dit Labruyère. »

(Discours sur les sentimens moraux , ch. I.)

Page 3o. *Comme je conçois la métaphysique des mœurs de Kant , etc.*

Pendant l'impression de cet ouvrage , on a publié l'*Exposition des principes fondamentaux de la philosophie transcendantale d'Emmanuel Kant.*

Je n'ai pas encore lu ce livre , mais j'avoue que j'ai été dérouté par tout ce qu'en ont dit les journaux ; je crains bien que mes conjectures ne se trouvent fausses.

Page 3i. *Tous les arts empruntent les uns des autres, etc.*

L'abbé Dubost a fait un excellent traité *de la Poésie et de la Peinture ;* Coypel a fait un *Parallele de l'Eloquence et de la Peinture.* Ce dernier a sans doute poussé trop loin son ingénieux parallèle , quand il a dit qu'il devait entrer dans un tableau toutes les figures et toutes les partitions de la rhétorique , qu'il devait avoir l'exorde , la narration , la péroraison , etc.

Ciceron a dit : *Etenim omnes artes quæ ad humanitatem pertinent, habent quoddam commune vinculum , et quasi cognatione quâdam inter se continentur.*

(Cic. *pro Archiâ.*)

Page 36. *Où trouver une idole plus imposante que celle de l'aveugle de Smyrne , etc.*

Le sage Quintilien a dit : *Comme Aratus , dans ses Phénomènes , a cru devoir porter ses premières pensées vers Jupiter , je crois aussi que nous ne saurions mieux faire ici que de commencer par Homère.*

C'est ce que j'ai fait : voyez , au reste , l'éloge du père des poëtes , par Quintilien, dans ses Institutions , liv. 10, chap. 1 ; par l'abbé Barthelemy, dans le discours préliminaire du jeune Anacharsis ; par l'abbé d'Arnaud , dans le VI.e vol. de son Journal ; par Laharpe , dans son Cours de littérature.

Page 37. *Sur les bords du Mélès.*

C'est de là qu'est venu à Homère le nom de *Mélésigènes.*

Page 38. *Augmentés encore par une sensibilité exquise , etc.*

Fénélon , dans un ouvrage que j'aurai occasion de citer , a le premier établi , comme un fait , la sensibilité exquise des anciens ; M. de Rochefort a établi celle d'Homère en particulier. Voyez le discours préliminaire et les notes dont M. de Rochefort a enrichi sa traduction en vers de l'Iliade.

Page 38. *Les peuples les plus sensibles habitant le plus beau climat de l'univers , etc.*

Voyez l'Essai sur les éloges, de Thomas, t. 1, ch. 5 : on y trouve les causes et les prodiges de cette grande sensibilité de tous les peuples de la Grèce.

Page 39. *La fidélité d'Homère dans la peinture des sites, etc.*

Homère , au commencement de son Iliade , fait le dénombrement des soldats des deux armées ; ce qui a servi à décider des propriétés litigieuses entre plusieurs villes de la Grèce. On ne peut se lasser d'admirer comme l'exactitude géographique et historique y est observée sans nuire à la beauté de la poésie ; et cette exactitude est telle , que les vers d'Homère ont dirigé , en dernier lieu , un voyage dans la Troade. *Les ruines mêmes ont péri* , disait déjà Lucain , mais l'Iliade est un monument qui peut remplacer tous les autres.

Page 42. *Amour , souris à mon projet.*

Cet amour, dont il est ici question, n'est point l'amour terrestre, ni l'*alma Venus* de Lucrèce, ni la volupté qu'invoque Lafontaine à la fin des amours de Psyché et de Cupidon ; c'est cet amour ineffable dont il est dit si souvent dans les saintes Écritures, que *Dieu est tout amour.*

Quòd mundus stabili fide
Concordes varias vices,
Quòd pugnantia semina
Fœdus perpetuum tenent,
Quòd Phœbus roseum diem
Curru provehit aureo,
Ut quas duxerit Hesperus,
Phœbe noctibus imperet,
Ut fluctus avidum mare
Certo fine coërceat,
Ne terris liceat vagis
Latos tundere terminos,
Hanc rerum seriem ligat,
Terras ac pelagus regens,
Et cœlo imperitans AMOR.
Hic si frena remiserit,
Quidquid nunc amat invicem,
Bellum continuò geret :
Et quam nunc sociâ fide
Pulchris motibus incitant,
Certent solvere machinam.
Hic sancto populos quoque
Junctos fœdere continet :
Hic et conjugii sacrum
Castis nectit amoribus :
Hic fidis etiam sua
Dictat jura sodalibus.
O felix hominum genus,
Si vestros animos AMOR,
Quo cœlum regitur, regat !
(*BOETHIUS, de cons. phil. liv. 2, metr. 8.*)

« Si chaque jour le Soleil, sur son char, nous
ramène la lumière ; s'il prête à la Lune sa splendeur

pendant la nuit ; si les flots impétueux de la mer trouvent des bornes que leur fureur est forcée de respecter ; c'est l'amour tout-puissant qui a établi ce bel ordre ; il règne sur la terre , dans la mer et dans les cieux. S'il en abandonnait un seul moment la conduite , cette harmonie ravissante se changerait en une guerre universelle ; ce monde , dont tous les mouvemens sont si sagement et si invariablement réglés , trouverait sa destruction dans les élémens mêmes qui le composent. C'est lui qui unit les peuples entre eux par les liens sacrés de la société ; il unit les cœurs des époux par des liens plus tendres encore, ceux d'un chaste mariage. Oh ! que les hommes seraient heureux , si cet amour régnait toujours dans les ames comme il règne dans les cieux ! »

(Traduction de M. C★★★.)

« L'homme est un être privilégié , a dit l'Ami des hommes ; l'homme est un être privilégié fait à l'image de celui qui est ; un être sensible , reconnaissant, qui sait pleurer les maux d'autrui ; à qui Dieu donna la tendresse et l'amour, sentiment délicieux, et d'une nature si sublime , qu'il en a fait son propre partage , qu'il se l'est réservé comme un culte, et en a daigné faire la compensation d'une foule de bienfaits. »

Mais rien n'égale l'énergie du chapitre de l'Imitation , qui a pour titre : *Les merveilleux effets de l'amour divin.*

Quoique ce livre excellent soit dans toutes les bibliothèques, et qu'il soit le manuel, le *vade mecum* d'un grand nombre de personnes , je crois cependant pouvoir transcrire ici quelques passages de ce beau chapitre. Je me sers de la traduction de l'abbé Valart.

« *Le Seigneur.* C'est quelque chose de grand que l'amour : c'est le seul bien. Lui seul rend léger tout ce qui est pesant ; il fait supporter, avec une égale tranquillité, toutes les inégalités de cette vie : car tout fardeau lui est léger, et il rend doux et agréable tout ce qui est amer.

. . . .

» Rien n'est plus doux que l'amour, rien de plus fort, de plus élevé, de plus étendu, de plus agréable, de plus parfait, de plus excellent, ni dans le Ciel, ni sur la terre; parce que l'amour est né de Dieu même, et que toujours au-dessus de toutes les créatures, il ne peut trouver de repos qu'en Dieu.

» Celui qui aime, vole, court et se réjouit ; il est libre, et rien ne le retient. Il donne tout pour avoir tout; il possède tout en celui qui est tout ; parce qu'il ne se repose que dans le seul souverain bien, qui est au-dessus de tout, et d'où renaissent et coulent tous les autres biens. Il ne s'arrête point aux dons qu'il reçoit ; mais il s'élève au-dessus de tous les biens, jusqu'à celui qui les donne.

» Souvent l'amour ne sait pas se borner, mais son ardeur l'emporte au-delà de toutes les bornes. L'amour ne sent point le fardeau qu'il porte : il compte le travail pour rien ; il veut faire plus qu'il ne peut ; il ne s'excuse jamais sur l'impossibilité, parce qu'il croit que tout lui est possible et permis.

» Ainsi l'amour est capable de tout, il fait beaucoup, et il vient à bout d'une infinité de choses ; tandis que celui qui n'aime pas, perd courage et se laisse abattre. L'amour veille toujours, et ne perd rien de son activité dans le sommeil même. Il est fatigué sans être affaibli ; il est à l'étroit sans être gêné ; il est effrayé , et il n'est point dans le trouble : mais comme une vive flamme , ou comme un flambeau ardent, il s'élève en haut , et se fraye un passage assuré au travers de tous les obstacles.

» *Le Fidelle.* Il n'y a que celui qui aime qui entende ce langage. C'est un grand cri et qui va jusqu'aux oreilles de Dieu , que cette ardente affection qui lui dit : Mon Dieu , mon amour, oui , vous êtes tout à moi, et je suis tout à vous ! Dilatez mon cœur, afin qu'il vous aime davantage , et que j'apprenne à goûter intérieurement combien il est doux d'aimer, de se fondre , pour ainsi dire , et de nager dans les délices de votre amour.

» Que je sois embrasé de votre amour, et que, par un transport de ferveur et de ravissement , je m'élève au-dessus de moi-même. Que je chante le cantique de l'amour. O mon Bien-aimé ! je vous suivrai jusqu'au ciel. Que mon ame , transportée de joie et d'amour, pâme à force de chanter vos louanges. Que je vous aime plus que moi-même ; que je ne m'aime que pour vous ; que j'aime en vous tous ceux qui vous aiment véritablement , comme l'ordonne a loi de l'amour, qui est un rayon de votre divine lumière, etc. »

Page 44. *Les belles allégories d'Orphée et d'Amphion, etc.*

Silvestres homines, sacer interpresque deorum ,
Cædibus et fœdo victu deterruit Orpheus ;
Dictus ob hoc lenire tigres rabidosque leones.
Dictus et Amphion, Thebanæ conditor arcis ,
Saxa movere sono testudinis , et prece blandâ
Ducere quò vellet. Fuit hæc sapientia quondam , etc.

(Horat. art. poët.)

Et leges sanctas , et cara jugavit
Corpora conjugiis , et magnas condidit urbes.
(Calvus , antiquus poëta.)

Page 44. *Dans les arts , comme dans la nature , il n'est qu'une ligne , etc.*

On connaît la fameuse ligne de la beauté dont Hogarth a donné l'analyse. On dit que lorsque cet artiste célèbre eût découvert cette ligne , qu'il croyait être la source originelle des graces , il s'écria, avec enthousiasme, comme autrefois Archimède : *Je l'ai trouvée!*

Page 45. La Silhouète.

Ce nom est très-moderne : c'est à peu près la sculpture plastique des anciens.

Page 45. *Tous les effets de la nature furent imités , etc.*

Ut liquidas avium voces imitarier ore
Antè fuit multo , quàm levia carmina cantu
Concelebrare homines possint, aureisque juvare,
Et zephyri cava per calamorum sibila primùm
Agresteis docuere cavas inflare cicutas.
LUCRETIUS.

Page 46. *Telle fut l'origine de tous les arts , etc.*

Helvétius leur donne une autre origine : il prétend que c'est à l'ennui que nous les devons ; tant est vraie cette maxime d'un ancien sage : *Nihil tam absurde dici potest, quod non dicatur ab aliquo philosophorum.*

(Cic. de div. lib. 2.)

Page 48. *Il est en nous une puissance plus forte que le despotisme des lois humaines , que l'empire des cultes superstitieux ou immoraux , etc.*

Voilà comment s'exprime J. J. Rousseau , avec cette vigueur et cette force de style qui lui est propre :

« Jetez les yeux sur toutes les nations du monde , parcourez toutes les histoires. Parmi tant de cultes inhumains et bizarres , parmi cette prodigieuse diversité de mœurs et de caractères , vous trouverez partout les mêmes idées de justice et d'honnêteté , par-tout les mêmes principes de morale , par-tout les mêmes notions du bien et du mal. L'ancien paganisme enfanta des dieux abominables , qu'on eût punis ici-bas comme des scélérats, et qui n'offraient pour tableau du bonheur suprême , que des forfaits à commettre et des passions à contenter. Mais le vice , armé d'une autorité sacrée , descendait en vain du séjour éternel ; l'instinct moral le repoussait du cœur des humains. En célébrant les débauches de Jupiter , on admirait la continence de Xénocrate ; la chaste Lucrèce adorait l'impudique Vénus; l'intrépide Romain sacrifiait à la Peur ; il invoquait le Dieu qui mutila son père , et mourait sans murmure de la main du sien : les plus méprisables divinités furent servies par les plus grands hommes. La sainte voix de la nature , plus forte que celle des dieux , se faisait respecter sur la terre , et semblait reléguer dans le ciel le crime avec les coupables. »

(*Emile , liv. IV.*)

Page 48. *L'esprit a beau être convaincu par la raison, s'il n'est pas persuadé par le sentiment, etc.*

« Je dirai que les sentimens font sur la volonté, ce que les raisonnemens font sur l'intelligence. Les vérités éclairent et étendent l'intelligence, mais par une gradation lente; les sentimens pénètrent le cœur, et l'enlèvent brusquement. Les raisonnemens portent la vérité dans l'esprit, mais ils s'arrêtent là, leur utilité ne va pas plus loin; et je ne sais si c'est beaucoup de montrer la vérité aux hommes, quand elle ne fait que les éclairer. La connaissance qui ne les rend pas meilleurs, les rend dès-lors pires. Le bien n'est pas fait pour être connu seulement, il est fait pour être aimé; sa place naturelle, c'est le cœur; comme celle du vrai, c'est l'esprit. Aussi tous les raisonnemens du monde ne firent jamais un homme meilleur; c'est un miracle réservé aux sentimens. »

(Discours sur les sentimens moraux.)

Page 48. . . . . . *des vérités de sentiment.*

C'est-là, sans doute, le principe de cette loi naturelle, dont la religion révélée est la perfection.

« Saint Augustin rapporte, sur la foi de l'histoire, que la première fois qu'on entendit, à Rome, prononcer sur la scène ce beau vers de Térence : *Homo sum : humani à me nihil alienum puto* : (Je suis homme, et je ne puis regarder ni la personne d'un autre homme, ni ses intérêts comme étrangers), il s'éleva de l'am-

phithéâtre un applaudissement universel ; il ne se
trouva pas un seul homme, dans une assemblée si
nombreuse, composée de Romains, et des envoyés
de toutes les nations déjà soumises ou alliées à leur
empire, qui ne parût sensiblement touché, attendri,
pénétré. Or, que nous apprend un concert si unanime entre des peuples d'ailleurs si peu concertés,
si différens d'opinions, de mœurs, d'éducation, d'intérêts ; que dis-je ? la plupart ennemis secrets,
quelques-uns même déclarés ? N'est-ce pas évidemment le cri de la nature, qui, dans le moment d'au-
dience que chacun donnait à la raison, en écoutant
l'acteur, suspendait toutes les querelles particulières,
pour prononcer avec lui solennellement cette belle
maxime : Que tout homme est notre prochain, notre
sang, notre frère ! S'il se trouvait quelqu'un qui ne
l'entendît pas, ce cri de la nature, je lui dirais bien
pourquoi il est sourd. »

(Le père André, Essai sur le Beau, chap. 2.)

Page 48. Le Beau et le bon sont identiques.

« Pensez-vous, disait Socrate à Aristippe, que ce
qui est bon ne soit pas beau en même temps ?
N'avez-vous pas remarqué que ces qualités se confondent ? La vertu, par exemple, dans le même
sens que nous l'appelons le bon, est toujours recon-
nue pour être belle : nous joignons les deux mots
pour la désigner dans les hommes. La beauté corporelle résulte aussi de cet arrangement des parties
qui constitue la bonté ; et dans toutes les circonstances de la vie, le même objet est constamment

regardé comme beau et bon , lorsqu'il répond aux
vues pour lesquelles il a été destiné. »

(*Xénophon, Mirab. Socrat. lib.* 3 , *ch.* 8.)

Shaftesbury , et son disciple Hutcheson, ont développé ce principe de Socrate.

———————

Page 49. *L'homme de génie ne peut se concilier , etc.*

Voyez, dans l'Essai sur le Beau , par le père André,
le chapitre II, qui traite *du Beau dans les mœurs;* et le
chapitre III , qui traite *du Beau dans les pièces d'esprit.*
Je rapporte ici , de ce troisième chapitre, un fragment qui servira à appuyer mon assertion.

« Platon, dans son fameux dialogue du beau dans
le discours ; Longin, dans son admirable traité du
Sublime ; Cicéron, Quintilien, Sénèque, dans leurs
réflexions sur l'art oratoire : ces grands génies, par
un concert unanime que la raison seule peut avoir
formé entre eux, nous donnent pour un précepte
essentiel d'éloquence, de parler toujours de la Divinité avec respect , et de parler toujours aux hommes
avec pudeur et modestie. Jusque-là même que Sénèque veut que l'orateur se résolve plutôt à perdre
quelques-uns des avantages de sa cause, que de
manquer à cette règle de l'honnêteté publique. »

(*Essai sur le Beau , chap.* 3.)

« Je suis persuadé qu'on ne saurait donner aux
ouvrages utiles le charme incomparable des sentimens, si les bonnes mœurs n'y influent. Les païens
même ont vu cette vérité. Caton ne définit - il pas

l'orateur parfait, un homme droit qui sait bien dire ! Cicéron ne met-il pas pour base du talent de la parole, l'intégrité des mœurs, *nonnisi innocentissimum* ? Quintilien ne se contente pas seulement de prouver cette vérité, mais il la prêche, si j'ose m'exprimer ainsi. Il compare les cœurs vicieux aux terres hérissées de ronces, où rien de bon ne peut venir ; il se propose l'objection, qu'on peut affecter de grands sentimens sans les avoir ; et il y répond, qu'on se dément malgré qu'on en ait, quand le cœur n'y entre pour rien.

» Les plus parfaits écrivains de l'antiquité ne sont pas ceux qui ont été les plus corrompus : Platon, Sophocle, Euripide, Démosthène, et pour remonter au père de toute littérature, Homère, ne sont point diffamés dans l'histoire du côté des mœurs. Quoi de plus réglé que Cicéron, Virgile, Tite-Live ! Pline le jeune valait un chrétien du côté du cœur. J'ai regret de ne pouvoir citer Horace, si fertile en beaux sentimens, quoiqu'il fût au fond plus libre que libertin : il paraît, par ses ouvrages, que ses sens étaient pour le vice, et son cœur pour la vertu.

» Dans notre siècle, les auteurs les plus estimés ont été de très-honnêtes gens. Despréaux a infiniment mieux écrit que Regnier son prédécesseur en satire, comme en effet il vivait beaucoup mieux que lui. Corneille abondait en sentimens de mœurs, parce qu'il était plein de probité. M. de Cambrai les a tous surpassés dans l'art de bien écrire, parce qu'il les surpassait dans l'art de bien vivre. Un cœur pur est un cœur éclairé et docile : éclairé, il voit le bien promptement ; docile, il le suit aisément ; et cette heureuse disposition est une source intarissable des plus louables sentimens. La débauche fait dans le cœur ce qu'elle fait sur les sens, elle use la sensibilité. C'est dans cette persuasion que Socrate ne cessait de dire au fameux Alcibiade, qu'en se livrant à ses passions, il gâtait le plus bel esprit de la Grèce : et Zénon répondit à un homme de génie qui lui demandait un moyen sûr de parvenir à la suprême éloquence : mon fils, vivez bien. »

(Discours sur les sentimens moraux.)

Madame de Staël a dit, dans son ouvrage sur la littérature, qu'il est impossible à un poëte, quel que soit son talent, de faire sortir un effet tragique d'une action qui admettrait en principe une immoralité ; elle dit aussi que le développement de toute saine critique est le développement d'une idée morale. Comme je n'ai pas le livre sous les yeux, je ne puis citer exactement les mêmes mots.

Page 53. *Je ne dirai rien de ce qu'est le sentiment chez les femmes, etc.*

Pendant l'impression de cet écrit, Legouvé publiait son poëme *du Mérite des femmes.* Cet ouvrage n'a peut-être qu'un défaut, celui d'être trop joli. C'est le coloris séduisant de l'Albane ; j'aurais voulu plus souvent l'expression céleste du Guide. J'y trouve trop rarement cette touche inimitable de sensibilité qui nous émeut si délicieusement à la lecture des poëmes de la Mélancolie et des Souvenirs.

Page 57. *Cet homme qui passa sa vie entière à lutter laborieusement contre les chimères de son imagination, et contre les tourmens de sa sensibilité....*

C'est dans les deux dialogues de *Rousseau juge de Jean-Jacques*, que l'on peut voir à quel point

cet homme a été malheureux par ces deux causes,
sur-tout dans les dernières années de sa vie.

« VOIS-TU ce malheureux, qu'un tyran de Sicile
Appelle à son festin ? Pâle et tout effrayé
De cette menaçante et sinistre amitié,
Il goûte avec effroi ces délices perfides,
Porte, en tremblant, la coupe à ses lèvres livides,
Vers les lambris dorés lève un œil éperdu,
Et sur sa tête voit le glaive suspendu.
Telle est la défiance au banquet de la vie.
Que dis-je ! son poison en corrompt l'ambroisie :
Elle-même contre elle aiguise le poignard,
Donne aux ombres un corps, un projet au hasard,
Charge un mot innocent d'un crime imaginaire,
Et s'effraye à plaisir de sa propre chimère.
Ainsi, dans leurs forêts, les crédules humains
Craignaient ces dieux affreux qu'avaient forgés leurs
          mains.
Quel besoin plus pressant nous donna la nature,
Que de communiquer les chagrins qu'on endure,
De faire partager sa joie et sa douleur,
Et dans un cœur ami de répandre son cœur ?
Toi seul, triste martyr de ta sombre prudence,
Toi seul ne connais pas la douce confidence.
En vain de ton secret tu te sens oppresser,
Au sein de quels amis l'oseras-tu verser ?
Des amis ! crains d'aimer : les plus pures délices
Dans ton cœur soupçonneux se changent en supplices?
Des plus mortels poisons l'abeille fait son miel :
Toi, du plus doux objet tu composes ton fiel.
Ton cœur, dans l'amitié, prévoit déjà la haine ;
De soupçons en soupçons l'amour jaloux te traîne.
Un génie ennemi brise tous tes liens ;

Tu n'as plus de parens ni de concitoyens :
Te voilà seul : va, fuis loin des races vivantes,
Habite avec les rocs, les arbres et les plantes,
Dans quelque coin désert, dans quelque horrible lieu
Où tu ne pourras plus calomnier que Dieu.
Mais à voir les humains tu ne dois plus prétendre,
Tu ne dois plus les voir, ne dois plus les entendre.
Ton ame morte à tout ne vit que par l'effroi,
Les morts sont aux vivans moins étrangers que toi :
Le regret les unit ; et toi, tout t'en sépare.

HÉLAS ! il le connut, ce plaisir si bizarre,
L'écrivain qui nous fit entendre tour-à-tour
La voix de la raison et celle de l'amour.
Quel sublime talent ! quelle haute sagesse !
Mais combien d'injustice, et combien de faiblesse !
La crainte le reçut au sortir du berceau,
La crainte le suivra jusqu'aux bords du tombeau.
Vous qui de ses écrits savez goûter les charmes,
Vous tous qui lui devez des leçons et des larmes,
Pour prix de ses leçons et de ces pleurs si doux,
Cœurs sensibles, venez, je le confie à vous.
Il n'est pas importun : plein de sa défiance,
Rarement des mortels il souffre la présence ;
Ami des champs, ami des asiles secrets,
Sa triste indépendance habite les forêts.
Là-haut, sur la colline, il est assis peut-être,
Pour saisir le premier le rayon qui va naître.
Peut-être au bord des eaux par ses rêves conduit,
De leur chute écumante il écoute le bruit :
Ou, fier d'être ignoré, d'échapper à sa gloire,
Du pâtre qui raconte il écoute l'histoire.
Il écoute, et s'enfuit ; et sans soins, sans désirs,
Cache aux hommes qu'il craint ses sauvages plaisirs.

Mais s'il se montre à vous, au nom de la nature,
Dont sa plume éloquente a tracé la peinture,
Ne l'effarouchez pas, respectez son malheur,
Par des mots caressans apprivoisez son cœur :
Hélas ! ce cœur brûlant, fougueux dans ses caprices,
S'il a fait ses tourmens, il a fait vos délices.
Soignez donc son bonheur, et charmez son ennui :
Consolez-le du sort, des hommes et de lui.
Vains discours ! rien ne peut adoucir sa blessure :
Contre lui ses soupçons ont armé la nature.
L'étranger dont les yeux ne l'avaient vu jamais,
Qui chérit ses écrits, sans connaître ses traits ;
Le vieillard qui s'éteint, l'enfant simple et timide,
Qui ne sait pas encor ce que c'est qu'un perfide ;
Son hôte, son parent, son ami lui font peur :
Tout son cœur s'épouvante au nom de bienfaiteur.
Est-il quelque mortel, à son heure suprême,
Qui n'expire appuyé sur le mortel qu'il aime,
Qui ne trouve des pleurs dans les yeux attendris
D'un frère ou d'une sœur, d'une épouse ou d'un fils ?
L'infortuné qu'il est ! à son heure dernière,
Souffre à peine une main qui ferme sa paupière ;
Pas un ancien ami qu'il cherche encor des yeux !
Et le soleil lui seul a reçu ses adieux.

Malheureux ! le trépas est donc ton seul asile !
Ah ! dans la tombe au moins repose enfin tranquille.
Ce beau lac, ces flots purs, ces fleurs, ces gazons frais,
Ces pâles peupliers, tout t'invite à la paix.
Respire donc enfin de tes tristes chimères.
Vois accourir vers toi les époux et les mères ;
Regarde ces amans, qui viennent chaque jour.
Verser sur ton cercueil les larmes de l'amour ;
Vois ces groupes d'enfans se jouant sous l'ombrage,

Qui de leur liberté viennent te rendre hommage ;
Et dis, en contemplant ce spectacle enchanteur :
« Je ne fus point heureux, mais j'ai fait leur bonheur.»
                              (DELILLE.)

———————

*Page 52. L'évidence du sentiment criait au fond de son
cœur, etc.*

Entre mille preuves de mon assertion que je pourrais donner, j'en choisis une dont la force sera
sentie par tous les lecteurs.

« La majesté des Écritures m'étonne, la sainteté
de l'Evangile parle à mon cœur. Voyez les livres
des philosophes avec toute leur pompe : qu'ils
sont petits près de celui-là ! Se peut-il qu'un livre,
à la fois si sublime et si simple, soit l'ouvrage
des hommes ? Se peut-il que celui dont il fait
l'histoire ne soit qu'un homme lui-même ? Est-ce
là le ton d'un enthousiaste ou d'un ambitieux
sectaire ? Quelle douceur, quelle pureté dans ses
mœurs ! quelle grace touchante dans ses instruc-
tions ! quelle élévation dans ses maximes ! quelle
profonde sagesse dans ses discours ! quelle présence d'esprit, quelle finesse, et quelle justesse
dans ses réponses ! quel empire sur ses passions!
Où est l'homme, où est le sage qui sait agir,
souffrir et mourir sans faiblesse et sans ostentation?
Quand Platon peint son Juste imaginaire, couvert
de tout l'opprobre du crime, et digne de tous
les prix de la vertu, il peint trait pour trait Jesus-
Christ. La ressemblance est si frappante, que tous
les Pères l'ont sentie, et qu'il n'est pas possible
de s'y tromper. Quels préjugés, quel aveuglement
ne faut-il point avoir, pour oser comparer le fils

de Sophronisque au fils de Marie ! Quelle distance de l'un à l'autre ! Socrate, mourant sans douleur, sans ignominie, soutint jusqu'au bout son personnage ; et si cette facile mort n'eût honoré sa vie, on douteroit si Socrate, avec tout son esprit, fut autre chose qu'un sophiste. Il inventa, dit-on, la morale. D'autres, avant lui, l'avaient mise en pratique ; il ne fit que dire ce qu'ils avaient fait, que mettre en leçons leurs exemples. Aristide avait été juste, avant que Socrate eût dit ce que c'était que justice ; Léonidas était mort pour son pays, avant que Socrate eût fait un devoir d'aimer la patrie ; Sparte était sobre, avant que Socrate eût loué la sobriété ; avant qu'il eût défini la vertu, la Grèce abondait en hommes vertueux. Mais où Jesus avait-il prit chez les siens cette morale élevée et pure, dont lui seul a donné les leçons et l'exemple ? Du sein du plus furieux fanatisme, la plus haute sagesse se fit entendre, et la simplicité des plus héroïques vertus honora le plus vil de tous les peuples. La mort de Socrate, philosophant tranquillement avec ses amis, est la plus douce qu'on puisse désirer ; celle de Jesus, expirant dans les tourmens, injurié, raillé, maudit de tout un peuple, est la plus horrible qu'on puisse craindre. Socrate, prenant la coupe empoisonnée, bénit celui qui la lui présente, et qui pleure ; Jesus, au milieu d'un supplice affreux, prie pour ses bourreaux acharnés. Oui, si la vie et la mort de Socrate sont d'un sage, la vie et la mort de Jesus-Christ sont d'un Dieu. Dirons-nous que l'histoire de l'Evangile est inventée à plaisir ? Mon ami, ce n'est pas ainsi qu'on invente, et les faits de Socrate, dont personne ne doute,

sont moins attestés que ceux de Jesus - Christ.
Au fond, c'est reculer la difficulté sans la détruire :
il serait plus inconcevable que plusieurs hommes
d'accord eussent fabriqué ce livre , qu'il ne l'est
qu'un seul en ait fourni le sujet. Jamais des auteurs
Juifs n'eussent trouvé ni ce ton , ni cette morale ;
et l'Evangile a des caractères de vérité si grands ,
si frappans, si parfaitement inimitables, que l'inven-
teur en serait plus étonnant que le héros. »

Voilà qu'on peut appeler , selon l'expression de
Tertullien , le témoignage d'une ame naturellement
chrétienne : *testimonium animæ naturaliter christianæ :*
C'EST LE CRI DU SENTIMENT. Mais ce qui suit immédiatement *EST LE MURMURE DE LA RAISON , qui*
se plaint , comme je l'ai dit , *de son insuffisance et*
de sa nullité :

« . . . . . Avec tout cela , ce même Evangile
est plein de choses qui répugnent à la raison , et
qu'il est impossible à tout homme sensé de concevoir
ni d'admettre , etc. »

Je crois qu'il n'était guère possible de pousser la
contradiction et l'inconséquence plus loin que dans
ce morceau.

Page 61. *Tout fait harmonie dans la nature.*

La tirade qui suit ressemble, pour l'intention pittoresque , à une tirade du fameux discours sur le beau,
du père André ; mais elle en diffère essentiellement
pour le but moral. Cependant , comme le morceau
dont nous parlons est remarquable par son originalité , et que d'ailleurs il n'est pas étranger à mon
sujet, je le transcris ici :

« D'abord , il est certain que la musique nous
charme tous naturellement. C'est un goût aussi ancien
que le monde , aussi répandu que le genre humain ;
et le Créateur, qui nous l'a inspiré avec la vie , n'a
rien oublié pour l'entretenir dans notre ame , par des
concerts naturels de voix et d'instrumens , que sa
providence nous fait entendre de toutes parts. Des
oiseaux qui chantent , comme pour nous piquer
d'émulation ; des échos qui leur répondent avec tant
de justesse ; des ruisseaux qui murmurent ; des riviéres
qui grondent ; les flots de la mer qui montent et
qui descendent en cadence, pour mêler leurs sons
divers aux résonnemens des rivages : ici les zéphyrs
qui soupirent parmi les roseaux ; là, les aquilons
qui sifflent dans les forêts ; tantôt tous les vents
conjurés , ou plutôt concertés ensemble par la con-
trariété même de leurs mouvemens, qui , après
s'être choqués dans les airs , se réfléchissent contre
les corps terrestres , montagnes, rochers, bois , vallons , collines , palais , cabanes , pour en tirer toutes
les parties d'un concert ; et afin que rien ne manque
à la symphonie , auxquels souvent se joint, dans les
nues , cette belle basse dominante , vulgairement
nommée Tonnerre , si grave , si majestueuse , et
qui sans doute nous plairait davantage , si la terreur
qu'elle nous imprime ne nous empéchait quelquefois d'en bien goûter la magnifique expression.

» Mais après l'orage , voilà l'Iris qui paraît pour
nous annoncer le calme. Le croirait-on que c'est
encore là une image musicale ? On ne peut en
douter depuis les expériences du célébre M. Newton.
Il en rapporte plusieurs dans son optique , d'où
il résulte évidemment que les sept couleurs de
l'arc-en-ciel ;

l'arc-en-ciel ; savoir : le rouge, l'orangé, le jaune, le vert, le bleu, l'indigo et le violet, y occupent, dans la bande colorée, des espaces qui sont entre eux dans la même proportion que les intervalles des sept tons de la musique. Voilà donc une espèce de tablature naturelle que le Créateur présente à nos yeux, pour nous initier aux mystères de cet art. Et avec elle, combien nous donne-t-il de moyens pour l'exécuter avec succès ? Tant de corps sonores pour construire nos instrumens ; des cordes harmonieuses, pour en tirer des sons agréables ; des mains et des doigts agiles pour en composer des accords ; des voix de tous les degrés, des basses, des tailles, des dessus, pour en former des accompagnemens ; et ce qui était encore plus essentiel, un juge fin et délicat, pour en diriger le concert ; je veux dire l'oreille, que tout le monde reconnaît aujourd'hui, sans contestation, pour le plus subtil de tous nos sens. »

(Essai sur le Beau, ch. 4, où il est traité du Beau musical.)

Que manque-t-il à ce riche tableau ? d'être animé par l'histoire des sensations de l'homme. Dans le concert de l'univers, l'homme n'y assiste pas simplement comme juge ou spectateur par son oreille ; mais il fait lui-même partie du concert. Au reste le père André n'avait à peindre que la musique matérielle de l'univers ; et il a poussé l'exactitude jusqu'à imaginer que les sept couleurs primitives de l'arc-en-ciel forment un clavier naturel, le modèle de nos gammes notées. Moi, j'avais à peindre l'harmonie de la nature, et l'homme faisant partie de cette harmonie.

R

Voyez, au reste, dans les Remarques de Lebatteux, sur Timée de Locres, l'explication du système de Pythagore, ou de ses disciples, sur les lois de l'harmonie, appliquées à l'univers. Voyez, sur le même sujet, Cicéron, dans le Songe de Scipion. Voyez encore Charles Bonnet, dans sa Contemplation de la nature, et Bernardin de Saint-Pierre, dans ses Etudes.

Page 61. *Tout est sensible dans la nature.*

Voyez sur ce sujet, dans le tome 3 de la Philosophie de la nature, par Delille-Desalle, le chapitre intitulé : *Les douze Surprises de Pythagore.*

Mais comme la poésie a créé la belle hypothèse de la sensibilité universelle, avant que la philosophie en eût fait un système, je crois devoir mettre sous les yeux du lecteur, les beaux vers de l'abbé Delille :

Voulez-vous d'intérêts un plus riche trésor ?
Dans tous ces animaux peignez les mœurs humaines ;
Donnez-leur notre espoir, nos plaisirs et nos peines,
Et par nos passions rapprochez-les de nous.
En vain le grand Buffon, de leur gloire jaloux,
Peu d'accord avec soi dans sa prose divine,
Voulut ne voir en eux qu'une adroite machine,
Qu'une argile mouvante, et d'aveugles ressorts
D'une grossière vie organisant leurs corps :
Buffon les peint ; chacun de sa main immortelle
Du feu de Prométhée obtint une étincelle :
Le chien eut la tendresse et la fidélité,
Le bœuf la patience et la docilité ;
Et, fier de porter l'homme, et sensible à la gloire,
Le coursier partagea l'orgueil de la victoire.

Ainsi chaque animal , rétabli dans ses droits ,
Lui dut un caractère et des mœurs et des lois.
Mais que dis-je ? Déjà l'auguste poésie
Avait donné l'exemple à la philosophie.
C'est elle qui toujours, dans ses riches tableaux ,
Unit les dieux à l'homme , et l'homme aux animaux.
Voyez-vous dans Homère , aux siècles poétiques ,
Les héros haranguant leurs coursiers héroïques ?
Ulysse est de retour, ô spectacle touchant !
Son chien le reconnaît, et meurt en le léchant.
     Et toi , Virgile , et toi , trop éloquent Lucrèce ,
Aux mœurs des animaux que votre art intéresse !
Avec le laboureur je dételle , en pleurant ,
Le taureau qui gémit sur son frère expirant.
Les chefs d'un grand troupeau se déclarent la guerre ,
Au bruit dont leurs débats font retentir la terre ,
Mon œil épouvanté ne voit plus deux taureaux ;
Ce sont deux souverains, ce sont deux fiers rivaux ,
Armés pour un empire, armés pour une Hélène ,
Brûlant d'ambition , enflammés par la haine.
Tous deux, le front baissé, s'entre-choquent; tous deux,
De leur large fanon battant leur cou nerveux ,
Mugissent de douleur , d'amour et de vengeance.
Le vaste Olympe en gronde , et la foule en silence
Attend , intéressée à ces galans assauts ,
A qui doit demeurer l'empire des troupeaux.

     Voulez-vous un tableau d'un plus doux caractère ?
Regardez la génisse ; inconsolable mère :
Hélas ! elle a perdu le fruit de ses amours !
De la noire forêt parcourant les détours,
Ses longs mugissemens en vain le redemandent.
A ses cris , que les monts , que les rochers lui rendent,
Lui seul ne répond point: l'ombre, les frais ruisseaux,

Roulant sur des cailloux leurs diligentes eaux,
La saussaie encor fraîche et de pluie arrosée,
L'herbe où tremblent encor les gouttes de rosée ;
Rien ne la touche plus : elle va mille fois
Et du bois à l'étable, et de l'étable au bois ;
S'en éloigne plaintive, y revient éplorée,
Et s'en retourne enfin, seule et désespérée.
Quel cœur n'est point ému de ses tendres regrets !

Même aux eaux, même aux fleurs, même aux arbres
      muets
La poésie encore, avec art mensongère,
Ne peut-elle prêter une ame imaginaire ?
Tout semble concourir à cette illusion.
Voyez l'eau caressante embrasser le gazon,
Ces arbres s'enlacer, ces vignes tortueuses
Embrasser les ormeaux de leurs mains amoureuses,
Et, refusant les sucs d'un terrain ennemi,
Ces racines courir vers un sol plus ami.
Ce mouvement des eaux et cet instinct des plantes
Suffit pour enhardir vos fictions brillantes ;
Donnez-leur donc l'essor. Que le jeune bouton
Espère le zéphyr, et craigne l'aquilon.
A ce lis altéré versez l'eau qu'il implore ;
Formez, dans ses beaux ans, l'arbre docile encore ;
Que ce tronc, enrichi de rameaux adoptés,
Admire son ombrage et ses fruits empruntés ;
Et, si le jeune cep prodigue son feuillage,
Demandez grace au fer en faveur de son âge.
Alors, dans ces objets croyant voir mes égaux,
La douce sympathie à leurs biens, à leurs maux,
Trouve mon cœur sensible, et votre heureuse adresse
Me surprend pour un arbre un moment de tendresse.

C'est sur-tout dans le genre descriptif, qu'il faut
savoir employer l'expression du sentiment. C'est le
talent des grands poëtes. Voyez comme HORACE et
VIRGILE se servent de ces métaphores hardies qui
animent la nature ! Je ne parle ici que des tableaux
où toute la magie est dans l'expression. Ainsi, en
parlant de deux arbres, HORACE dit : *umbram hospi-*
talem consociare amant. Amant personnifie ces arbres ,
et leur prête une affection sentimentale. Dans une
description de la vigne, Virgile place ce vers :

  Adeò in teneris consuescere multum est !

Ailleurs on trouve cette expression peut-être plus
 hardie :

  Exiit ad cœlum ramis felicibus arbos ,
  Miraturque novas frondes, et non sua poma.

Et cette plainte passionnée d'Aristée à sa mère :

  Interfice messes.... in vites molire bipennem.

que Lebrun a traduite si hardiment par ce vers :

  Et que mes jeunes ceps expirent sous vos coups.

Les modernes ont quelquefois imité heureusement
ces expressions vivifiantes. Ainsi J. B. Rousseau dit
quelque part :

  Jeune et tendre arbrisseau, l'espoir de mon verger,
  Fertile nourrisson de Vertumne et de Flore ,
  Des fureurs de l'hiver redoutez le danger ,
  Et retenez vos fleurs qui s'empressent d'éclore ,
  Séduites par l'éclat d'un beau jour passager.

Lafontaine est plein de ces expressions : je n'en
citerai qu'un exemple , parce qu'il est d'une hardiesse étonnante , unique chez les anciens et les

modernes ; le voici (c'est en parlant des arbres qu'un jardinier émonde) :

> Et pourquoi mutiler ces pauvres habitans ?
> Ils iront assez tôt border le noir rivage.

Je ne sais s'il y a rien de semblable chez les Grecs et chez les Latins ; il faut chercher dans la littérature sacrée, qui est si audacieuse, pour trouver un exemple de cette force : *Omnes enim (arbores) morti debentur, inferis destinatæ, in turba hominum descendentium in foveam ituræ.* Ezéchiel, cap. 31.

Page 66. *Sans doute le temps n'est plus, etc.*

Le pouvoir de la musique sur les peuples anciens est un fait qui nous étonne, et qu'il est cependant impossible de révoquer en doute.

« Les Thébains, au rapport de Théophraste, cité par Athénée et par Aulu-Gelle, avaient coutume de guérir la sciatique et l'épilepsie par le son d'une flûte. Aristote fait mention d'un usage établi chez les Grecs, d'adoucir les horreurs du supplice par la même voie. Le célèbre Tyrtée, en passant du ton Lydien au ton Phrygien, décida de la victoire que Sparte remporta sur les Messéniens.

« Si ces faits ne sont pas hors de soupçon, l'attention extrême que les philosophes et même les législateurs avaient à proscrire le mélodieux de l'Ionien et du Lydien, prouve les effets qu'il avait coutume de produire. Se serait-on jamais porté à punir rigoureusement un certain Timothée, pour avoir ajouté une seule corde à la lyre, si on n'avait

cru cette addition dangereuse pour les mœurs? Timothée était véritablement coupable, puisque, selon
Platon, toute nouveauté introduite dans le chant,
était suivie chez les Grecs d'un changement dans
l'état, et qu'on ne pouvait toucher aux lois de la
musique sans toucher à celles du gouvernement. C'est
ce qui donna lieu à un grand philosophe de mettre
une loi formelle dans sa République, touchant la
qualité du mélodieux dont on pourrait s'y servir :
« N'admettrons-nous pas dans notre musique ces
,, instrumens qui ont tant de cordes, et dont on
,, peut tirer tant de consonnances? Non, si l'on
,, m'en croit, répond Socrate. Notre ville doit donc
,, se garder de nourrir des faiseurs de tels instrumens?
,, il me le semble. Mais que dirons-nous des joueurs
,, et faiseurs de flûtes? il faudra donc les bannir par
,, la même raison, puisque les instrumens à plusieurs
,, cordes ne sont que l'imitation de la flûte? C'est
,, mon avis. De sorte que nous ne retiendrons que
,, la lyre ancienne, et laisserons la flûte aux habitans
,, de la campagne? Rien n'est plus raisonnable, répond
,, Socrate, puisqu'aussi bien il faut préférer les instru-
,, mens d'Apollon à ceux de Marsias. Admirez, je
,, vous prie, ajoute-t-il, comme insensiblement
,, nous purgerons notre ville de toutes les idées qui
,, pourraient la corrompre. »

(Essai sur le Goût, par Cartaud de la Vilate.)

Voyez l'Esprit des lois, liv. 5, chap. VII.

Je crois faire plaisir au lecteur en plaçant ici la
fameuse Ode de Dryden, qui a pour titre : *La fête
d'Alexandre, ou le pouvoir de la Musique : Cantate
pour sainte Cécile.* Je me sers de la traduction de M.

Trochereau. (Cette même Cantate a été traduite en vers par Dorat, et se trouve dans le recueil de ses œuvres.)

LA FÊTE D'ALEXANDRE,
ou LE POUVOIR DE LA MUSIQUE;
Cantate pour Ste. Cécile.

« Le Fils guerrier de Philippe donnait à sa cour une fête brillante pour célébrer la conquête de la Perse. Semblable à un Dieu, le héros était assis avec majesté sur son trône impérial : ses illustres courtisans étaient rangés autour de lui, la tête ceinte de roses et de myrtes, couronnes destinées à la valeur.

» Il avait à ses côtés l'aimable Thaïs, pareille à la déesse de l'Orient, lorsqu'elle fait éclore les fleurs ; Thaïs elle-même dans la fleur de la jeunesse et dans l'éclat de sa beauté. Heureux couple ! couple heureux ! les héros seuls méritent l'amour des belles.

Chœur. « Heureux couple, *etc.*

» Au milieu d'un chœur de musique, Timothée, plus élevé que les autres, touche de ses doigts légers sa lyre harmonieuse ; ses accords portent jusqu'au ciel des sons cadencés , et inspirent une joie céleste.

» C'est Jupiter qu'il chante. D'abord, ce Dieu (tant est grand le pouvoir de l'Amour !) abandonne le séjour bienheureux de l'empyrée : sous la forme d'un serpent terrible, qui cache le Dieu toujours éclatant de gloire, il s'avance à replis tortueux, s'approche de la charmante Olympiade , se coule

sur l'albâtre de son sein, et de ses différens plis
forme autour d'elle une amoureuse ceinture. Déjà
dans le sein de cette reine, le maître de l'univers
a gravé une image de lui-même.

» Ainsi chantait Timothée : l'assemblée admire
ses accords sublimes. Dieu puissant, s'écrient-ils,
Dieu puissant ! Les voûtes du palais retentissent à ces
acclamations. Le monarque enchanté s'imagine être
le Dieu : il affecte de remuer le sourcil, et il croit
ébranler les sphères célestes.

Chœur. « Le monarque, *etc.*

» L'agréable musicien chante ensuite les louanges
du vainquéur de l'Inde ; Bacchus toujours beau,
toujours jeune. Ce Dieu, père des jeux et des ris,
est prêt d'arriver ; les timbales, les clairons annoncent
son triomphe ; son teint est brillant et vermeil :
les haut-bois célèbrent sa gloire : il vient, il vient,
le Dieu Bacchus, toujours beau, toujours jeune. La
coupe de Bacchus fut d'abord présentée par les Plaisirs :
les présens, les bienfaits de Bacchus sont un trésor ;
ils sont les plaisirs des guerriers ; riches trésors,
plaisirs agréables ! le plaisir est plus délicieux après
la peine.

Chœur. « Les présens, *etc.*

» Flatté par les chansons, le vainqueur de la
Perse s'enorgueillit : il se rappelle ses victoires ; il
se transporte en imagination dans ses trois batailles
contre les Perses ; il croit encore trois fois se plonger
dans leur sang. Timothée vit la fureur s'élever sur le
front du monarque, son visage s'allumer, et ses yeux
étinceler.

» Tandis que le héros défie le ciel et la terre, le chantre change de ton, et il abaisse l'orgueil du conquérant : c'est par une harmonie plaintive qu'il veut porter la pitié dans son ame fière. Il chante le grand et vertueux Darius précipité du haut de son trône par un arrêt trop sévère du Destin, nageant dans son sang et privé de tout secours des siens, dans la nécessité la plus affreuse, abandonné de ceux même que sa bonté avait nourris. Ce monarque puissant de l'Asie est étendu sans honneur sur la poussière ; il n'a pas même auprès de lui un ami qui lui ferme les yeux. A ces accens plaintifs, le vainqueur de Darius baisse tristement la vue ; il se rappelle les jeux bizarres et capricieux de la fortune : de profonds soupirs, qu'il voudrait étouffer, lui échappent de temps en temps, et ses larmes commencent à couler.

» Le musicien applaudit lui-même à son art ; il sourit de voir bientôt les effets de l'amour prêts à éclore. L'Amour ! il n'avait plus, pour l'exécuter, qu'à faire passer ses accords sur le mode le plus voisin. La pitié attendrit le cœur et le prépare à l'amour. Par les tendres accens d'une mélodie plus douce, il ramène à la volupté l'ame du héros. La guerre, commença-t-il à chanter, n'attire après elle que fatigues et que trouble ; l'honneur qu'elle procure n'est qu'une bulle légère ; ses désirs ne sont jamais satisfaits : de nouveaux combats, les ravages, le sang répandu, sont ses cruels et éternels amusemens. Prince, si le monde mérite d'être conquis, c'est par les fruits que mérite sa conquête : la tendre Thaïs est à tes côtés, prends les biens que les Dieux te présentent. A cette mélodie, de grands applau-

dissemens frappent les cieux. L'Amour fut couronné;
mais la musique en eut la gloire. Le prince ne peut
plus cacher son ardeur : ses regards se tournent tendrement sur la beauté qui l'enflamme : il soupire et
la regarde ; ses yeux se fixent sur elle ; et il soupire plus tendrement encore. Enfin, entraîné par
l'amour et le vin, ce vainqueur fameux, vaincu à
son tour, tombe aux pieds de sa maîtresse.

Chœur. « Le prince, *etc.*

» Timothée agite de nouveau les cordes de sa lyre
d'or. Un son plus grave et plus impétueux succède
à la douce langueur : tel qu'un coup de tonnerre, il
frappe et réveille Alexandre : surpris, il lève la tête,
comme rappelé du sommeil de la mort ; il regarde
autour de lui, avec un étonnement mêlé de honte.
Vengeance, vengeance, s'écrie le musicien ! voici
les Furies ; elles sortent des enfers ; des serpens
affreux sifflent sur leurs têtes ; leurs yeux étincellent
de rage. Voici cette troupe infernale : chacun est armé
d'une torche menaçante : ce sont les ombres des
Grecs qui ont péri dans les batailles, sans avoir
encore reçu les honneurs de la sépulture ; leurs corps
étendus sans gloire paraissent sur la poussière. Vengeance, tu la leur dois ! Vois, comme elles agitent
leurs flambeaux, comme elles te montrent le palais
des Perses et les temples éclatans de leurs dieux
ennemis.

» Le monarque applaudit à ces chants avec une
alégresse furieuse : il saisit lui-même un flambeau,
animé du désir de détruire et de réduire tout en
cendre. Thaïs le dévance : armée d'une torche ardente,
elle l'entraîne au palais de Persépolis : nouvelle

Hélène, elle porte l'embrasement dans un nouvel Ilion.

Chœur. « Le monarque, *etc.*

» Ainsi, long-temps avant que les soufflets eussent commencé à distribuer les vents, lorsque les orgues inconnues ne s'étaient point encore fait entendre ; Timothée, avec sa flûte et sa lyre, put exciter dans un même cœur, le mouvement de la fureur et de la rage, et les désirs amoureux. Enfin est venue la divine *Cécile*, à qui est dûe l'invention de ces machines ingénieuses qui renferment elles seules tous les genres d'harmonie. Du sein de ses orgues sacrées, cette douce enthousiaste fit sortir des sons plus variés et plus étendus : elle ajouta aux jours solennels, une nouvelle solennité ; son intelligence supérieure créa des arts inconnus. Que Timothée lui cède la couronne, ou qu'ils la partagent. Il a élevé un mortel jusqu'aux cieux ; elle a attiré les Anges sur la terre pour l'entendre.

Chœur. « Enfin est venue, *etc.* »

Page 67. Quand il eut vu la sensitive, etc.

La plante que Linné nomme *mirabilis longiflora*, est une espèce de sensitive qui porte une multitude de fleurs odoriférantes qui se flétrissent le matin, et le soir sont remplacées par d'autres. Il y a une sensitive sur la côte du Malabar, nommée *Tottawaddi*, qui a encore d'autres propriétés : ses feuilles se penchent du côté du soleil, en suivant son cours, et à midi son plan est parallèle à l'horizon ; quand on les touche , elles se ferment et cachent leurs pistils. Cette plante , dans un temps d'orage , tombe dans une espèce de recueillement , que les botanistes regardent comme un sommeil. L'histoire rapporte qu'un philosophe de l'Inde devint fou , pour n'avoir pu expliquer les singularités de cette merveille végétale.

(*Philosophie de la Nature* , tom. 3 , *note au chap. que j'ai cité plus haut.*)

Pauvres philosophes , qui vous précipitez dans l'Euripe , qui vous engouffrez dans l'Etna , qui devenez foux parce que vous ne pouvez comprendre les mouvemens d'une sensitive ; songez donc qu'il est bien d'autres merveilles qui ne vous étonnent pas autant que parce qu'elles sont plus multipliées , et adorez , sans chercher à l'expliquer , cette puissance qui échappe à la raison , pour se manifester au sentiment.

Page 67. *Les Stalactites. . . .*

On se rappelle le voyage de Tournefort à la grotte d'Antiparos.

Page 68. *Le mariage de Flore et de Zéphire , etc.*

Relisez le poëme des Plantes , de René Castel-Ricard , et celui de Darwin , si singulier , si plein de choses neuves sur les Amours des plantes ; il a été traduit en dernier lieu par le cit. Deleuze.

Page 71. *C'est aussi là que J. J. Rousseau passait régulièrement cinq ou six heures par jour.*

« Si l'on vous disait qu'un mortel, d'ailleurs très-infortuné, passe régulièrement cinq ou six heures par jour dans des sociétés délicieuses, composées d'hommes justes, vrais, gais, aimables, simples avec de grandes lumières, doux avec de grandes vertus; de femmes charmantes et sages, pleines de sentimens et de graces, modestes sans grimace, badines sans étourderie, n'usant de l'ascendant de leur sexe et de l'empire de leur charmes que pour nourrir entre les hommes l'émulation des grandes choses et le zèle de la vertu : que ce mortel connu, estimé, chéri dans les sociétés d'élite, y vit avec tout ce qui les compose, dans un commerce de confiance, d'attachement, de familiarité; qu'il y trouve à son choix des amis sûrs, des maîtresses fidelles, de tendres et solides amies, qui valent peut-être encore mieux : pensez-vous que la moitié de chaque jour ainsi passée ne rachèterait pas bien les peines de l'autre moitié? etc. etc. »

(*Rousseau, juge de Jean-Jacques, dial. II.*)

Ainsi l'on voit que le monde idéal de Rousseau n'était pas tout-à-fait le même que celui de Platon. Cette remarque acquerra plus de poids par la citation d'un autre endroit des mêmes dialogues.

« Figurez-vous un monde idéal semblable au nôtre, et néanmoins tout différent. La nature y est la même que sur notre terre, mais l'économie en est plus

sensible, l'ordre en est plus marqué, le spectacle
plus admirable ; les formes sont plus élégantes, les
couleurs plus vives, les odeurs plus suaves, tous
les objets plus intéressans. Toute la nature y est si
belle, que sa contemplation enflamme les ames
d'amour pour un si touchant tableau, leur inspire
le désir de concourir à ce beau système, la crainte
d'en troubler l'harmonie ; et de-là naît une exquise
sensibilité, qui donne, à ceux qui en sont doués,
des jouissances immédiates inconnues aux cœurs que
les mêmes contemplations n'ont point avivés, etc.
etc. »

(Dialog. I.)

Page 74. *Ainsi j'ai vu un cœur brûlant d'amour et d'ex-*
pansion, etc.

« . . . . . . J'allais alors d'un pas plus tranquille
chercher quelque lieu sauvage dans la forêt, quelque
lieu désert, où rien ne montrant la main des hommes,
n'annonçât la servitude et la domination ; quelque
asile où je pusse croire avoir pénétré le premier,
et où nul tiers importun ne vînt s'interposer entre
la nature et moi. C'était là qu'elle semblait déployer
à mes yeux une magnificence toujours nouvelle. L'or
des genêts, la pourpre des bruyères frappaient mes
yeux d'un luxe qui touchait mon cœur ; la majesté
des arbres qui me couvraient de leur ombre, la
délicatesse des arbustes qui m'environnaient, l'étonnante variété des herbes et des fleurs que je foulais
sous mes pieds, tenaient mon esprit dans une alter-
native continuelle d'observation et d'admiration :

le concours de tant d'objets intéressans qui se dispu-
taient mon attention , m'attirant sans cesse de l'un
à l'autre , favorisait mon humeur rêveuse et pares-
seuse , et me faisait souvent redire en moi - même :
Non, Salomon, dans toute sa gloire, ne fut jamais
vêtu comme l'un d'eux.

» Mon imagination ne laissait pas long - temps
déserte la terre ainsi parée. Je la peuplais bientôt
d'êtres selon mon cœur ; et chassant bien loin l'opinion , les préjugés , toutes les passions factices , je
transportais dans les asiles de la nature , des hommes
dignes de les habiter. Je m'en formais une société
charmante , dont je ne me sentais pas indigne ; je
me faisais un siècle d'or à ma fantaisie ; et remplissant
ces beaux jours de toutes les scènes de ma vie
qui m'avaient laissé de doux souvenirs , et de toutes
celles que mon cœur pouvait désirer encore , je
m'attendrissais jusqu'aux larmes sur les vrais plaisirs
de l'humanité , plaisirs si délicieux , si purs, et qui
sont désormais si loin des hommes. Oh ! si dans ces
momens, quelque idée de Paris , de mon siècle , et
de ma petite gloriole d'auteur , venait troubler mes
rêveries , avec quel dédain je la chassais à l'instant
pour me livrer sans distraction aux sentimens exquis
dont mon ame était pleine ! Cependant au milieu
de tout cela, je l'avoue , le néant de mes chimères
venait quelquefois la contrister tout à coup. Quand
tous mes rêves se seraient tournés en réalités , ils ne
m'auraient pas suffi ; j'aurais imaginé , rêvé , désiré
encore. Je trouvais en moi un vide inexplicable que
rien n'aurait pu remplir ; un certain élancement de
cœur vers une autre sorte de jouissance dont je n'avais
pas d'idée , et dont pourtant je sentais le besoin ,
etc. »   Voilà

Voilà ce que Rousseau écrivait au vertueux Malesher-
bes. Cette expansion d'une ame ardente indique
bien la source du goût de l'immortel Genevois
pour la solitude. Rien n'était à son gré sur la terre.
Pauvre Rousseau ! tu as conquis un univers idéal,
comme Alexandre et César conquirent le monde
physique ; et tu as dit comme Alexandre : Que ferai-
je ensuite ? et tu as dit aussi comme César : N'est-
ce que cela ?

Page 75. *C'est ici, ô homme ! qu'il t'est permis d'avoir*
de l'orgueil, etc.

« La nature n'a point formé l'homme pour être
un animal de basse et vile condition ; mais elle
l'a placé dans ce vaste univers, comme au milieu
d'une grande multitude assemblée pour quelque fête
solennelle, afin d'y être spectateur de toutes les
choses qui s'y passent ; elle l'a introduit, dis-je,
dans cette lice, comme un courageux athlète qui
ne doit respirer que la gloire. C'est pourquoi elle
a gravé dans nos ames une passion invincible pour
tout ce qui paraît grand et divin, au-delà de notre
compréhension. *Voilà ce qui fait que le monde entier*
ne suffit pas à la profondeur et à l'étendue de l'esprit
humain, qui souvent franchit les bornes qui nous envi-
ronnent. Que l'homme examine le cercle de son
existence, et considère combien il renferme de
grandes et d'excellentes choses, et il discernera
bientôt pour quels plaisirs et pour quels objets il
est destiné. »

(*Longin, Trait. du Subl., ch.* 29.)

S

L'Etre suprême a formé l'esprit de l'homme d'une telle manière, qu'il n'y a que lui seul et la contemplation de son être, qui puisse faire son véritable bonheur. Afin donc que nos ames eussent du goût pour cette contemplation, il les a faites en sorte qu'elles se plaisent naturellement à réfléchir sur ce qui est grand et sans bornes. Notre admiration, qui est une secousse fort agréable de l'esprit, ne manque jamais d'être excitée, lorsqu'il vient à considérer un objet qui occupe beaucoup de place dans l'imagination, et ne peut ainsi que se changer en une profonde vénération, lorsque nous contemplons la nature divine, qui n'est bornée ni par le temps, ni par l'espace, et que la plus vaste capacité de tous les êtres créés ne saurait bien concevoir.

(*Addisson, Spect. tom.* VI, *n.°* 413.)

M. Hemsterhuis, dans une Lettre sur les Désirs, dit que l'ame tend, par sa nature, vers son union avec Dieu, mais qu'elle reste toujours comme l'hyperbole avec son asymptote. C'est le désir de cette union, qui a inspiré les pages brûlantes de Ste. Thérèse. Voyez la Lettre de Julie à St. Preux, sur la dévotion; mais sur-tout lisez le beau livre de l'Imitation, et quelques autres livres ascétiques.

Page 82. *Ce sublime saint Vincent de Paule, etc.*

Ce fait, qui est de notoriété publique, se trouve dans la vie du Saint, publiée par M. Collet, en deux vol. *in-4.°*; il est aussi raconté par le célèbre et malheureux d'Arnaud, dans ses Délassemens de l'homme sensible. Je choisis le récit de l'historien

de sa vie, parce qu'il est plus court et plus simple;
et ensuite parce que les ouvrages de d'Arnaud sont
assez répandus pour que chacun puisse y relire cette
même anecdote.

« En allant de côté et d'autre sur les Galères,
pour voir comment tout s'y passait, il apperçut un
forçat qui se désespérait, parce que son absence
réduisait sa femme et ses enfans à la misère. Vincent
effrayé du danger que courait un homme accablé
sous le poids de la disgrace, et peut-être plus malheureux que coupable, examina, pendant quelques
momens, s'il ne pourrait point adoucir la rigueur
de son sort. Son imagination, toute féconde qu'elle
était en expédiens, ne lui en fournit aucun qui le
contentât. Alors, saisi et comme emporté par un
mouvement de la plus ardente charité, il conjura
l'officier qui veillait sur le canton, d'agréer qu'il
prît la place de ce forçat. Dieu, qui, lorsqu'il veut
faire éclater la vertu de ses Saints, sait bien trouver les
moyens d'y réussir, permit que l'échange fût accepté.
Ce ne fut que quelques semaines après que Vincent
fut reconnu; et il ne l'eût pas été sitôt, si la comtesse
de Joigny, étonnée de ne point recevoir de ses nouvelles, n'eût fait faire des recherches auxquelles il
était difficile qu'il échappât. On se souvenait encore
à Marseille de cet événement, lorsque les Prêtres
de la Mission y furent établis, c'est-à-dire, plus de
vingt-cinq ans après; et on convenait que depuis le
temps de saint Paulin, qui se vendit lui-même pour
racheter le fils d'une veuve, il ne s'était peut-être
pas vu d'exemple d'une charité plus surprenante et
plus héroïque. »

Ce tableau ne peut pas être plus dénué qu'il ne
l'est ici des ressources de l'art ; mais combien facilement il peut s'en passer ! Je crois faire plaisir
au lecteur, en achevant de copier le récit de cette
mission de saint Vincent aux Galères de Marseille.

« Vincent donna au soulagement des forçats tout
le reste du temps qu'il passa à Marseille. Ils en
avaient un besoin dont on ne peut tracer l'image
qu'en recourant à celle de l'enfer. Le Saint allait
de rang en rang, comme un bon père qui sent par
contre-coup tout ce que souffrent des enfans tendrement aimés : il écoutait leurs plaintes avec patience ; il baisait leurs chaînes et les arrosait de ses
larmes ; il joignait, autant qu'il lui était possible,
l'aumône et les adoucissemens aux exhortations.
Il parla aussi aux officiers et aux comites, et il leur
inspira des sentimens plus humains. L'esprit de paix
commença à régner, les murmures s'appaisèrent,
les aumôniers ordinaires purent parler de Dieu sans
être interrompus ; et on comprit enfin que des forçats
étaient susceptibles de vertu. »

C'est à saint Vincent que nous devons un grand
nombre d'établissemens de bienfaisance et de charité :
les monumens de son amour pour les malheureux ,
sont répandus sur toute la surface de la France.
Il prononça, pour l'établissement des Enfans-trouvés,
un discours qui a été souvent cité par les maîtres
de l'éloquence. J'emprunte encore ici la voix du
bon Prêtre Collet, pour faire connaître la sublime
péroraison de ce discours.

« Ce fut alors que le saint homme, qui n'était plus
maître ni de ses soupirs, ni presque de ses expressions, prenant un ton plus tendre et plus animé,

conclut en ces termes : *Or, sus, Mesdames, la compas-*
sion et la charité vous ont fait adopter ces petites créa-
tures pour vos enfans ; vous avez été leurs mères selon
la grace, depuis que leurs meres selon la nature les ont
abandonnées : voyez maintenant si vous voulez les aban-
donner aussi. Cessez d'être leurs mères, pour devenir
leurs juges : leur vie et leur mort sont entre vos mains :
je m'en vais prendre les voix : il est temps de prononcer
les arrêts, et de savoir si vous ne voulez plus avoir
de miséricorde pour eux. Ils vivront si vous continuez
d'en prendre un charitable soin ; au contraire, ils périront
infailliblement, si vous les abandonnez : l'expérience ne
vous permet pas d'en douter.

Page 82. *Mais quel nom donnerons-nous, etc.*

Voyez dans J. J. Rousseau, sa véhémente Philippique
contre les spectacles : c'est là qu'il parle par occasion
de cet attrait qui porte la multitude à entourer un
échafaud. Pauvre Rousseau, quelle amertume il avait
sur le cœur ! quel microscope il avait devant les yeux !
c'est là que l'ironie devient un outrage.

On rapporte que Boerhaave avait coutume d'assister
aux exécutions des criminels, et qu'il ne manquait
jamais de faire cette exclamation : « Dieu sait si je
ne suis pas mille fois plus coupable que ce malheureux
qui va perdre la vie ! »

(Note du Traducteur de M. Barnes.)

Page 83. *Selon ce fameux disciple d'Epicure, etc.*

Suave, mari magno, turbantibus æquora ventis,
Et terrâ, magnum alterius spectare laborem :

Non quia vexari quemquam est jucunda voluptas,
Sed, quibus ipse malis careas, quia cernere suave est;
Suave etiam belli certamina magna tueri
Per campos instructa, tuâ sine parte pericli.

(Lucr. lib. 2.)

Page 84. *Ici s'offre à nos recherches le singulier phé-
nomene, etc.*

Voyez, sur ce sujet, l'excellente Dissertation de M.
Barnes, qui a pour titre : *Du plaisir que l'esprit
reçoit quelquefois par la vue des objets tristes.* Voyez
encore cette matière revêtue des charmes de la poésie,
par le docteur Akenside, dans son poëme original
des Plaisirs de l'imagination, chant II.

Page 86. Le sanguinaire Couthon.

Ce que je dis ici du sanguinaire Couthon, est
exactement vrai : ainsi, c'est un trait de ressemblance de plus qu'il a avec l'exécrable Alexandre
de Phère.

Page 88. *Et voilà peut-être, sans autre glose, ce
qu'Aristote entendait, etc.*

« La Tragédie est une action qui, par un spectacle
de terreur et de pitié, purge en nous ces deux passions. »   (*Aristote, Poétique*, chap. VI.)

Voyez dans la traduction de Lebateux, les remarques
de ce savant sur cette expression de *purger*, qui a tant
exercé les commentateurs.

Page 89 *On connaît la doctrine exagérée des Stoïciens,
etc.*

« Dès qu'une chose fait impression sur votre ame,
soit comme utile, soit comme agréable, expliquez-
vous bien à vous-même quelle est sa nature et sa
qualité. Essayez ces réflexions sur les objets les moins
importans. Vous aimez un vase fragile : dites-vous,
j'aime un vase qui est fragile. Si, par la suite, il est
brisé, cet accident ne vous causera aucune agitation.
Aimez-vous votre enfant, votre femme ? dites, c'est
un être mortel que j'aime ; et si l'un ou l'autre
viennent à mourir, leur mort ne vous jettera point
dans le trouble. »

« Vous êtes embarqué sur un vaisseau qui prend
terre, vous descendez pour renouveler votre provision
d'eau. Il vous est bien permis, tout en marchant
et par forme d'amusement, de ramasser une coquille,
une fleur ; mais vous ne devez pas cesser de songer
au vaisseau, et d'être attentif pour entendre la voix
du pilote. S'il vous rappelle, il faut laisser à l'instant
tout ce qui vous amuse ; sans quoi on viendrait vous
lier d'une corde, et vous porter dans le vaisseau
comme on y porte un mouton. Il en est de même
dans le cours de la vie. Au lieu d'une fleur ou d'une
coquille qui se présente à vos yeux, c'est une femme,
un jeune enfant. Rien n'empêche que vous vous en
occupiez un moment. Mais si le pilote vous appelle,
soyez alerte à courir ; quittez tout ce qui pourrait
vous arrêter ; ne vous retournez pas pour y jeter un
dernier regard. Et si vous êtes parvenu à un âge

avancé, ne vous éloignez pas beaucoup du vaisseau : vous pourriez ne pas arriver à temps quand on vous rappellera. »

« Un homme perd son fils ou sa femme : que dit-on à cette nouvelle ? *Voilà un de ces événemens auxquels notre qualité de mortels nous rend sujets.* A quel propos donc vous lamenter si vous perdez votre fils ou votre femme ? Rappelez - vous plutôt comment vous avez été affecté à la nouvelle de la mort du fils ou de la femme d'un autre. »

Ces trois maximes extraites du Manuel d'Epictète, peuvent donner une idée de cette fanatique exagération des Philosophes stoïciens.

———————

Page 93. *Soulage sans compatir !*

« Vous rencontrez un homme dans l'affliction. Il pleure ou sur l'absence de son fils, ou sur la perte de ses biens : soyez en garde contre la première impression de ce spectacle ; qu'elle ne vous fasse pas croire que de telles causes, existantes hors de la personne affligée, la jettent réellement dans le malheur. Revenez aussitôt à vous-même, et soyez toujours prompt à vous dire : ce n'est pas l'événement même qui affecte cet homme, puisque d'autres sont insensibles à des événemens semblables ; c'est l'opinion qu'il s'en est formée. Je ne prétends pas, au surplus, vous empêcher de parler avec lui d'une manière analogue à ses idées ; même , dans certaines circonstances , de prendre part à sa douleur : je vous avertis seulement de ne pas permettre que l'affliction trouble votre propre intérieur. »

(Manuel d'Epictete.)

Page 94. *Le goût de la campagne , etc.*

Voici ce que le célèbre avocat Bergasse écrivait, il y a environ vingt-cinq ans, dans un Essai sur l'Education, qui est encore inédit.

« Nous avons tous un goût naturel pour la vie champêtre. Loin du tracas des villes et des jouissances factices que leur vaine et tumultueuse société peut offrir, avec quelle satisfaction nous allons y respirer l'air de la santé, de la liberté et de la paix !

» Une scène se prépare plus intéressante mille fois que toutes celles que l'art invente à grands frais pour vous amuser ou vous distraire. Du sommet de la montagne qui borne l'horizon, l'astre du jour s'élance brillant de tous ses feux. Le silence de la nuit n'est encore interrompu que par le chant plaintif et tendre du rossignol, ou le zéphyr léger qui murmure dans le feuillage, ou le bruit confus du ruisseau qui roule dans la prairie ses eaux étincelantes. Voyez-vous ces collines se dépouiller par degrés du voile de pourpre qui les recèle ? ces moissons mollement agitées se balancer au loin sous des nuances incertaines ? ces châteaux, ces bois, ces chaumières, bizarrement groupés, s'élever du sein des vapeurs, ou se dessiner en traits ondoyans dans le vague azuré des airs ? L'homme des champs s'éveille. Tandis que sa robuste compagne fait couler dans une urne grossière le lait de vos troupeaux, le voyez-vous ouvrir gaiement un pénible sillon, ou la serpe à la main émonder en chantant l'arbuste qui ne produit que

pour vous ses fruits savoureux ? Cependant le soleil
s'avance dans sa carrière enflammée ; l'ombre, comme
une vague immense , roule et se précipite vers la
gorge solitaire d'où s'échappent les eaux du torrent;
le vent fraîchit ; l'air s'épure ; le peuplier du rivage
incline sa tête lumineuse ; une abondante rosée
tombe en perles d'argent sur le velours des fleurs ,
ou se résout en étincelles de feu sur la naissante verdure. . . . . . . Oh ! combien votre ame est émue !
quelle fraîcheur délicieuse pénètre alors vos sens !
comme elles sont consolantes et pures les pensées du
matin ! comme elles égayent le rêve mélancolique de
la vie ! en s'abandonnant à leurs douces erreurs,
combien aisément on oublie et les tristes projets de
la grandeur , et les vaines jouissances de la gloire ,
et le mépris du monde et sa froide injustice !

» Nous ne remarquons pas assez l'influence prodigieuse que la nature conserve encore sur nos ames,
malgré l'étonnante variété de nos goûts et la profonde
dépravation de nos penchans. Je ne sais, mais il me
semble qu'à la campagne , notre sensibilité devient
et moins orgueilleuse et plus vive ; que nous y aimons
nos amis avec plus de franchise , nos femmes avec
plus de tendresse ; que les jeux de nos enfans nous y
intéressent davantage ; que nous y parlons de nos
ennemis avec moins d'aigreur, de nos peines avec
moins d'amertume, de la fortune avec plus d'indif-
férence. Est-ce en respirant la vapeur embaumée du
soir , en se promenant à la lueur tranquille et douce
de l'astre des nuits, qu'on peut ourdir une trame
perfide ou méditer de tristes vengeances ? Ce berceau
que vos mains ont planté , où le chèvrefeuil, le
jasmin et la rose entrelacent leurs tiges odorantes ,

ne l'avez-vous orné avec tant de soin que pour vous
y livrer aux rêves pénibles de l'ambition ? Dans cette
solitude champêtre qu'ont habitée vos pères, dans cet
asile des mœurs, de la confiance et de la paix, que
vous importent les vains discours des hommes, et leurs
lâches intrigues, et leur haine impuissante, et leurs
promesses trompeuses ? Quelle impression peut encore faire sur votre ame le récit importun de leurs
erreurs et de leurs crimes ? Au déclin d'un jour orageux, ainsi gronde la foudre dans le nuage flottant,
sur les bords enflammés de l'horizon : ainsi retentit
le torrent qui ravage au loin une terre agreste et
sauvage. . . . »

———————————

Page 100. *La muse de la douleur, etc.*

Juro per mala mea, per infelicem conscientiam,
per illos manes, NUMINA DOLORIS MEI, etc.
(*Quintilianus, inst. proëmium.*)

———————————

Page 102. *Le génie Adamastor, etc.*

Cette fiction est sans doute celle qui fait le plus
d'honneur au Camoëns. Cependant ces images colossales n'étonnent pas autant dans la poésie, que lorsque
la sculpture veut les employer à son tour. Quel
artiste osa élever le colosse de Rhodes ? Comment
le hardi Dinocrate croyait-il pouvoir tailler le mont
Athos, pour en faire la statue d'Alexandre ? Comment
Falconnet a-t-il pu faire voyager une montagne, pour
y placer son héros ? Et comment enfin l'audacieux Mi-
chel-Ange, élevé sur les monts de Carrare, put-il dire :
« J'élèverai là un monument ; ce sera un génie domi-

nateur sur la vaste étendue des mers , qui aura pour
piédestal une montagne , et dont le regard embrassera
tout un hémisphere » ? Mais ce qui confond l'esprit,
c'es q e cette i e a été exécutée dans l'antiquité ,
puisqu'on a trouvé dans le même lieu les ruines
d'un colosse.

Page 104. . . *La petite , mais aimable société, etc.*

Dans le courant de l'an cinq, il existait à Lyon
une petite société littéraire qui avait pris pour devise :
Amicitiæ et Litteri. C'est au sein de cette réunion,
que j'ai lu pour la première fois cet Essai sur le
Sentiment. Il ne faut donc pas que le lecteur s'é-
tonne s'il trouve quelquefois dans cette production
le cachet de la société qui l'a vue naître. Quel est
le fruit qui ne se sent pas du terroir qui l'a produit ?
D'ailleurs, j'ai dû faire très-souvent l'histoire de mes
sensations ; et c'est ce qui m'a entraîné à parler de
moi, plus peut-être que ne le comportent les
convenances littéraires.

Page 107. *Héros de Lyon , je suis votre Barde.*

L'épisode le plus intéressant de l'histoire de la révolution , est sans doute celui des malheurs de la ville de
Lyon : je l'ai esquissé au milieu même des exécrables
saturnales de la terreur ; je l'ai achevé pendant les
loisirs cruels d'une longue maladie. Peut-être un jour je
publierai cette œuvre de douleur et de larmes. . . .
Mais je ne puis m'empêcher de parler ici du monument à élever aux généreuses victimes de la cause

lyonnaise. Il ne faudrait pas qu'il fût construit à
grands frais : la pompe d'un fastueux mausolée pè-
serait à ces ombres magnanimes. Une enceinte religieuse , des arbres mélancoliques, des inscriptions
touchantes, un long portique sans ornemens ; tel
serait le plan simple que je proposerais à mes concitoyens.

Les ames sensibles aimeraient à promener leurs
rêveries dans cette enceinte funèbre. Là , le père
viendrait donner à son fils des leçons de vertu qui
ne seraient jamais oubliées. Là , tous les jeunes
Lyonnais viendraient apprendre à détester le crime,
et à bénir la mémoire de leurs pères , morts en combattant pour la plus sainte des causes. Là , les guerriers viendraient jurer de ne jamais souiller leurs
armes par de lâches assassinats. Tous les Français
viendraient visiter ce champ de deuil et de gloire ,
et ils n'en sortiraient qu'après avoir versé les douces
larmes de la sensibilité. Les étrangers eux-mêmes ne
passeraient pas à Lyon sans aller s'attendrir dans
cette enceinte funèbre : ce monument serait cher à
tous les amis de l'humanité.

Tous les ans une fête commémorative, correspon-
dant au 29 mai , rappellerait aux Lyonnais une époque
glorieuse pour eux. Cette fête touchante perpétue-
rait le patriotisme et l'amour de la vertu , et entre-
tiendrait dans tous les cœurs une religieuse horreur
pour les fureurs des guerres civiles. Cette cérémonie
sainte, placée précisément dans le plus beau mois
de l'année , réveillerait tous les sentimens qui exci-
tent les grandes ames ; une telle institution ,
devenue nationale , pourrait peut-être absoudre la
France entière d'une partie des horreurs de la ré-

volution : et lorsqu'entraînée par les destins de l'Europe , elle aura cessé d'être un empire puissant;
lorsque la population et les arts auront fui nos
climats ; lorsque des laboureurs et des bergers habi-
teront nos villes devenues de simples hameaux ; ce
monument sera toujours respecté : les siècles ajou-
teront à sa majesté. On aura oublié que Lyon fut
une ville fameuse par son commerce et ses manu-
factures , et l'on viendra encore en pélerinage sur
la tombe des Martyrs.

CHANT FUNÈBRE

SUR LES HÉROS DE LYON,

BARDE délaissé, prends ta lyre ,
Chante le malheur des héros ;
Et que ta faible voix soupire
L'hymne funèbre des tombeaux :
Et vous, Naiades du Permesse ,
Répondez à mes chants de deuil ;
Tous les amis de ma jeunesse
    Dorment dans le cercueuil.

Si du moins aux champs de la guerre ,
Combattant à côté des preux ,
Sans crime, une noble poussière
Avait bu leur sang généreux :
Mais versé par la tyrannie ,
La voix de ce sang innocent
Contre ma coupable patrie
    S'élève en frémissant.

Des barbares ont de la France
Dévoré la gloire et l'honneur ;

Amitié, vertus, innocence,
Rien n'a pu fléchir leur fureur :
Au sein de ce ravage immense,
Errant seul parmi les forêts,
J'ai troublé leur vaste silence
 Par mes cris, mes regrets.

Saule funèbre, chêne antique,
Unissez vos sombres rameaux ;
Solitaire et mélancolique,
J'aime l'image des tombeaux.
Oh ! combien ce triste feuillage
Est harmonique à ma douleur !
Une nature âpre et sauvage
 Convient seule à mon cœur.

Si dans la coupe de la vie
J'ai bu quelques heureux momens,
J'en épuise à présent la lie,
Et je n'y bois que des tourmens :
A l'instant même où l'espérance
M'offrait le plus riant tableau,
Le sort vient sur mon existence
 Tirer un noir rideau.

Rians projets de la jeunesse,
Vous vous êtes évanouis ;
Des plaisirs l'attrayante ivresse
A bientôt fait place aux ennuis :
Pliant sous le poids de l'orage,
Je ne connais plus que douleur ;
Je m'eveille, au printemps de l'âge,
 Du songe du bonheur.

Page 110. *Ainsi le jeune Potavéri, etc.*

Les vers cités dans cet endroit , sont tirés de l'immortel poëme des Jardins.

Page 111. *Vos yeux desséchés par les malheurs , etc,*

Quin ipsa tanti pervicax clades mali siccavit oculos: quodque in extremis solet periere lacrimæ.

(Sen. Œd.)

Page 112. *La nostalgie céleste , etc.*

C'est ce sentiment qui a inspiré les plus belles pages des saints Pères ; c'est encore lui qui respire dans toutes les productions de sainte Thérèse , et qui lui faisait dire avec tant d'énergie : *Que muero porque no muero.*

Page 113. *Une vie fugitive, etc.*

Homo natus de muliere , brevi vivens tempore , repletur multis miseriis.

Qui quasi flos egreditur et conteritur, et fugit velut umbra, et nunquam in eodem statu permanet.

(Job, cap. 14.)

Page 113. *Ce je ne sais quoi d'amer, etc.*

Lucréce , à la fin du livre 4 , fait un tableau sublime (que Thompson a imité dans son Chant du

Printemps)

Printemps), des tourmens et des délices de l'amour :
c'est dans cette belle tirade que se trouvent ces
deux vers si mélancoliques et si pleins de vérité :

Nequicquam, quoniam medio de fonte leporum
Surgit amari aliquid, quod in ipsis floribus angat...

—————

Page 114. . . . *aux ruines factices.*

« Mais loin ces monumens dont la ruine feinte
Imite mal du temps l'inimitable empreinte ;
Tous ces temples anciens, récemment contrefaits,
Ces restes d'un château qui n'exista jamais,
Ces vieux ponts nés d'hier, et cette tour gothique
Ayant l'air délabré sans avoir l'air antique....., etc. »
                    (DELILLE, *Jardins.*)

—————

Page 116. *Combien les femmes sont susceptibles*, etc.

Voyez l'Essai sur les Femmes, par Thomas.

—————

Page 121. *La solitude plaît sur-tout à l'homme de génie,*
etc.

Lisez le bon livre, qui pourrait peut-être encore
être meilleur : *De la solitude,* par Zimermann.

—————

Page 121. *Elle double l'existence,* etc.

« Que chacun examine sa pensée, il la trouvera
toujours occupée au passé et à l'avenir. Nous ne
pensons presque point au présent ; et si nous y

                                T

pensons, ce n'est que pour en prendre des lumières pour disposer de l'avenir. Le présent n'est
jamais notre but : le passé et le présent sont nos
moyens ; le seul avenir est notre objet. Ainsi nous
ne vivons jamais, mais nous espérons de vivre ; et
nous disposant toujours à être heureux, il est indu-
bitable que nous ne le serons jamais, si nous
n'aspirons à une autre béatitude qu'à celle dont on
peut jouir en cette vie. »

(PASCAL.)

Page 122. *Ossian et Milton eurent dans la suite*, etc.

« Tout meurt, et tout renaît. L'automne tous les ans
Fait place au triste hiver que suit le doux printemps:
Les zéphyrs en tous lieux ramènent la verdure,
Aux arbres dépouillés ils rendent leur parure ;
Et par l'ordre constant d'une agréable loi,
Tout revient, mais le jour ne revient pas pour moi.
Fleurs, qui nous étalez vos peintures nouvelles ;
Roses, que du matin la fraîcheur rend si belles ;
Vous, filles de l'Aurore, éclatantes couleurs,
Vous ne pourrez donc plus adoucir mes malheurs.
O troupeaux, que l'œil suit bondissans dans la plaine,
Vos jeux ne pourront plus m'égayer dans ma peine !
Où vais-je dans ma perte étendre mes regrets,
Lorsque de l'homme, hélas ! je ne vois plus les traits ?
Je ne vois plus ce front, siége auguste, où Dieu même
Fait briller un rayon de sa beauté suprême.
Dans un affreux néant tout me semble abymé,
Et pour moi la nature est un livre fermé.
Tandis que tout mortel à toute heure y peut lire,
Privé des doux transports que ce spectacle inspire,

Je n'ai plus devant moi que l'informe tableau,
Et que le plan confus d'un ouvrage si beau.
Etendus sur mes yeux, de funestes nuages
Y refusent l'entrée à toutes les images,
Et du soleil en vain j'implore le retour. »

  (*Plainte de Milton*, *traduite par Louis Racine.*)

« Malheureux en effet qui sent mourir sa vue,
Et qui doit vivre encore après l'avoir perdue !
Il gémit, il s'écrie : « Une immuable loi
» Ramène le soleil, et ce n'est plus pour moi.
» Je ne goûterai plus cette volupté pure
» Que donnait à mes sens l'aspect de la nature...
» Adieu, riante Aurore, adieu, riantes fleurs,
» Où la riche lumière épanche ses couleurs !
» Adieu, bois et ruisseaux, adieu, verte prairie,
» Dont l'agneau bondissant paissait l'herbe fleurie !
» Les dieux m'ont envié le bonheur de vous voir,
» Et vous, de qui mon cœur adorait le pouvoir,
» Belles, je n'irai plus m'égarer sur vos traces ;
» Pour la dernière fois j'ai contemplé vos graces,
» Votre souris d'amour, ce front brillant d'attraits,
» Où de sa douce image un dieu grava les traits.
» Peut-être suis-je loin de ces instans funèbres
» Qui doivent m'entraîner au séjour des ténèbres,
» Et l'éternelle nuit a commencé pour moi. »

  (*La même Plainte*, *par Roucher*, *poëme des Mois.*)

« INVINCIBLE héros, roi du monde et du jour,
Quelle main, te couvrant d'une pompeuse armure,
Dans les plaines de l'air te marqua ton séjour,
Et sema d'un or pur ta blonde chevelure !
Nul astre dans les cieux ne marche ton rival ;

Les filles de la nuit à ton éclat pâlissent;
La lune devant toi fuit d'un pas inégal,
Et ses rayons douteux dans les flots s'engloutissent;
Sous l'effort redoublé de l'âge et des Autans
Tombent le chêne antique et le pin solitaire;
Le mont même, le mont, accablé par les ans,
Incline sous leur poids sa tête séculaire :
Mais les siècles jaloux respectent ta beauté;
Un printemps éternel sourit à ta jeunesse;
Tu traverses l'espace en monarque indompté,
Et l'azur lumineux t'environne sans cesse :
Quand la tempête éclate et rugit dans les airs,
Quand les vents font rouler au milieu des éclairs
Le char retentissant qui porte le tonnerre,
Ton disque ouvre la nue, et console la terre.
Hélas ! depuis long-temps tes rayons glorieux
Ne viennent plus frapper ma débile paupière !
Je ne te verrai plus, soit que, dans ta carrière,
Tu verses sur la plaine un océan de feux,
Soit que, vers l'occident, le cortége des ombres
Accompagne tes pas, ou que les vagues sombres
T'enferment dans le sein d'une humide prison !
Mais peut-être, ô Soleil ! tu n'as qu'une saison;
Peut-être, succombant sous le fardeau des âges,
Un jour tu subiras notre commun destin :
Tu seras insensible à la voix du matin,
Et tu t'endormiras au milieu des nuages. »

(Plainte d'Ossian, traduite par Baour-Lormian.)

Page 123. *Marius et les cendres de Carthage*, etc.

Solatia fati

Carthago, Mariusque tulit : pariterque jacentes
ignovére Deis. *Phars. lib.* 2.

Cursum in Africam direxit, inopemque vitam in
tugurio ruinarum Carthaginensium toleravit. Cùm
Marius adspiciens Carthaginem, illa intuens Marium,
alter alteri possent esse consolatio. *Vell. Pat. lib.* 2.

Page 124. *Sparte a péri*, etc.

« Quot post excidium Trojæ sunt eruta regna ?
Quot capti populi ? quoties fortuna per orbem
Servitium, imperiumque tulit, varièque reverrit
Trojanos cineres ? Quantumque oblita refovit
Imperium ? Fatis Asiæ, jam Græcia pressa est.
Sæcula denumerare piget, quotiesque recurrens
Lustrarit mundum vario sol igneus orbe.
Omnia mortali mutantur lege creata,
Nec se cognoscunt terræ vertentibus annis.
Exutæ variant faciem per secula gentes,
At manet incolumis mundus, sua nomina servat,
Quæ nec longa dies auget, minuitque senectus ;
Nec motus puncto currit, cursusque fatigat.
Non alium videre patres, aliumve nepotes,
Nunquam transversas solem decurrere ad Arctos,
Nec mutare vias, et in ortum vertere cursus,
Auroramque novis nascentem ostendere terris. »
　　　　　　(*Manilius*, Astronom. . . . lib. I.)

« Sigeasque petit famæ mirator arenas,
Et Simoëntis aquas, et Graio nobile busto
Rœtion, et multùm debentes vatibus umbras.
Circuit exustæ nomen memorabile Trojæ,
Magnaque Phœbei quærit vestigia muri.
Jam silvæ steriles, et putres robore trunci
Assaraci pressere domos, et templa deorum

Jam lassa radice tenent : ac tota teguntur
Pergama dumetis : etiam periere ruinæ.
Aspicit Hesiones scopulos, silvasque latentes
Anchisæ thalamos ; quo judex sederit antro.
Unde puer raptus cœlo : quo vertice Nais
Luserit Œnone : nullum est sine nomine saxum,
Inscius in sicco serpentem pulvere rivam
Transierat, qui Xanthus erat : securus in alto
Gramine ponebat gressus ; Phryx incola manes
Hectoreos calcare vetat : discussa jacebant
Saxa, nec uilius faciem servantia sacri :
Herceas, monstrator ait, non respicis aras ?

(Phar. lib. 9.)

Giace l'alta Cartago; appena i segni
Dell'alte sue ruine il lido serba.
Muojono le città, muojono i regni :
Copre i fasti e le pompe arena ed erba :
E l'uom d'esser mortal par che si sdegni.
O nostra mente cupida e superba !

(La Gerusalemme, Cant. XV.)

Page 125. Pline a remarqué, etc.

Illud verò perquàm rarum ac memoriâ dignum,
etiam suprema opera artificum, imperfectasque tabu-
las, sicut Iris Aristidis, Tyndaridas Nicomachi,
Medeam Timomachi, et quam diximus, venerum
depellis in majori admiratione esse, quàm perfecta.
Quippe in iis lineamentis reliqua, ipsæque cogi-
tationes artificum spectantur, atque in lenocinio
commendationis dolor est manûs suum id ageret,
extinctæ, (Plin. lib. xvxv, cap. 11.)

Page 130. *Le beau symbole de Némésis, etc.*

Voyez la Dissertation de M. Herder, qui a pour titre : *Némésis, symbole moral des anciens.*

On trouve dans cette excellente Dissertation, des morceaux précieux par leur antiquité et par la beauté des idées. Tel est l'hymne de Mésodmès.

» Ailée Némésis, puissant mobile de notre vie, déesse aux yeux sévères, fille de la Justice, qui, par un frein que rien ne peut rompre, savez réprimer le vain faste des mortels ; qui êtes l'ennemie de leur pernicieuse insolence, et qui chassez loin de vous la noire Envie.

» C'est au gré de votre roue, qui n'a nulle stabilité, et ne laisse nulle trace, que tourne la riante fortune des hommes. Vous les suivez pas à pas, sans en être apperçue. Vous leur faites courber leur tête superbe.

» Vous mesurez sans cesse leurs jours à votre règle. Sans cesse vous froncez le sourcil, tenant à la main la balance.

» Soyez - nous favorable, divin ministre de la Justice, ailée Némésis, puissant mobile de notre vie. Nous chantons les louanges de Némésis, déesse incorruptible, infaillible.

» Nous chantons celles de la Justice sa compagne ; de la Justice aux ailes déployées et au vol rapide, qui sait enlever à la vengeance divine et au Tartare, l'héroïque vertu des humains. »

Telles sont encore ces trois maximes grecques.

« Reçois tout avec soumission des dieux. Souvent ils élèvent au faîte des grandeurs, celui que la fortune précipita dans la poussière : souvent aussi ils terrassent le présomptueux, au moment même qu'il se croit le plus affermi. Alors le malheur l'accable sans pitié : misérable et pauvre, il erre sans trouver d'asile nulle part ; son courage même est flétri.

» Que personne n'ose prononcer sur l'avenir, ni fixer le terme de la vie à celui qu'il voit. La mouche qui voltige dans l'air passe avec moins de rapidité que la fortune des hommes.

» Le temps élève et abaisse sans cesse les choses humaines. Cependant l'homme sage et modéré est toujours cher aux dieux, qui haïssent l'arrogance et l'orgueilleuse présomption. »

Je citerai encore ce morceau :

« Ce sont les favoris de la Fortune, qui ont le plus à redouter ses caprices. Un sort dont l'éclat s'étend au loin, attire des dangers innombrables. Rien de ce qui est élevé parmi les mortels, n'est certain : rongé par la dent du Temps ou par celle de l'Envie, il s'écroule du moment qu'il a atteint au comble de la gloire.

» Une fortune modérée est toujours la plus sûre, lorsque tu n'es pas roulé dans la poussière obscure ni suspendu dans les nues, en mesurant d'un regard ébloui la profondeur du précipice. Celui qui tombe de bas lieu en cache aisément les marques ; mais celui qui est précipité du faîte des grandeurs , est écrasé par sa rapide chute. Tout ce qui brille est rongé avec force par l'Envie. L'inconstante et capricieuse Fortune poursuit sans cesse celui qu'elle a élevé. »

Horace a dit :

. . . . Valet ima summis
Mutare , et insignem attenuat Deus
Obscura promens. . . . .

Je finirai cette note par ce bel hymne d'Orphée :

« Némésis, la plus grande des déesses , ô reine ! écoute : je t'implore , toi , qui vois tout ; dont le regard perçant éclaire la vie de tous les mortels ; éternelle déesse , pour qui l'encens fume sur tous les autels. Le juste seul te réjouit , tandis que tu changes sans cesse la règle et la mesure qui déterminent le bonheur des hommes. Divinité puissante , les mortels que frappe ton arrêt irrévocable, saisis de crainte et de respect , courbent le front sous ton frein ; car rien n'échappe à ta connaissance : tu sais tout , et ta main impartiale qui distribue la justice , préside au sort des humains : aussi aucune ame ne t'est cachée, qui, méprisant la règle éternelle de la justice , se laisse entraîner par ses passions fougueuses. Viens, ô toi très-haute , très-pure et immortelle déesse ! viens et sois favorable aux justes ; épure et modère leurs sentimens ; étouffe dans leurs ames les pensées de l'orgueil et de l'envie, et ces désirs immodérés qui sont contraires à la mesure du véritable bonheur. »

Page 132. *Le trop de constance dans la bonne fortune...*
     enorgueillit *le regard.*

J'avais d'abord mis *assuperbit* le regard : cette
expression était plus vraie , et rendait mieux ma
pensée ; mais c'était un mot nouveau , et il y a déjà
trop de néologisme dans cet ouvrage.

Page 133. *Voilà sans doute pourquoi les Prêtres de*
     l'Égypte , etc.

Voyez les cérémonies de l'initiation dans Sethos ,
par Terrasson ; dans le voyage d'Antenor en Grèce ,
et dans celui de Pythagore.

Page 133. *Semblable au fils de l'aigle , etc.*

« L'oiseau de Jupiter , aux prunelles de flamme ,
Sur l'aride sommet d'un rocher sourcilleux ,
S'arrête , et tout-à-coup d'un vol plus orgueilleux ,
Chargé de ses aiglons et perdu dans les nues ,
Traverse de l'éther les routes inconnues ;
Il s'approche du trône où , la flamme à la main ,
Des saisons et des mois s'assied le Souverain.
Là , tandis que sous lui roule et gronde l'orage ,
De sa jeune famille éprouvant le courage ,
Il veut que l'œil fixé sur le front du soleil ,
Ils bravent du midi le brûlant appareil.
Malheur au nourrisson , dont la faible paupière
Dément son origine et refuit la lumière !
Par sa mère en fureur jeté du haut des airs ,
Il retombe , écrasé sur les rochers déserts. »
            (Roucher , *Mois de juillet.*)

Page 134. *Si . . . . son cœur frémissait en présence du
danger, etc.*

. . . . ingenium res
Adversæ nudare solent, celare secundæ.

(Horatius.)

Quos magis in dubiis hominem spectare periclis
Convenit, adversisque in rebus noscere quid sit.
Nam veræ voces tunc demum pectore ab imo
Ejiciuntur, et eripitur persona, manet res.

(Lucretius.)

> Montrez-nous, guerriers magnanimes,
> Votre vertu dans tout son jour.
> Voyons comment vos cœurs sublimes
> Du sort soutiendront le retour.
> Tant que la faveur vous seconde,
> Vous êtes les maîtres du monde,
> Votre gloire nous éblouit :
> Mais au moindre revers funeste,
> Le masque tombe, l'homme reste,
> Et le héros s'évanouit.   (J. B. Rousseau.)

Page 134. *Il semble que cette destinée jalouse, etc.*

Thomas a dit, dans son excellent Essai sur les
Eloges : « Un monstre parcourt la terre, pour flétrir
ce qui est honnête, et rabaisser ce qui est grand. Il
a à la main la baguette de Tarquin, et abat en courant tout ce qui s'élève. Dès que le mérite parut,
l'envie naquit, et la persécution se montra; mais au
même instant la nature créa la gloire, et lui or-
donna de servir de contre-poids au malheur. »

Page 134. *Boèce*, *etc.*

Le livre *des Consolations de la Philosophie*, doit être le manuel des malheureux. Je voudrais qu'un traducteur, homme de génie, s'emparât de ce livre pour lui rendre les couleurs de la poésie, et pour en élaguer quelques discussions d'une métaphysique trop aride.

Page 135. *Toutes les scènes de la vie se terminent à l'inévitable dénouement de la mort.*

Et factum est, postquam percussit Alexander Philippi Macedo, qui primus regnavit in Græcia, egressus de terra Cethim, Darium, regem Persarum et Medorum :

Constituit prælia multa, et obtinuit omnium munitiones : et interfecit reges terræ :

Et pertransivit usque ad fines terræ : et accepit spolia multitudinis gentium : et siluit terra in conspectu ejus.

Et congregavit virtutem, et exercitum fortem nimis : et exaltatum est, et elevatum cor ejus.

Et obtinuit regiones gentium, et tyrannos : et facti sunt illi in tributum.

Et post hæc decidit in lectum, et cognovit quia moreretur.

(*Machabæorum*, *lib. I*, *cap. I.*)

Page 136. *Les philosophes eux-mêmes*, *etc.*

On peut leur appliquer très-souvent ces mots remarquables de Tacite : PLURA DE EXTREMIS LO-

*QUI, PARS IGNAVIÆ EST : præcipuum destinationis
meæ documentum habete, quòd de nemine queror : nam
incusare deos vel homines, ejus est qui vivere velit.*

(*Tacit. ann. 2.*)

Page 139. *Tandis que solitaire au milieu des ruines de
ma patrie, etc.*

Inter ruinas urbis, et semper novis
Deflenda lacrymis funera, ac populi struem,
Incolumis adsto. . . .

(*Sen. Œd.*)

Page 139. *Ici, je pourrais rappeler le respect de toutes les
religions, etc.*

Voici ce que Camille Jordan disait à la tribune
du Corps législatif, en l'an cinq :

« . . . Il est peu de religions qui n'attachent à
cette distinction des cimetières, une haute importance ; il n'en est pas une qui ne prescrive des formes
d'ensevelissement, et où ces rits funèbres ne soient
chers et sacrés. C'est au milieu des tombeaux qu'elles
viennent donner leurs plus graves leçons, et offrir
leurs plus sublimes espérances. Gardons-nous d'envier
à l'homme mourant cette inestimable douceur, de
léguer sa dépouille mortelle à la terre où reposent
ses pères ; à ses amis, la consolation de consacrer
sa tombe par des cérémonies religieuses, et d'y venir
répandre des prières avec des larmes ; à la Religion
elle-même, le touchant privilége de recevoir l'homme
au sortir de la vie, d'envelopper de son manteau

sacré cette effroyable catastrophe de la nature humaine, et de planter encore les signaux de la vie au
milieu des images de la destruction et du domaine de
la mort. »

* * *

Page 142. *Toute charte constitutive d'un Etat.*

« Il faudrait être fou pour demander qui a donné
la liberté aux villes de Sparte, de Rome, etc. Ces
Républiques n'ont point reçu leurs chartres des
hommes. Dieu et la nature les leur ont données. »
(Sidney, tom. I, sect. 2.)

« Il n'appartient ni aux hommes, ni aux nations,
ni aux lois humaines, de créer des principes, des
fondemens ; mais d'édifier sur ceux qui, suivant
toute apparence, et d'après la nécessité des lois
imprescriptibles de la nature, ont été posés par la
Divinité même : c'est tout ce qui appartient réellement aux hommes, aux nations et aux lois humaines. Supposer toute autre espèce de fondement,
et vouloir bâtir dessus, c'est bâtir des châteaux en
l'air. »
(Aphorismes politiques d'Harrington,
chap. 2, aph. 85.)

Voyez, dans une brochure remplie de choses originales, imprimée en 1797, et qui a pour titre :
CONSIDÉRATIONS SUR LA FRANCE, le chapitre qui
traite *de l'influence divine dans les constitutions politiques.*

Page 144... *L'aire étroite où s'agitent les passions et la liberté de l'homme*, etc.

« Nous sommes tous attachés au trône de l'Être Suprême, par une chaîne souple qui nous retient sans nous asservir.

» Ce qu'il y a de plus admirable dans l'ordre universel des choses, c'est l'action des êtres libres sous la main divine. Librement esclaves, ils opèrent, tout-à-la-fois, volontairement et nécessairement : ils font réellement ce qu'ils veulent, mais sans pouvoir déranger les plans généraux. Chacun de ces êtres occupe le centre d'une sphère d'activité dont le diamètre varie au gré de l'*éternel géomètre*, qui sait étendre, restreindre, arrêter ou diriger la volonté, sans altérer sa nature.

» Dans les ouvrages de l'homme, tout est pauvre comme l'auteur ; les vues sont restreintes, les moyens roides, les ressorts inflexibles, les mouvemens pénibles, et les résultats monotones. Dans les ouvrages divins, les richesses de l'infini se montrent à découvert jusque dans le moindre élément ; sa puissance opère en se jouant ; dans ses mains, tout est souple, rien ne lui résiste ; pour elle tout est moyen, même l'obstacle ; et les irrégularités produites par l'opération des agens libres, viennent se ranger dans l'ordre général. (*Considérations sur la France*, Chap. I.)

Page 144. *La Providence avait dit*, etc.

Voyez le beau chapitre 45 d'Isaïe.

Page 154. *Lucrèce lui-même, etc.*

On a reproché l'inconséquence de Lucrèce dans
sa fameuse invocation : *Alma Venus ;* mais il lui est
échappé d'autres aveux, entre autres celui-ci :

> Cedit enim retrò de terrâ quod fuit ante
> In terram : sed quod missum est ex ætheris oris,
> Id rursùs cœli fulgentia templa receptant.

que Louis Racine a traduit ainsi :

> Qu'est-ce donc que l'instant où l'on cesse de vivre ?
> L'instant où de ses fers une ame se délivre :
> Le corps né de la poudre, à la poudre est rendu ;
> L'esprit retourne au ciel, dont il est descendu.

Lactance a dit au sujet de ces vers de Lucrèce :
*Lucretius oblitus est quid assereret, et quod dogma
defenderet, hos versus posuit ; sed victus est veritate,
et imprudenti ratio vera subrepsit.*

Page 154. *Et ce n'est pas lorsqu'il est le champion de
l'impiété, etc.*

Laharpe a mis cette vérité dans tout son jour :
et toutes les fois qu'il parle de Voltaire, dans son
Cours de littérature, c'est pour prouver combien
cet homme célèbre a été mauvais écrivain, quand
il a été anti-religieux.

Page 154. . . . *La calomnie des Ecrivains et des Voyageurs, etc.*

Inter homines gens nulla est tam fera, quæ non sciat deum esse habendum, etiamsi ignoret qualem habere deceat. Quoniam verò in re omni consensio firma gentium omnium, est vox naturæ, et argumentum veritatis; confitendum est, numen aliquod divinum esse.

C'est ainsi que Cicéron, après avoir prouvé l'existence de Dieu par le spectacle de l'univers, s'appuie du consentement de toutes les nations.

Page 154. . . . *Des hommes en qui la philosophie et les sciences, etc.*

Je ne prétends point faire ici le procès aux philosophes et aux savans; mais je crois pouvoir dire qu'il ne se trouve des athées que parmi eux : et Varron avait dit, avant moi :

Postremò nemo ægrotus quicquam somniat
Tam infandum, quod non aliquis dicat philosophus.

Page 154. *Harrington a dit, etc.*

« L'homme peut être plutôt défini un animal religieux, qu'un animal raisonnable, si l'on considère que dans les autres animaux il y a quelque chose de raisonnable, mais qu'il n'y a rien de religieux. »

(*Harrington, chap. II, aph. 35.*)

V

« Par-tout l'histoire nous présente la Religion prési-
dant aux mariages , consacrant les sermens, célébrant
les obsèques des morts ; par-tout elle nous montre des
vœux publics , des cérémonies , des sacrifices. Nous
marchons sur les débris des temples et des autels que
nos pères avaient élevés à leurs fausses divinités. Les
législateurs des peuples, au milieu de leurs erreurs,
avaient senti , ce qu'au sein de la lumière ne voient
pas les incrédules de nos jours , que le culte public
est pour la société tout-à-la-fois un devoir envers
le Dieu qui la protége , et un besoin pour opérer et
maintenir la réunion de ses membres. Dans combien
de pays les cérémonies religieuses ont rassemblé les
hommes encore sauvages et errans dans les forêts !
Combien de fois un temple , un autel , a-t-il été,
pour les nations , comme pour les tribus d'Israël , un
témoignage de leur réunion, un garant de leurs droits !
Et pour ne vous citer que l'exemple le plus célèbre de
cette influence de la religion publique sur l'union des
sociétés , cette confédération fameuse qui , de tous les
peuples de la Grèce , ne faisait qu'une seule nation,
ne dut-elle pas sa naissance et sa conservation au
tribunal établi pour le maintien de la religion générale , et à ces jeux dont l'origine rappelait les divinités,
et dont la célébration faisait une partie du culte ! »

(*Instruction pastorale de l'Evêque de Langres.*)

Page 155. *Jeté par hasard sur ce globe , etc.*

« En voyant l'aveuglement et la misère de l'homme,
et ces contrariétés étonnantes qui se découvrent dans
sa nature ; et regardant tout l'univers muet, et l'homme
sans lumière , abandonné à lui - même , et comme

égaré dans ce recoin de l'univers, sans savoir qui l'y
a mis, ce qu'il est venu y faire, ce qu'il deviendra
en mourant ; j'entre en effroi comme un homme
qu'on aurait porté endormi dans une île déserte et
effroyable, et qui s'éveillerait sans connaître où il
est, et sans avoir aucun moyen d'en sortir, etc. »

(*Pascal.*)

Page 155. *Les sceptres les plus puissans se brisent, etc.*

« Qui aurait eu l'amitié du Roi d'Angleterre, du
Roi de Pologne et de la Reine de Suède, aurait-il
cru pouvoir manquer de retraite et d'asile dans ce
monde ? »

(*Pascal.*)

Page 156. . . . *L'odieux stratagème d'Erostrate.*

Quelquefois pour Racine, très-souvent pour Corneille, et toujours pour les opinions religieuses.

Page 164. *Et lorsque tu veux enfin le convaincre de
folie. . . . .*

Entre ces mots et ceux qui suivent, il manque
une foule d'idées intermédiaires qui ne sont pas
exprimées, mais que le sens indique, ainsi que
la tournure de la phrase, qui est évidemment in-
complete : on peut suppléer cette grande ellipse
par les beaux chapitres d'Isaïe, qui annoncent des
catastrophes si terribles aux impies, hommes, villes
et nations. Ainsi, l'on peut dire de ces idées non
exprimées, ce que Tacite disait des images de Cassius

et de Brutus , qui avaient été omises aux funérailles de Junia , célèbres par les portraits de familles illustres qu'on y porta : *Sed præfulgebant Cassius atque Brutus , eo ipso , quòd effigies eorum non visebantur.*

(Annal. lib. 3.)

Page 169.... *Sans qu'elle se plie jamais à aucune localité , etc.*

« Les états périraient , si on ne faisait plier souvent les lois à la nécessité. Mais jamais la Religion n'a souffert cela , et n'en a usé. Aussi il faut les accommodemens, ou des miracles. Il n'est pas étrange qu'on se conserve en pliant, et ce n'est pas proprement se maintenir ; et encore périssent-ils enfin entièrement : il n'y en a point qui ait duré quinze cents ans. Mais que cette Religion se soit toujours maintenue inflexible , cela est divin. »

(*Pensées de Pascal.*)

Page 169. *Et planant avec l'aigle de Meaux , etc.*

« C'est en effet un phénomène bien surprenant, de voir paraître , pour la première fois, depuis tant de siècles écoulés, sans que personne eût osé aspirer à gloire la gloire des Cicéron et des Demosthènes , un écrivain qui franchit tout d'un coup ce grand intervalle , se place au niveau de ces génies extraordinaires , et s'élève même au dessus des plus grands orateurs de la Grèce et de Rome. Ne serait-ce là que le triomphe de l'éloquence humaine ? Et Bossuet ne devrait-il qu'à la fécondité de sa brillante imagina-

tion, cette vigueur, cette pompe, et sur-tout ce
caractère auguste d'une dignité et d'une sagesse où
nous croyons voir reluire tous les rayons de la
Divinité même ? Disons une vérité qui ne peut
échapper qu'à ceux qui ne veulent rien voir ;
c'est que les hautes pensées de la foi ont une
force étonnante pour donner aux grands talens
l'éclat du prodige, et pour porter le vrai génie à
un degré extraordinaire d'élévation. C'est que
Bossuet a contemplé dans la grande lumière de la
Religion, c'est-à-dire, de la hauteur même de
l'Intelligence infinie, le grand théâtre du monde, et
toute la suite des grandes révolutions des empires ;
et que nous montrant le dessein d'une sagesse éternelle et profonde, au milieu des vicissitudes qui
agitent et qui changent la face de l'univers, il nous
fait admirer dans le tableau de tous les royaumes de la
terre, et de tous les événemens humains réunis
en un seul spectacle, une économie où tout se
meut, se choque, se renverse et se relève par des
ressorts divins, et où toutes les histoires du temps ne
sont que les préparatifs de l'histoire de l'éternité et
de l'empire indestructible, *établi sur le fondement des
Apôtres et des Prophètes* .... Montesquieu, lorsqu'on
veut l'étudier et le suivre dans le travail de ses combi-
naisons profondes, vous présente, pour le fonds,
la même ame et le même caractère d'esprit, que le
célèbre évêque de Meaux ; c'est-à-dire, que dans
l'un et dans l'autre, on est frappé de cette capacité
prodigieuse d'une raison qui embrasse tout, et de
cette supériorité d'intelligence qui sait rassembler
et réduire à un résultat simple et intéressant pour
tous les âges, la variété infinie des révolutions dis-

persées dans l'immensité des temps. Mais Montesquieu s'est renfermé dans le période des choses
humaines, et son dessein ne s'étendait pas au-delà.
Bossuet avait réglé ses méditations sur un plan bien
plus vaste; il a voulu lier, si l'on peut le dire, toute
l'économie du monde présent, au système éternel
de la Sagesse suprême. L'un nous tient circonscrits
dans le cercle des lois, des mœurs et des passions
des hommes, pour nous dévoiler les ressorts des
grands événemens, et nous expliquer la formation,
l'aggrandissement, le déclin, et la ruine des empires.
L'autre nous fait contempler, au milieu de tout le
mouvement des intérêts humains, et de ce grand
fracas des empires et des trônes qui s'élèvent, se
heurtent, et tombent les uns sur les autres, une
puissance invisible et éternelle, qui conduit en
silence, à travers toutes ces agitations et toutes ces
ruines, un dessein d'un ordre supérieur, et qui,
par des ménagemens profonds, fait servir toutes les
vicissitudes et toutes les scènes des royaumes et des
générations qui passent, à l'accroissement et à la gloire
de l'empire qui demeurera éternellement. Le premier ne sort pas de l'histoire des gouvernemens,
pour nous indiquer les principes des grandes secousses
qui ont tant de fois changé la destinée du genre
humain, et nous laisse au milieu de ce vaste univers, où tout chancelle et se succède, sans nous
éclairer sur le dernier dénouement de tant de spectacles divers. Le second fait tout revoler dans sa
source éternelle, et nous présente, au-delà des temps,
la ravissante perspective d'un monde stable et incorruptible, qui s'élèvera sur les énormes débris de ce
globe que nous habitons, et où tout sera transformé

dans la splendeur et l'immuabilité de l'Etre infini. Ainsi , ces deux génies , dont le siècle d'Auguste se serait enorgueilli, se sont ressemblés sans s'égaler, et l'éloquence a laissé la palme dans la main de Bossuet. »

(Esprit des Philosophes irréligieux.)

« Nous n'avons pas d'historiens, osons-nous dire ! Moi, je pensais que Bossuet était quelque chose. Montesquieu lui - même lui doit son livre de la grandeur et de la décadence de l'Empire Romain , dont il a trouvé l'abrégé sublime dans la troisième partie du Discours sur l'histoire universelle. Les Hérodote, les Tacite, les Tite - Live sont petits , selon moi, auprès de Bossuet : c'est dire assez que les Guichardin , les Mariana , les Hume , les Robertson disparaissent devant lui. Quelle revue il fait de la terre ! Il est en mille lieux à la fois : Patriarche sous le palmier de Thophel, Ministre à la Cour de Babylone , Prêtre à Memphis , Législateur à Sparte , Citoyen à Athènes et à Rome, il change de temps et de place à son gré ; il passe avec la rapidité et la majesté des siècles. La verge de la loi à la main , avec une autorité incroyable, il chasse pêle-mêle devant lui , et Juifs et Gentils au tombeau : il vient enfin lui-même à la suite du convoi de tant de générations , et marchant appuyé sur Isaïe et sur Jérémie , il élève ses lamentations prophétiques à travers la poudre et les débris du genre humain ! ! ! »

(Des Beautés poétiques du Christianisme.
par Châteaubriant.)

Page 170. . . . *Les archives du genre humain, etc.*

Voyez les Pensées de Pascal sur la Religion ; et le Poëme de Racine fils, qui a quelquefois trouvé de beaux vers dans Pascal, comme son père en avait trouvé dans les Prophètes.

Page 170. *Une seule ligne de la Bible résout plus de doutes, etc.*

« Toute la conduite des choses doit avoir pour objet l'établissement et la grandeur de la Religion : les hommes doivent avoir eux-mêmes des sentimens conformes à ce qu'elle nous enseigne ; et enfin elle doit être tellement l'objet et le centre où toutes choses tendent, que qui en saura les principes, puisse rendre raison, et de toute la nature de l'homme en particulier, et de toute la conduite du monde en général. »   (*Pascal.*)

Page 171. *Quel est ce beau Chérubin, etc.*

Voyez comme Milton a imité le passage sublime auquel je fais allusion.

« Es-tu ce Chérubin qui protégeait les autres à l'ombre de ses ailes ? Es-tu cet ange dont l'éclat éblouissait les cieux ? Mais que tu lui ressembles peu ! . . . etc. »

Page ı7ı. *Loin d'ici faible mortel ! etc.*

« Quelles sont donc, en matière de religion, les bornes où se doit renfermer l'esprit philosophique ? Il est aisé de le dire : la nature elle-même l'avertit à tout moment de sa faiblesse, et lui marque, en ce genre, les étroites limites de son intelligence. Ne sent-il pas à chaque instant, quand il veut avancer trop avant, ses yeux s'obscurcir, et son flambeau s'éteindre ? c'est là qu'il faut s'arrêter. La foi lui laisse tout ce qu'il peut comprendre : elle ne lui ôte que des mystères et des objets impénétrables. Ce partage doit-il irriter la raison ? Les chaînes qu'on lui donne ici, sont aisées à porter, et ne doivent paraître trop pesantes qu'aux esprits vains et légers. Je dirai donc aux philosophes : Ne vous agitez point contre ces mystères que la raison ne saurait percer ; attachez-vous à l'examen de ces vérités qui se laissent approcher, qui se laissent en quelque sorte toucher et manier, et qui vous répondent de toutes les autres : ces vérités sont des faits éclatans et sensibles, dont la religion s'est comme enveloppée toute entière, afin de frapper également les esprits grossiers et subtils. On livre ces faits à votre curiosité ; voilà les fondemens de la religion : creusez donc autour de ces fondemens ; essayez de les ébranler ; descendez avec le flambeau de la philosophie jusqu'à cette pierre antique, tant de fois rejetée par les incrédules, et qui les a tous écrasés ; mais lorsque arrivés à une certaine profondeur, vous aurez trouvé la main du Tout-puissant, qui soutient, depuis l'origine du monde, ce grand et majestueux édifice toujours affermi par les orages mêmes et le torrent des années; arrêtez - vous enfin, et ne creusez pas jusqu'aux enfers. La philosophie ne saurait vous mener plus loin, sans vous égarer : vous entrez dans les abymes de l'infini : elle doit ici se voiler les yeux comme le peuple, adorer sans voir, et remettre l'homme avec confiance entre les mains de la foi. La religion ressemble à cette nuée miraculeuse qui servait de guide aux enfans d'Israël dans le desert : le jour est d'un côté, et la nuit de l'autre. Si tout était ténèbres, la raison qui ne verrait rien, s'enfuirait avec horreur loin de cet affreux objet; mais on vous donne assez de lumière pour satisfaire un œil qui n'est pas curieux à l'excès : laissez donc à Dieu cette nuit profonde où il lui plaît de se retirer avec sa foudre et ses mystères. Mais vous direz peut-être : je veux entrer avec lui dans la nue; et je veux le suivre dans les profondeurs où il se cache ; je veux déchirer ce voile qui me fatigue les yeux, et regarder de plus près ces objets mystérieux qu'on écarte avec tant de soin : c'est ici que votre sagesse est convaincue de folie, et qu'à force d'être philosophe, vous cessez d'être raisonnable. Téméraire philosophie, pourquoi vouloir atteindre à des objets plus élevés au-dessus de toi, que le ciel ne l'est au-dessus de la terre ? Pourquoi ce chagrin superbe de ne pouvoir comprendre l'infini ? Ce grain de sable que je foule aux pieds, est un abyme que tu ne peux sonder; et tu voudrais mesurer la hauteur et la profondeur de la Sagesse éternelle ! et tu voudrais forcer l'Etre qui renferme tous les êtres, à se faire assez petit, pour se laisser embrasser tout entier par cette pensée, trop étroite pour embrasser un atôme ! La simplicité crédule du vulgaire ignorant, fut-elle jamais aussi

déraisonnable que cette orgueilleuse raison qui veut
s'élever contre la science de Dieu ? »
(*Discours du Père Guenard, sur cette maxime de St. Paul:*
             Non plus sapere quàm oportet.)

Page 173. *L'Evangile a créé des vertus inconnues jusqu'alors , etc.*

« Et d'abord , nos très-chers frères , comparez aux
préceptes de Jesus-Christ tout ce que l'esprit humain
avait produit avant son avénement. Car c'est à cette
époque qu'il faut se reporter , pour juger notre morale.
La moderne incrédulité n'a pas droit de nous opposer les principes de vertu dont elle a embelli ses
ouvrages. Tout ce qu'elle a publié de beau , de pur ,
de saint , ministres de Jesus-Christ, nous le récla-
mons en son nom : ce sont ses préceptes qu'elle
a envahis ; elle n'a fait que leur enlever leur autorité,
leurs motifs et leur fin. Semblables à ces peuples qui
insultaient le soleil , tout couverts de sa lumière , les
Déistes puisent dans l'Evangile leurs principes , et
ils attaquent les principes de l'Evangile ; ils dépouil-
lent le Christianisme de sa morale , et ils s'en servent
pour le combattre.

» Sortez donc des lieux éclairés par la révélation ,
vous qui voulez connaître jusqu'où s'est étendue la
lumière de la raison. Transportez-vous aux pays , aux
temps qui n'ont point connu Jesus-Christ. Avec la
connaissance du vrai Dieu , les principes fondamentaux de la vertu étaient égarés dans l'univers. La
religion , faite pour perfectionner l'homme, concou-
rait à le pervertir : elle avait corrompu jusqu'à la
règle des mœurs : l'exemple même de la divinité

encourageait au crime : il n'y avait point de passion
qui n'eût ses dieux , ses prêtres , ses temples , son
culte, ses sacrifices, ses mystères, ses adorateurs ,
ses initiés; et c'était du haut des autels que les vices
se répandaient sur les nations. Plus éclairée que la
religion , la philosophie opposait quelques efforts à
ce torrent de dépravation. Rendons aux philosophes
de l'antiquité la justice qui leur est dûe. Plusieurs
d'entre eux ont acquis des droits à la reconnaissance
des nations,par les découvertes importantes auxquelles
les a élevés la sublimité de leur génie. Et qui sait
si ces grands personnages ne furent point suscités
par la Providence , pour empêcher l'estime de la
vertu de périr dans les pensées des hommes ? Ils
brillaient au milieu du paganisme, comme ces étoiles
que, par une nuit obscure, nous appercevons de loin
en loin dans un ciel chargé de nuages. Nous considérons encore avec respect leurs découvertes, comme
nous admirons ces voyages anciens, qui ont cessé
d'étonner depuis que l'Océan est ouvert à nos navi-
gations. Quelques philosophes ont atteint diverses vérités morales ; mais faute d'en connaître le véritable
principe , jamais aucun d'eux ne les fonda sur une
base solide , ou n'imagina de les réunir en un corps
de doctrine. Ils ont saisi quelques maximes ; mais
trop peu nombreux pour les répandre , trop timides
pour les publier , trop divisés pour les concerter,
trop faibles pour les faire recevoir , trop peu vertueux pour leur concilier le respect, de combien de
fables encore ne les ont-ils pas entre-mêlées ? Il n'y
a point de philosophe qui n'ait enseigné quelque
erreur ; point d'erreur qui n'ait été enseignée par
quelque philosophe. Dieu a abandonné le monde à

la philosophie, et il a fait précéder l'avénement de
Jesus-Christ par quatre siècles des plus brillantes
lumières, pour faire sentir à l'esprit humain toute
l'insuffisance de ses lumières.

» Mais lorsque les temps marqués par la Sagesse
divine furent révolus, l'univers étonné vit tout-à-
coup sa philosophie effacée par l'éclat d'une philosophie nouvelle. Du milieu d'un peuple pauvre, inconnu ou méprisé des autres nations, et de la classe
la plus obscure de ce peuple, un homme simple,
sans lettres, sans culture, cru le fils d'un artisan,
fait ressortir le code de morale le plus sublime que
le genre humain ait jamais reçu. Ce n'est, ni par la
force du raisonnement, ni par le charme de l'éloquence, que Jesus-Christ a persuadé l'univers; c'est
par la vérité de ses maximes. Tandis qu'il inspire à
ses prophètes toute la pompe du langage, toute la magnificence de la poésie, il s'énonce lui-même avec une
simplicité plus admirable encore. Supérieur aux grandes choses qu'il annonce, il n'en semble point affecté.
Les préceptes les plus sublimes, inouis jusqu'à lui,
coulent de sa bouche naturellement, avec une clarté qui
les fait comprendre à tous les esprits, avec une autorité
qui subjugue tout. Il parle, et c'est l'aveu même de ses
ennemis, comme aucun homme n'a jamais parlé : il
parle en Dieu. Aussi jamais doctrine ne fut, ni aussi
connue, ni aussi universellement publiée. L'artisan le
plus grossier parmi nous, est plus instruit de ses devoirs, que n'était le plus savant des philosophes. Les
élémens de Religion que nous mettons entre les
mains de l'enfance, renferment un corps de morale
plus étendu, plus développé, plus précis que tous les
écrits si vantés et si volumineux des sages de l'antiquité.

Cette morale est devenue et a dû devenir la loi de l'univers, parce qu'aucune loi n'a jamais été ni pu être aussi sage et proportionnée à la nature humaine, aussi utile et efficace pour le bonheur de l'humanité : et dans ses moyens et dans son objet, la loi de Jesus-Christ est divine ; elle n'a pu être l'ouvrage que de la sagesse et de la bonté infinies.

» La raison peut-elle se figurer une loi plus universelle dans ses préceptes ? Nous demandons avec confiance à ceux qui la combattent, quel est le point dans lequel elle pèche. Nous les défions de nous nommer une vertu que le Christianisme n'ordonne pas ; de nous indiquer une perfection qu'il ne recommande pas ; de nous marquer un vice, un défaut qu'il ne proscrive pas. Réunissez dans votre esprit tous les principes de vertu, joignez-y toutes les idées de perfection, imaginez encore de nouveaux degrés d'une plus haute sainteté, et vous n'aurez formé que le modèle du parfait chrétien. La pensée humaine ne peut s'étendre au-delà de ce que Jesus-Christ a prévu et réglé, commandé ou conseillé. »

(Instruction pastorale de l'Evêque de Langres.)

Page 174. *Chose étonnante, que la même croyance, etc.*

« Les autres religions, comme les païennes, sont plus populaires ; car elles consistent toutes en extérieur : mais elles ne sont pas pour les gens habiles. Une religion purement intellectuelle, serait plus proportionnée aux habiles ; mais elles ne servirait pas au peuple. La seule Religion chrétienne est proportionnée à tous, étant mêlée d'extérieur et d'intérieur, etc. »   *(Pascal.)*

Page 175. . . . *Qui seule éclaire la nature de l'homme,*
etc.

« Connaissez donc, superbe, quel paradoxe vous
êtes à vous-même. Humiliez-vous, raison impuissante ; taisez-vous, nature imbécille ; apprenez que
l'homme passe infiniment l'homme ; et entendez de
votre maître votre condition véritable, que vous
ignorez. »   (*Pascal.*)

Page 175. . . . *Douée de tant de force et de tant de*
douceur, etc.

« . . . Qu'une Religion si contraire à la nature,
se soit établie par elle-même, si doucement, sans
aucune force ni contrainte, et si fortement néanmoins,
qu'aucuns tourmens n'ont pu empêcher les Martyrs
de la confesser ; et que tout cela se soit fait, non-
seulement sans l'assistance d'aucun prince, mais
malgré tous les princes de la terre, qui l'ont combattue. . . . »   (*Pascal.*)

Page 179. . . . *Les formes sous lesquelles Dieu a*
voulu, etc.

Le Chrétien reconnaît que sa Religion
Est au dessus de l'homme, et confond la raison ;
Il reconnaît l'Église ici-bas combattue,
L'Église toujours une, et par-tout étendue ;
Libre, mais sous un chef ; adorant en tout lieu,
Dans le bonheur des Saints, la grandeur de son Dieu.

Le Christ, de nos péchés victime renaissante,
De ses élus chéris nourriture vivante,
Descend sur les autels à ses yeux éperdus,
Et lui découvre un Dieu sous un pain qui n'est plus.

　　　　　　　　　　　　　　(VOLTAIRE.)

« Que le sacrifice des Chrétiens est grand, qu'il est auguste ! mais qu'il est simple, qu'il est humble ! Un peu de pain, un peu de vin, et quatre paroles le composent. . . . .

. . . .

» Où est donc l'appareil du sacrifice ? où est le feu ? où est le couteau ? Cent taureaux, cent génisses ne suffisaient pas pour exprimer la grandeur de notre Dieu ; je ne vois rien de tout cela. Mais n'y aura-t-il point de chair, n'y aura-t-il point de sang dans ce sacrifice ? . . . Oui, il y aura de la chair, il y aura du sang. Et d'où viendra cette chair, d'où viendra ce sang ? *Une parole toute-puissante viendra, qui de ce pain fera la chair du Sauveur, et de ce vin fera son sang. Tout ce qui sera proféré par cette parole, sera, dans le moment, ainsi qu'il aura été prononcé; CAR C'EST LA MÊME PAROLE QUI A FAIT LE CIEL ET LA TERRE . . . . »* 　　　　(BOSSUET.)

Le tableau de Voltaire est très-beau ; celui de Bossuet est sublime : le poëte est demeuré au dessous de l'orateur ; mais qui pourrait égaler Bossuet ?

———————

Page 182. *Si je disais que la Religion catholique, etc.*

« J'avoue que les anciens ont un grand désavantage par le défaut de leur religion, et par la grossiéreté

grossiéreté de leur philosophie. Du temps d'Homère, leur religion n'était qu'un tissu monstrueux de fables , aussi ridicules que les Contes de Fées. Leur philosophie n'avait rien que de vain et de superstitieux. Avant Socrate , la morale était très-imparfaite , quoique les législateurs eussent donné d'excellentes règles pour le gouvernement des peuples. Il faut même avouer que Platon fait raisonner faiblement Socrate sur l'immortalité de l'ame. Ce bel endroit de Virgile,

Felix qui potuit rerum cognoscere causas , etc.

Georg. II , vers. 490.

aboutit à mettre le bonheur des hommes sages à se délivrer de la crainte des présages et de l'enfer. Ce poëte ne promet point d'autre récompense dans l'autre vie à la vertu la plus pure et la plus héroïque, que le plaisir de jouer sur l'herbe, ou de combattre sur le sable , ou de danser et de chanter des vers, ou d'avoir des chevaux , ou de mener des chariots , et d'avoir des armes. Encore ces hommes et ces spectacles , qui les amusaient , n'étaient-ils plus que de vaines ombres; encore ces ombres gémissaient par l'impatience de rentrer dans des corps , pour recommencer toutes les misères de cette vie , qui n'est qu'une maladie par où l'on arrive à la mort , *Mortalibus ægris.* Voilà ce que l'antiquité proposait de plus consolant au genre humain :

Pars in gramineis exercent membra palestris , etc.

Idem. Æneid. VI , vers. 642.

lucis miseris tam dira cupido !

Ibid. vers. 721.

(*Réflexions sur la Rhétorique et la Poétique ,*
par Fénélon , art. 5.)

X

Page 183. *Ainsi cette même Religion, etc.*

« Mais est-il même vrai dans toute son étendue, le reproche que font au Christianisme ses adversaires, de n'avoir rien réformé dans le monde? Est-il vrai que les hommes soient aussi corrompus qu'ils l'étaient avant l'avénement de Jesus-Christ ? Si nous avons sur l'Être suprême des connaissances plus sûres, plus développées, n'est-ce pas à ce divin Instituteur que nous les devons? si les idoles qu'adoraient les nations ont été abattues, avec leur culte superstitieux, n'est-ce pas à la voix de ses disciples qu'elles sont tombées? si les devoirs moraux sont plus universellement, plus certainement connus, n'est-ce pas sa Religion qui les a enseignés? si de grands exemples d'humilité, de mortification, d'amour des ennemis, de tant d'autres vertus jusqu'alors ignorées, ont rempli l'univers, ne sont-ce pas des chrétiens qui les ont donnés ? A qui avons-nous l'obligation de voir enfin abolies les maximes féroces de l'ancien droit public ? Le Christianisme, par ses principes bienfaisans, a rapproché les souverains de leurs peuples, et soumis les peuples à leurs souverains. Il a porté son esprit de charité jusque dans la fureur des combats, tempéré la cruauté des guerres, brisé les fers de l'esclavage. C'est encore la douceur chrétienne qui a fait tomber le droit barbare des pères sur les jours de leurs enfans, aboli les sacrifices humains, banni les jeux sanguinaires. Ingrats ! nous recevons les bienfaits de la Religion comme ceux de la nature, sans nous en appercevoir. La continuité de la possession éteint en nous la reconnaissance ; l'habitude de la jouissance nous les fait en-

visager comme des biens propres, inséparables de
notre existence. Ouvrons enfin les yeux, et recon-
naissons la main bienfaisante qui verse sans cesse sur
nous des dons si précieux. »

(*Instruct. past. de l'Evêque de Langres.*)

Page 183. . . . *A blanchir d'écume un frein sacré*, etc.

Montesquieu a dit : « Quand il serait inutile que
les sujets eussent une religion, il ne le serait pas
que les princes en eussent, et qu'ils blanchissent
d'écume le seul frein que ceux qui ne craignent
point les lois humaines puissent avoir. »

(*Esprit des Lois*, liv. 24, chap. 2.)

« Nos Gouvernemens modernes doivent incontesta-
blement au Christianisme, leur plus solide autorité,
et leurs révolutions moins fréquentes. Il les a rendus
eux-mêmes moins sanguinaires ; cela se prouve par le
fait, en les comparant aux Gouvernemens anciens.
La Religion mieux connue, écartant le fanatisme, a
donné plus de douceur aux mœurs chrétiennes. Ce
changement n'est point l'ouvrage des lettres, etc. »

(*J. J. Rousseau.*)

Page 183. *Poëtes, philosophes, moralistes, écrivains en
tout genre*, etc.

« Oh ! que la Religion donne de fécondité et d'ampleur
à tout esprit qui sait l'envisager dans le vrai jour de
sa magnificence et de sa grandeur ! Non, il n'y a
qu'elle qui puisse former des intelligences extraordinaires, élever le génie au-dessus de lui-même,

et le faire s'élancer hors des limites prescrites à tout
ce qui est humain. C'est elle qui agrandit toutes les
sphères. Seule, elle a le don de tout vivifier ; elle
enfante des prodiges par-tout où les hommes laissent
luire son flambeau ; elle imprime à tous les talens,
aussi bien qu'à toutes les vertus, le sceau du surnaturel et du divin, et produit les grands hommes
comme elle fait les grands Saints. »

(Esprit des Philosophes irréligieux.)

Page 190. *C'est Plutarque lui-même, etc.*

«Mais tout ainsi quand nous faisons peindre et por-
traire après le vif, quelques beaux visages, et qui
ont fort bonne grace, si d'adventure il s'y treuve
quelque imperfection et quelque chose de laid,
nous ne voulons pas ny qu'on la laisse du tout, ny
qu'on s'estudie trop à la representer, pource que
l'un rendrait la portraiture difforme, et l'autre dis-
semblable ; aussi pour autant qu'il est mal aisé, ou
pour mieulx dire, peult-être, impossible de monstrer
un personnage duquel la vie soit entierement innocente et irreprehensible, il se faut arrêter à escrire
pleinement les choses qui auront esté vertueusement
faittes, et en cela tascher à representer parfaittement
la verité, ne plus ne moins que le vif. Mais où il se
trouve quelques faultes et erreurs parmy leurs actions
procedées, ou de quelque passion humaine, ou de
la contrainte des temps de la chose publique, il les
fault plus tost estimer de faultes et imperfections
de vertu non du tout accomplie, que meschancetez
expresses procedantes de vice formé, ny de certaine
malice : et ne sera ja besoing de s'amuser à les

exprimer trop diligemment et par le menu en nostre
histoire ; ains, plutost les passer legerement, comme par
une reverentiale honte de la pauvre nature humaine,
laquelle ne peult produire un homme si parfaict ne
si bien composé à la vertu, qu'il n'y ait tousjours
quelque chose à redire. »

(Plut. Vie de Cimon, trad. d'Amyot.)

Page 193. *Les anciens ont plus que nous, etc.*

« J'appelle humanité tout sentiment qui intéresse
l'homme pour autrui ; et je range sous cette espèce
dominante, nombre de vertus et de passions louables ;
la sensibilité, la bonté, la douce tendresse, la bonne
foi, l'amitié, l'envie d'obliger, la compassion naturelle. J'appellerais volontiers ce sentiment dominant, sentiment de nature, qui fait que nous nous
attendrissons facilement pour quoi que ce soit qui le
mérite peu ou beaucoup, quand ce ne serait même
que pour la seule raison que c'est un être. Je croirais
volontiers que les premiers hommes étaient ainsi
faits, parce que ce sentiment dominait en eux, et
s'y reproduisait sans cesse. Tels étaient les hommes
de l'âge d'or : bons, simples, naïfs, droits, tendres, vrais, s'intéressant à tout et à tous. Je suis
fâché d'entasser tant d'épithètes, pour dire simplement qu'ils étaient humains : mais ce sont nos
vices qui ont restreint la signification de ce terme,
aussi étendu pourtant que toute la morale même.

» Or, voici ce que j'avance. Tout l'art, toutes les
graces, toutes les beautés de la composition des
anciens, tout le secret de leur manière, consistait
en ce qu'ils écrivaient avec ce sentiment dominant

X 3

d'humanité. Ils ont trempé leur plume, si j'ose le
dire ainsi, dans le bon cœur; ils n'ont rien peint
qu'avec cette teinture de cordialité; ils ont donné
la vie à tout, peut-être parce qu'ils ont cru que
tout vivait (du moins le système de la fable conduit
là), et qu'ils s'intéressaient à tout ce qui avait vie....
Une fleur qui tombe sous le soc de la charrue,
Homère la peint avec attendrissement; il la repré-
sente la tête penchée; sa tige blessée ne la soutient
plus; ses belles couleurs s'effacent, et la pâleur de
la mort annonce qu'elle va périr. Flore, désespérée,
l'arrose de ses larmes, et s'efforce par mille baisers
de la rappeler à la vie. Toutes les expressions du
poète témoignent qu'il la plaint sensiblement.

» Je ne prétends pas condamner ici les derniers temps;
mais nous sommes bien éloignés de ces sentimens
dominans d'humanité. La politesse a pris la place de
la sensibilité, et l'artifice celle de la nature. La
défiance et la politique, que je crois une même chose,
nous mettent trop sur nos gardes, et c'est le propre de
la défiance, de surprendre d'abord et d'étouffer à la
longue les sentimens. Nous usons de tout, mais nous
ne nous attachons à rien; nous vivons ensemble, mais
plus par fréquentation que par communication. Le
commerce de la vie est moins union qu'assemblage;
et je ne sais si cette manière de vie, que nous
prenons de fort bonne heure, ne nous ôte pas à la
longue le sentiment dominant d'humanité. Ce qu'il
y a de vrai, c'est que notre naïveté naturelle, qui
n'est qu'une aimable confiance en nos semblables,
ne nous suit pas au-delà du terme de l'enfance; et
si elle va plus loin, elle est bêtise dans notre façon
de penser. Or, dans cette disposition habituelle

d'esprit et de cœur, je doute si nous sommes propres
à penser et à écrire d'une manière naturelle; j'entends ici par naturelle, non le naturel des mots et
de la phrase, mais les idées et les sentimens de la
nature.

» M. de Cambray, l'écrivain du meilleur cœur qu'il
y ait jamais eu, est le premier qui ait observé, dans
la façon d'écrire des anciens, ce sentiment dominant
de sensibilité, et qui ait reproché à notre siècle de
ne le pas connaître assez : il donne un grand détail
d'observations sur cette manière de composer que le
bon sens dirige, et que le cœur anime : il cite cent
exemples tirés des originaux grecs et latins ; et
pour ne pas alonger davantage cette dissertation,
je renvoie à la lettre que ce grand homme a adressée
à l'Académie Française. »

(Discours sur les sentimens moraux.)

La lettre dont parle ici l'auteur, est un ouvrage
très-étendu, qui a pour titre : *Réflexions sur la
Rhétorique et la Poétique.* Ces réflexions sont en
général des chefs-d'œuvre de goût et de sentiment.
J'invite sur-tout à lire l'article 5, qui traite de la Poétique : c'est là que Fénélon parle des anciens avec l'enthousiasme le plus vrai et le plus profond : c'est là qu'il
établit, par de nombreuses citations, les preuves
de cette sensibilité expansive qui anime toute la
nature, et qui donne tant de charmes à leurs écrits.
Il n'est pas étonnant que cet excellent écrivain ait
si bien apprécié les anciens, lui qui les a si souvent
égalés.

X 4

Page 195. *Je ne prétends pas que les modernes , etc,*

Si l'on n'a pas toujours été juste envers les anciens, on a aussi quelquefois été injuste envers les modernes : c'est pourquoi je crois devoir dire ici deux mots pour justifier notre langue française, si souvent outragée , et qui est cependant mère de tant de chefs-d'œuvre.

Cette langue en effet ne sait-elle pas prendre tous les tons, se plier à toutes les formes que veut lui donner le génie ? Mâle et romaine, dans Corneille ; douce et tendre , dans Racine ; fine et spirituelle, dans Fontenelle; expansive et naïve , dans Lafontaine ; concise et sévère , dans Boileau ; gracieuse et pleine d'onction, dans Fénelon ; riche et variée , dans Buffon ; analytique et raisonnée , dans Condillac ; majestueuse et sublime , dans Bossuet ; vive et légère , dans Gresset ; énergique et brûlante, dans J. J. Rousseau ; insinuante et persuasive , dans Massillon ; aimable et superficielle , dans Dorat ; profonde et mélancolique , dans Pascal : âpre et rude, dans Crébillon ; harmonieuse et cadencée , dans **J. B.** Rousseau : elle offre tous les genres de beauté dans cet homme étonnant qui la trouva toujours docile à la variété de ses conceptions et à la célérité de ses pensées; dans cet homme qui eut tant de génie à force d'esprit, qui vaut à lui seul un siècle littéraire, et qui, comme nous l'avons déjà dit, avait si peu besoin des petites ressources de l'impiété , pour assurer à son nom l'héritage d'une gloire immortelle.

Si nous comparons nos grands hommes à ceux

de l'antiquité, ne retrouverons-nous pas Homère
et Xénophon, dans Fénélon ; Sophocle et Virgile,
dans Racine ; Horace, dans Boileau, J. B. Rousseau,
et Chaulieu ; plus que Démosthènes, dans Bossuet
et Pascal ; Cicéron, dans Massillon et Daguesseau ;
Aristophane, Plaute et Térence, dans le seul
Molière ; Anacréon, Bion, Moschus, Théocrite,
et mille fois plus que Phèdre, dans le seul Lafontaine ; Aristote et Pline, dans Buffon ; Tacite et
Properce, dans J. J. Rousseau ? Et si l'antiquité
nous offre des génies sans parallèle, n'en avons-
nous pas aussi qui sont hors de toute mesure ?
N'avons-nous pas traduit la plupart des chefs-
d'œuvre qu'elle nous a laissés ? Quelques-uns sans
doute, sont mal traduits ; mais ne pouvons-nous
pas espérer de voir réparer ce défaut, lorsque de
nos jours nous avons vu l'abbé Delille exécuter avec
tant de succès, l'audacieuse entreprise de faire parler
à Virgile le bel idiome du siècle de Louis X I V ?
Non, non, la langue des Bossuet, des Fénélon, des
Boileau, des Racine, des Lafontaine, des Buffon, des
J. J. Rousseau, et de tant d'autres génies immortels,
n'est point une langue pauvre, sèche, sourde,
décolorée ; c'est peut-être la première de toutes
les langues.

Ecrivains français, ne vous plaignez donc plus de
votre idiome. Si quelquefois il résiste à la délicatesse
de vos pensées, à la sublimité de vos conceptions,
sachez que vous auriez également accusé d'impuis-
sance celui d'Homère et de Pindare, de Virgile et
d'Horace. Il n'est point de langage qui puisse traduire
l'expression du beau idéal.

Page 199. *Aussi dans les Livres saints on ne trouve ni anciens ni modernes, etc.*

« Lisez tous les poëtes de la Bible , placés à de longs intervalles dans les siècles : par-tout le même fond de génie, par-tout la même manière de penser, de sentir , de s'exprimer , sans autre différence que celle qui tient au sujet ; et cette uniformité d'idées et de sentimens qui sont au dessus de l'homme , comme la raison le démontre , et qui nulle part ailleurs ne se retrouvent dans l'homme , comme il est prouvé par le fait , ne dit-elle pas que tous ces écrivains n'ont eu qu'un même maître et une même inspiration ? »

(*Laharpe*, *Discours préliminaire du Pseautier.*)

Quelques pages après, Laharpe dit : « Il y a quelque chose en moi qui me crie si fortement que l'homme n'a pas trouvé cela, que s'il était possible que ce sentiment me trompât , je ne craindrais pas d'être repris de mon erreur au jugement de Dieu. Je lui dirais , comme Abraham : « Vous êtes juste, » et avec les idées que vous-même avez données à » mon intelligence , ai-je pu croire que ce n'était » pas vous qui parliez ici ! » Mais heureusement il n'y a point de risque , et je suis sûr que cela est de Dieu , comme je le suis qu'il y a un Dieu. »

C'est ce qui faisait dire à la Bruyère , que Dieu lui-même ne pouvait pas mieux rencontrer pour nous tromper.

Page 208. *Ronsard, si célebre de son temps , etc.*

Un homme de beaucoup d'esprit (le comte Algarotti), a dit que la poésie n'a peut-être jamais reçu
un hommage dont elle doive autant se glorifier , que
de celui de Charles IX , dans ces vers adressés à
Ronsard :

L'art de faire des vers , dût-on s'en indigner ,
Doit être à plus haut prix que celui de régner.
Ta lyre , qui ravit par de si doux accords ,
T'asservit les esprits dont je n'ai que les corps ;
Elle t'en rend le maître , et te fait introduire
Où le plus fier tyran ne peut avoir d'empire.

Je doute que le comte Algarotti ait raison.

Page 209. . . . *Les chants mélodieux du Métastase
français.*

Que les Italiens ne soient pas fâchés , si je donne
à notre Quinault le nom d'un de leurs plus grands
poëtes : c'est un de leurs compatriotes , l'homme le
plus disposé à dénigrer la poésie française , le comte
Algarotti , qui le premier l'a appelé ainsi.

On connaît ce beau monologue :

Enfin , il est en ma puissance ,
Ce fatal ennemi , ce superbe vainqueur.
Le charme du sommeil le livre à ma vengeance :
Je vais percer son invincible cœur.

Par lui tous mes captifs sont sortis d'esclavage ;
   Qu'il éprouve toute ma rage !...
Quel trouble me saisit ! qui me fait hésiter !
Qu'est-ce qu'en sa faveur la pitié veut me dire ?
   Frappons.... Ciel ! qui peut m'arrêter ?
Achevons.... je frémis !.... Vengeons-nous.... je
    soupire !...
Est-ce ainsi que je dois me venger aujourd'hui ?
Ma colère s'éteint quand j'approche de lui....

   Plus je le vois, plus ma vengeance est vaine ;
   Mon bras tremblant se refuse à ma haine.
Ah ! quelle cruauté de lui ravir le jour !
A ce jeune héros tout cède sur la terre :
Qui croirait qu'il fût né seulement pour la guerre ?
   Il semble être fait pour l'amour.
Ne puis-je me venger à moins qu'il ne périsse ?
Ah ! ne suffit-il pas que l'amour le punisse ?
Puisqu'il ne peut trouver mes yeux assez charmans,
   Qu'il m'aime au moins par mes enchantemens ;
   Que s'il se peut je le haïsse ?

Où peut-on trouver plus d'abandon et de sentiment
que dans ces vers ?

   Depuis qu'une nymphe inconstante
A trahi mon amour et m'a manqué de foi,
Ces lieux, jadis si beaux, n'ont plus rien qui
   m'enchante :
Ce que j'aime a changé, tout a changé pour moi.
. . . .
Le zéphyr fut témoin, l'onde fut attentive,
Quand la nymphe jura de ne changer jamais ;
Mais le zéphyr léger et l'onde fugitive
Ont enfin emporté les sermens qu'elle a faits.

Vous juriez autrefois que cette onde rebelle
Se ferait vers sa source une route nouvelle,
Plutôt qu'on ne verrait votre cœur dégagé :
Voyez couler ces flots dans cette vaste plaine;
C'est le même penchant qui toujours les entraîne;
Leur cours ne change point, et vous avez changé.

Ce vers n'est-il pas d'une simplicité aimable et naïve !

Ah ! laissez-moi rêver, ou parlez-moi d'Atys.

Celui-ci ne sort-il pas de l'intimité du cœur !

Un malheureux toujours croit l'être injustement.

Quinault enfin s'est peint dans les vers suivans :

Je donnai tout au sentiment,
Et du faux bel esprit je dédaignai l'usage.
Je parlai d'amour tendrement :
Je sus des passions varier le langage.
De la nature en tout mes tableaux sont l'image;
Elle seule m'apprit à séduire, à toucher.
Je n'eus recours à l'art que pour mieux le cacher,
Et de mon cœur le reste fut l'ouvrage.

Page 210. . . *Corneille* . . . *Racine*. . .

Vauvenargues a fait un excellent parallèle de Corneille et de Racine ; Laharpe en a fait un qui étincelle de beautés du premier ordre : je prie le lecteur de lire et de comparer ces deux morceaux, parfaits, chacun dans leur genre.

Page 213. *Je n'oublierai pas Mad. de Sévigné, etc.*

« Mon cœur ou à droite , ou à gauche (dit-elle
à cette chère fille), est tout plein de vous. Si vous me
demandez ce que je sens dans ce carrosse charmant:
je pense à ma chère enfant , je m'entretiens de la
tendre amitié que j'ai pour elle , de celle qu'elle a
pour moi.... de la Providence qui nous sépare... de
la tristesse que j'en ai.... C'est sur ces séparations si
terribles, que je ne suis pas soumise comme je devrais;
je regrette ce que je passe de ma vie sans vous ,
et j'en précipite le reste pour vous retrouver, comme
si j'avais bien du temps à perdre.

» Enfin , ma chère fille , vous ne voulez pas que
je pleure de vous voir à mille lieues de moi ; vous
ne sauriez cependant empêcher que cet ordre de la
Providence ne me soit bien dur et bien sensible ;
je ne m'accoutumerai de long-temps à cet éloignement..... Je ne veux point vous donner un mauvais
exemple , ni ébranler votre courage par le récit de
mes faiblesses: conservez toute votre raison , jouissez
de la grandeur de votre ame , pendant que je m'aide-
rai , comme je pourrai , de toute la tendresse de la
mienne.

» Me voici dans un lieu , ma fille , qui est le lieu
du monde où j'ai pleuré , le jour de votre départ, le
plus abondamment et le plus amérement ; la pensée
m'en fait encore tressaillir.... Ma chère enfant , je
n'en puis plus , votre souvenir me tue en mille
occasions. J'ai pensé mourir dans ce jardin où je vous
ai vue mille fois : je ne veux point vous dire en quel
état je suis ; vous avez une vertu sévère qui n'entre

point dans la faiblesse humaine. Il y a des jours, des heures, des momens où je ne suis pas la maîtresse; je suis faible, et ne me pique point de ne l'être pas.

» Hélas ! ma chère enfant, il y a plus d'un an que je ne vous ai vue : je sens vivement cette absence ; et vous, ma fille, n'y pensez-vous point quelquefois un petit moment ?

» Je ne vous parle point aujourd'hui de ma tendresse ; c'est que je ne vous aime pas.

» Adieu, mon enfant : je vous défie de pouvoir comprendre combien je vous aime.

» Je m'en vais dans un lieu où je penserai à vous sans cesse, et peut-être trop tendrement. Il est bien difficile que je revoie ce lieu, ce jardin, ces allées, ce petit pont, cette avenue, cette prairie, ce moulin, cette petite vue, cette forêt, sans penser à ma très-chère enfant.

» Adieu, ma chère enfant : vous dirai-je que je vous aime ? Il me semble que c'est une chose inutile. Vous le croyez assurément.

» Je fonds en larmes en lisant vos lettres; il semble que mon cœur veuille se fendre par la moitié; il semble que vous m'écriviez des injures, ou que vous soyez malade, ou qu'il vous soit arrivé quelque accident; et c'est tout le contraire : vous m'aimez, ma chère enfant, et vous me le dites d'une manière que je ne puis soutenir sans des larmes en abondance. Vous continuez votre voyage sans aucune aventure fâcheuse, et lorsque j'apprends tout cela, qui est justement tout ce qui me peut être le plus agréable, voilà l'état où je suis. Vous vous amusez donc à penser à moi, vous en parlez, et vous aimez mieux m'écrire vos sentimens, que vous n'aimez à me les dire ; de quelque façon qu'ils me viennent, ils sont reçus avec une tendresse et une sensibilité qui n'est comprise que de ceux qui savent aimer comme je fais. Vous me faites sentir pour vous tout ce qu'il est possible de sentir de tendresse ; mais si vous songez à moi, ma chère enfant, soyez assurée aussi que je pense continuellement à vous ; c'est ce que les dévots appellent une pensée habituelle ; c'est ce qu'il faudrait avoir pour Dieu, si l'on faisait son devoir....

» Adieu, ma chère enfant, l'unique passion de mon cœur, le plaisir et la douleur de ma vie ; aimez-moi toujours, c'est la seule chose qui me peut donner de la consolation.

» Vous comprenez bien, ma Belle, que de la manière dont vous m'écrivez, il faut que je pleure en lisant vos lettres. Joignez à la tendresse et à l'inclination naturelle que j'ai pour votre personne, la petite circonstance d'être persuadée que vous m'aimez, et jugez de l'excès de mes sentimens. Méchante, pourquoi me cachez-vous quelquefois de si précieux trésors ? Vous avez peur que je ne meure de joie ; mais ne craignez-vous point aussi que je ne meure du déplaisir de croire voir le contraire ?. ... Ah ! mon enfant, que je voudrais bien vous voir un peu, vous entendre, vous embrasser, vous voir passer, si c'est trop que le reste ! Hé bien ! par exemple, voilà de ces pensées auxquelles je ne résiste pas ; je sens qu'il m'ennuie de ne vous plus avoir ; cette séparation me fait une douleur au cœur et à l'ame, que je sens comme un mal du corps.

» Je vous écris au bout de cette allée sombre que vous aimez, assise sur ce siége de mousse, où je vous ai vue quelquefois couchée : mais, mon Dieu ! où ne vous ai-je point vue ici, et de quelle façon toutes ces pensées me traversent-elles le cœur ? Il n'y a point d'endroit, point de lieu, ni dans la maison, ni dans l'Eglise, ni dans le pays, ni dans le jardin, où je ne vous aie vue; il n'y en a point qui ne me fasse souvenir de quelque chose : de quelque manière que ce soit, je vous vois, vous m'êtes présente, je pense et repense à tout; ma tête et mon esprit se creusent; mais j'ai beau tourner, j'ai beau chercher; cette chère enfant, que j'aime avec tant de passion, est à deux cents lieues de moi, je ne l'ai plus : sur cela je pleure sans pouvoir m'en empêcher. Voilà qui est bien faible; mais pour moi je ne sais point être forte contre une tendresse si juste et si naturelle.... Je vous prie de ne point parler de mes faiblesses, mais vous devez les aimer, et respecter mes larmes, puisqu'elles viennent d'un cœur tout à vous.... Adieu, ma chère petite; voilà tout ce que vous aurez de Livry. Si j'avais eu la force de ne vous y point écrire, et de faire un sacrifice à Dieu de tout ce que j'y ai senti, cela vaudrait mieux que toutes les pénitences du monde : mais au lieu d'en faire un bon usage, j'ai cherché de la consolation à vous en parler. Ah! ma fille que cela est faible et misérable !

» Ma fille, aimez-moi donc toujours; c'est ma vie, c'est mon ame que votre amitié; je vous le disais l'autre jour, elle fait toute ma joie et toutes mes douleurs. Je vous avoue que le reste de ma vie est couvert d'ombre et de tristesse, quand je songe que je la passerai si souvent éloignée de vous. »

(*Extrait des Lettres de Mme. de Sévigné, fait par l'auteur de la* Rhétorique des jeunes Demoiselles.)

Y

Page 217. *La peinture de la fin de l'automne*, *etc.*

Je ne puis résister au plaisir de citer ce morceau,
l'un des plus beaux du poëme des Saisons.

Le soleil retiré vers l'humide Amalthée,
Jette un dernier regard sur la terre attristée :
Tout est changé pour nous. Ce théâtre inconstant
Où l'homme passe un jour, et jouit un instant,
Cette terre, autrefois si belle et si fertile,
Se couvre d'herbe pâle et de chaume inutile.
Non, je ne verrai plus sa grace et sa beauté,
Les charmes du printemps, la pompe de l'été;
Les nuances du vert des bois et des prairies,
Le pourpre des raisins, l'or des moissons mûries.
Les arbres ont perdu leurs derniers ornemens;
A travers leurs rameaux j'entends des sifflemens.
Doux zéphyr, qui le soir caressais la verdure,
Quel son, quel triste bruit succède à ton murmure !
Les vents courbent les pins, les ormes, les cyprès,
Et semblent dans leur course entraîner les forêts;
Les arbres ébranlés, de leurs cimes penchées
Font voler sur les champs les feuilles desséchées.
Les rayons du soleil, sans force et sans chaleur,
Ne perçant plus des airs la sombre profondeur,
Eole étend sur nous la nuit et les nuages.
L'ombre succède à l'ombre, et l'orage aux orages.
L'homme a perdu sa joie et son activité.
Les oiseaux sont sans voix, les troupeaux sans gaîté;
Ils ne reçoivent plus du Dieu de la lumière
Ce feu qui fait sentir et vivre la matière.
La campagne épuisée a livré ses présens,

Et n'a rien à promettre à mes goûts , à mes sens.
Dans ces jardins flétris , dans ces bois sans verdure ,
Je sens à mes besoins échapper la nature.
Ce concert monotone et des eaux et des vents ,
Suspendant ma pensée et tous mes sentimens ,
Sur elle-même enfin mon ame se replie ,
Et tombe par degrés dans la mélancolie.
Ces vallons sans troupeaux , ces forêts sans concerts ,
Ces champs décolorés , ce deuil de l'univers ,
Rappellent à mon cœur des pertes plus sensibles.
Je crois me retrouver à ces momens horribles ,
Où j'ai vu mes amis que la faux du trépas
Menaçait à mes yeux , ou frappait dans mes bras.
De CH** expirant je vois encor l'image ;
Je le vois à ses maux opposer son courage ,
Penser , sentir , aimer au bord du monument ,
Et jouir de la vie à son dernier moment.
Objet de mes regrets , ami fidelle et tendre ,
J'aime à porter mes pleurs en tribut à ta cendre.

   Malheur à qui les dieux accordent de longs jours !
Consumé de douleurs vers la fin de leur cours ,
Il voit dans le tombeau ses amis disparaître ,
Et les êtres qu'il aime arrachés à son être.
Il voit autour de lui tout périr , tout changer ;
A la race nouvelle il se trouve étranger ;
Et lorsqu' ses regards la lumière est ravie ,
Il n'a plus , en mourant , à perdre que la vie.

   Cette idée est affreuse , et j'aime à m'y livrer ;
Je cède avec plaisir au besoin de pleurer ,
Et cherche un aliment à ma douleur profonde.
Je me peins les fléaux et les crimes du monde ,
Le poison des remords , les ennuis dévorans ,
Les pleurs de la Vertu , les succès des Tyrans ;

Y 2

Et l'affreux Désespoir, l'œil ardent, le teint blême,
Se roulant dans son sang qu'il a versé lui-même.
La crainte et la tristesse entrent dans tous les cœurs.
Ceux même de qui l'âge écarte les langueurs,
Ceux qu'amusent encor l'erreur et l'espérance,
Sentent moins le plaisir de leur douce existence.
La naïve Rosette et le jeune Lubin
S'aimaient, vivaient contens, sans soins du lendemain;
Tous deux, un soir d'automne, au bord de la prairie
Où leurs brebis paissaient l'herbe humide et flétrie,
Ils entendaient rugir la voix des aquilons,
Et les eaux des torrens gronder dans les vallons.
Ce bruit les attristait : le berger, sa compagne,
Portaient, en soupirant, les yeux sur la campagne.
Rosette tout-à-coup s'élança vers Lubin;
Son amant attendri la pressa sur son sein ;
Au plaisir de s'aimer tous deux ils se livrèrent,
Et, sans se dire un mot, long-temps ils s'embrassèrent.
Mais un trouble inconnu, de tristes sentimens,
Jusque dans leurs plaisirs poursuivaient ces amans :
Tu vois, disait Lubin, l'état de la nature ;
Il n'est plus de berceaux, ni de lits de verdure;
Les oiseaux des forêts ne chantent plus l'amour;
On peut cesser d'aimer. Oh ! si toi-même un jour....
Ah ! Lubin, garde-toi de soupçonner Rosette;
Rassure-la plutôt, son ame est inquiète ;
Je ne sais quelle peur a saisi mes esprits,
Mais je crains. Ces vallons, ces bois, ces champs
      flétris ,
Ce bruit sourd et lointain, ce ciel couvert d'orages,
Sont peut-être pour nous de funestes présages :
Nous sommes menacés. Oui , répondait Lubin,
Nous ne nous rendrons plus sur ce côteau voisin,

Nous vivrons au hameau : mais, si tu m'es fidelle,
Je supporterai tout. Hélas ! lui disait-elle,
Je t'aimerai toujours, mais je te verrai moins ;
Et puis dans le village il est tant de témoins :
Nous ne serons plus seuls. Le couple aimable et tendre
S'apperçut que la nuit commençait à descendre ;
Il reprend en rêvant le chemin du hameau,
Et près de la forêt il rencontre un tombeau :
C'est là qu'heureuse et belle, et chère à sa contrée,
De l'amant qu'elle aimait et des siens adorée,
Descendit Lycoris à la fleur de ses ans.
    L'aspect de ce tombeau consterne nos amans ;
Ils s'arrêtent tous deux ; leur vue et leurs pensées
Sur ce lugubre objet restent long-temps fixées :
Tous deux sans se parler, tous deux sans mouvement
Demeurent appuyés au fatal monument :
Enfin, les yeux remplis des pleurs qu'ils vont répandre,
Et jetant l'un à l'autre un regard triste et tendre,
Pénétrés à-la-fois de douleur et d'amour,
Ils jurent de s'aimer jusqu'à leur dernier jour.
    Ces sermens, un baiser, raniment leur courage,
Et, semblable au rayon qui perce le nuage,
Le plaisir dans leurs yeux brille à travers les pleurs ;
L'espérance et l'amour ont charmé leurs douleurs.
    Mais dans l'âge avancé, lorsque l'homme apprécie
Ce songe d'un moment qu'il appelle la vie,
Quand le voile est tombé, quand le fardeau des ans
Et l'ennui de l'automne ont accablé nos sens,
Tandis qu'autour de nous la nature mourante
Inspire les regrets, imprime l'épouvante ;
Quel appui, quel secours pourrait dans ces momens
Ou rassurer notre ame, ou calmer ses tourmens?

(Saint-Lambert, Chant de l'Automne.)

Y 3

Page 217.... *Et celui qui a traduit Virgile , qui a
décrit avec tant d'ame les plus belles scènes mélancoliques , etc.*

Je voulais citer ici quelques-uns des superbes morceaux que j'indique , et j'ai ouvert les Œuvres de
Delille : mais qui n'a pas admiré mille fois sa traduction des Géorgiques, et sur-tout le second livre ,
qui est un chef-d'œuvre de poésie descriptive sentimentale ? qui n'a pas été profondément ému en
lisant, dans ses Jardins, cet inimitable épisode des
Ruines, qui depuis a été si souvent copié ; cette
peinture de la Mélancolie , morceau original, et qui
a également eu tant d'imitateurs ? Mais malheur à
qui n'a pas senti le charme de cette plantation
sentimentale , dont ce grand poëte n'a pu trouver
l'idée que dans son cœur ! Malheur encore à celui
qui accuserait Delille de manquer de sensibilité ,
après avoir lu ses regrets sur sa chère patrie, sa brûlante
apostrophe aux champs de la Limagne , tant de beaux
souvenirs de l'ancienne Rome , et une foule de
morceaux de ce genre !

Page 219 ... *Une longue maladie , etc.*

Philosophe éclairé , mortel vertueux , qui m'as
prodigué les soins de ton art conservateur , et qui
m'as honoré de ton amitié , sans doute je dois aussi
compter pour beaucoup le bonheur de t'avoir connu
durant cette cruelle époque de ma vie. Ton éloquence sentimentale m'offrait des consolations , pendant que ton génie pénétrait tous les ressorts de
mon existence, pour me rendre la santé. . .

Sans doute, si je n'écoutais que le cri de mon cœur, je placerais ici un nom qui me sera toujours cher ; mais j'ai craint de n'avoir fait qu'une brochure éphémère, destinée à mourir dans l'oubli ; et je n'ai pas voulu que les bienfaits de l'homme généreux à qui j'ai voué une reconnaissance éternelle, fussent écrits sur le sable.

Page 223. *Justice éternelle, as-tu voulu venger ainsi, etc.*

« La révolution française est la réponse péremptoire que la Providence divine a jugée nécessaire pour confondre l'orgueil du philosophisme, et préserver le reste de l'univers de la dépravation où il avait amené la France. Si cette réponse a été terrible et digne d'un Dieu qui punit une nation pour instruire et préserver le monde, ce sont les philosophes eux-mêmes qui l'ont provoquée pendant cinquante ans par leurs écrits. Ils se sont si souvent glorifiés que leur philosophie avait fait la révolution, qu'ils n'ont plus le moyen de s'en dédire. »   (*Laharpe.*)

Page 225. *Et puissent à cette voix terrible, | etc.*

« . . . .

« Or, si vous vouliez juger Louis comme citoyen, je vous demanderais où sont les formes conservatrices que tout citoyen a le droit imprescriptible de réclamer ?

» Je vous demanderais où est cette séparation des pouvoirs, sans laquelle il ne peut pas exister de constitution ni de liberté ?

» Je vous demanderais où sont ces jurés d'accusation et de jugement, espèces d'ôtages donnés par la loi aux citoyens, pour la garantie de leur sûreté et de leur innocence ?

» Je vous demanderais où est cette faculté si nécessaire de récusation, qu'elle a placée elle-même au devant des haines et des passions, pour les écarter ?

» Je vous demanderais où est cette proportion de suffrages qu'elle a si sagement établie pour éloigner la condamnation, ou pour l'adoucir ?

» Je vous demanderais où est ce scrutin silencieux qui provoque le juge à se recueillir avant qu'il prononce, et qui enferme, pour ainsi dire, dans la même urne, et son opinion, et le témoignage de sa conscience ?

» En un mot, je vous demanderais où sont toutes ces précautions religieuses que la loi a prises pour que le citoyen, même coupable, ne fût frappé que par elle ?

» Citoyens, je vous parlerai ici avec la franchise d'un homme libre : *Je cherche parmi vous des juges, et je n'y vois que des accusateurs.* »

(Défense de Louis XVI, prononcée à la
barre de la Convention, par Deseze.)

En prononçant ces dernières paroles, le jeune orateur promena lentement ses regards sur l'assemblée, et ce geste lugubre dit tout ce qu'il ne pouvait exprimer sans compromettre son auguste client. Dans ce moment terrible, la conscience fit un dernier effort sur ces juges iniques ; et le frisson vengeur, qui fait trembler les plus intrépides scélérats, s'empara de tout leur être. Aussi, dès qu'ils eurent surmonté l'horreur de ce parricide, ils ne connurent plus de frein.

F I N.

ERRATA.

Page 17, *ligne* 7 ; qui lui soit, *lisez* : qui y soit.
Page 28, *lign.* 17 ; Kent, *lisez* : Kant.
Page 29, *lign.* 12 ; *id.*   *id.*   *id.*
Page 30, *lign.* 11 ; *id.*   *id.*   *id.*
Page 31, *lign.* 4 ;   *id.*   *id.*   *id.*
Page 53, *lign.* 25 ; paraîtront ; *lisez* : paraissent.
Page 84, *lign.* 15 ; ici j'offre, *lisez* : s'offre.
Page 142, *lign.* 28 ; Romulus, *lisez* : Régulus.
Page 173, *lign.* 7 et 8 ; il y a deux fois *ce* ; il
          il faut en effacer un.

Page 181, *ligne* 4 ; semble élever ; *lisez* : élève en vain.

NOTE OMISE.

Page 130. *Les bonnes ames de Dieu sans péché*, etc.

J'ai pris ce fait dans le Voyage en Suisse, par Coxe.

TABLE.

De la sensibilité.

Du goût de la campagne et des charmes du sol natal.

De la mélancolie.

Des institutions sociales.

Des institutions religieuses.

(*Ces Notes servent tantôt à développer mes idées, tantôt à les justifier par des autorités ; mais elles ne sont pas nécessaires pour l'explication du texte, et elles peuvent se lire à part : c'est pourquoi je n'ai pas cru devoir les indiquer par des renvois, dans le cours de l'ouvrage.*)

FIN DE LA TABLE.